嶺南學報
Lingnan Journal of Chinese Studies

嶺南大學中文系　　主編　蔡宗齊　　復刊第十九輯

《世説新語》研究
文獻與義理

本輯主編／汪春泓　　執行編輯／鄭政恒

上海古籍出版社

圖書在版編目(CIP)數據

嶺南學報. 復刊第十九輯,《世說新語》研究：文獻與義理 / 蔡宗齊主編;汪春泓本輯主編. —上海：上海古籍出版社,2023.12
 ISBN 978-7-5732-1008-1

Ⅰ.①嶺… Ⅱ.①蔡… ②汪… Ⅲ.①社會科學—期刊—彙編—中國 Ⅳ.①C55

中國國家版本館 CIP 數據核字(2023)第 246574 號

嶺南學報　復刊第十九輯
《世説新語》研究：文獻與義理
蔡宗齊　主編
汪春泓　本輯主編
上海古籍出版社出版發行
(上海市閔行區號景路 159 弄 1-5 號 A 座 5F　郵政編碼 201101)
(1)網址 www.guji.com.cn
(2)E-mail guji1@guji.com.cn
(3)易文網網址 www.ewen.co
啓東市人民印刷有限公司印刷
開本 710×1000　1/16　印張 14.5　插頁 2　字數 230,000
2023 年 12 月第 1 版　2023 年 12 月第 1 次印刷
ISBN 978-7-5732-1008-1
Ⅰ·3788　定價：98.00 元
如有質量問題,請與承印公司聯繫

《疡科心得集》编辑委员会

(以姓氏笔画为序)

主 编：朱世增

副主编：吕英华　　　　湖南中医药大学

编 委：陈立原　　　　北京中医药大学
　　　陈永灿　　　　浙江中医药大学
　　　陈英德　　　　浙江中医药大学
　　　胡晓明　　　　北京中医药大学
　　　　　　　　　　海军军医大学
　　　郝然贞　　　　台湾"中研院"中国文哲研究所
　　　萍茱英　　　　台湾"中研院"中国文哲研究所
　　　萍　宴　　　　海南师范大学文学院
　　　李桂生　　　　美国纽约佛教东禅寺及纽约及大明寺
　　　　　　　　　　北京中医药大学
　　　刘玉才　　　　湖南中医药大学
　　　王德成　　　　美国纽约佛教东禅寺及纽约及大明寺
　　　王　寿　　　　南京师范大学文学院及联邦信息局等
　　　徐國则　　　　湖南中医药大学
　　　徐睡典　　　　南京大学文学院
　　　林子清　　　　湖南中医药大学
　　　廖景文　　　　上海交通大学人文学院
　　　陈葉　　　　　澳门大学人文学院
　　　郑志挺　　　　香港教育大学人文学院

前　　言

　　2022年11月5日，嶺南大學文學院中文系舉辦"《嶺南學報》復刊學術會議之十暨《世説新語》文獻主題國際高層論壇"，由於受疫情影響，故採取視頻會議方式，在綫上召開此次盛會。九位與會學者從文獻學視角，對《世説新語》一書各抒己見，會議取得豐碩成果。在《嶺南學報》主編蔡宗齊教授主持下，擘畫將這些論文以《世説新語》研究專輯形式推向學界。

　　南朝宋劉義慶撰、劉孝標注《世説新語》，在《隋書·經籍志》裏列於"小説家"，此書主幹部分記述魏晉名士風流與才情，共計三十六門，篇幅長短不一，可謂是對於"人性善"、"人性惡"陳説之徹底的顛覆，它道盡人性之豐富性和複雜性，豈能用一字來描述！由於其叙事雋永多姿，歷來深受讀者喜愛，因而也形成了文人對於此書把玩、研究的悠久傳統，它或許會上升爲文史研究的新"顯學"。而作爲經典，具有永恒的研究價值，所謂歷久彌新，常讀常新，真有所謂"説不盡的哈姆萊特"之慨！特别在虚構與非虚構性、小説和歷史之間，令研究者研讀既困惑，卻又欲罷不能。此書魅力，無與倫比！奧地利哲學家胡塞爾《哲學作爲嚴格的科學》指出："剛纔所描述的這種爲所有科學所具有的不完善性，完全不同於哲學的不完善性。哲學不僅不具有一個不完備的和僅僅是在個别方面不完善的學説系統，而是根本就不具有任何學説系統。這裏的一切都是有爭議的，任何一個表態都是個人信念的事情，都是學派見解的事情，都是'立場'的事情。"① 這對於人文學術研究中，習慣依傍先入爲主觀念，對於某一時段歷史文化、文學好做宏大叙事，如此路徑依賴，具有棒喝作用。此次會議論文大多專注於具體個案來作深入的探究，譬如關於《世説新語》劉孝標注徵引文獻引文之辨析、《世説新語》中"空洞無物"之事的理解、從"説""語"結合以對《世説新

---

① 胡塞爾著，倪梁康譯《哲學作爲嚴格的科學》，台灣：五南圖書出版公司2022年版，第5頁。

語》作文體學考察，俱材料堅實，論述詳明，有助讀者對於《世説新語》一書拓展更爲廣闊的思考；還有學者就類書引録《世説新語》的情況、從《世説新語》透視"樂喪"文化、或爲嵇康被殺事件中鍾會翻案、或觀察"時代文化圖景"、以至據以比較中國歷史中的晉、齊、楚三地文化板塊，也頗見新意；最後還有叙述程炎震其人校證《世説新語》的貢獻，可謂勝意紛披，新見迭出。

　　令人爲之唏噓者，此次會議邀請美國萊斯大學錢南秀教授光臨盛會，發出邀請之後，她表示願意來港出席會議，十分遺憾的是，當會議延期至2022年秋天，開幕前夕，錢老師生命之光逐漸黯淡，臨交論文截止之時，她還表示要發表《"我身不缺，我國不滅"：略論〈世説新語〉及其仿作中的"術解"門》以作爲其"天鵝之歌"，然而就在會議召開的前兩天，她溘然長逝。對錢老師道德文章，本刊謹致以深深的悼念！

汪春泓

目　　録

前言 ………………………………………………………………（ 1 ）

劉孝標《世説注》所引文獻引文略考 ……………………… 趙建成（ 1 ）
類書引録《世説新語》及其書籍史意義探考 ……………… 王乙珈（ 39 ）
程炎震生平及其校證《世説新語》的成績 ………………… 周興陸（ 57 ）
"説""語"結合與《世説新語》的文體學考察 …………… 吴中勝（ 81 ）
玄學與才藻：《世説新語》"空洞無物"事義詳説 ………… 羅　寧（ 97 ）
魏晋士人"樂喪"考論 ……………………………………… 羊列榮（125）
鍾會讒殺嵇康公案的再審視
　　——對《世説新語》史料的分梳 ……………………… 鍾書林（145）
根據《世説新語》某條疏證晋、齊、楚區域之學術、
　　文化記憶與分歧 ……………………………………… 汪春泓（163）
《世説新語》中的時代文學圖景 …………………………… 王允亮（195）

《嶺南學報》徵稿啓事 ……………………………………………（217）
撰稿格式 ……………………………………………………………（219）

Table of Contents

On Liu Xiaobiao's Citations in His Annotations of *A New Account of Tales of the World* ·················· Zhao Jiancheng(1)

On the Classical Encyclopedias that Cited *A New Account of Tales of the World* and the Significance of Its Bibliographic History ·················· Wang Yijia(39)

Cheng Yanzhen's Life and Contribution to Criticism on *A New Account of Tales of the World* ·················· Zhou Xinglu(57)

The Combination of *shuo* and *yu* and the Stylistic Studies on *A New Account of Tales of the World* ·················· Wu Zhongsheng(81)

Metaphysics and Literary Ingenuity: A Philological Study of *kongdong wuwu* in *A New Account of Tales of the World* ·················· Luo Ning(97)

On the Funerals with Music in the Wei and Jin Dynasties ·················· Yang Lierong(125)

A Reinvestigation of the Case of Zhong Hui Slandering Ji Kang Based on Analyses of Historical Materials in *A New Account of Tales of the World* ·················· Zhong Shulin(145)

On the Scholarship and Cultural Memories and Divergences of
  Jin, Qi, and Chu Regions: According to Notes in *A New
  Account of Tales of the World* ·························· Wang Chunhong(163)

Literary Landscapes of Times in *A New Account of Tales of
  the World* ·· Wang Yunliang(195)

劉孝標《世説注》所引文獻引文略考*

趙建成

【摘　要】 劉孝標《世説注》徵引浩博，極爲後世所推。其對引文的處理係以《世説》本文爲依歸，視注釋需要而有所去取，因此多數情況引文與引書原文並不完全一致，可以視爲"間接引用"。具體而言，劉孝標注徵引文獻，不是簡單地採録原文，其對引文的處理具有概括性、跳躍式的特點，即以概括的方法進行提煉加工，跳躍無關部分以選取與《世説》有關之内容，二者常結合使用。這些處理方法能夠使其注釋重點突出、簡明扼要，具有針對性，避免了拖遝、冗長的毛病。有時也因此而導致引文的脱漏、不確切，甚至錯誤。劉孝標注引文與所引文獻原文時有差異，有些具有校勘價值；又有出於傳世文獻之外者，有些具有輯考傳世典籍佚篇(文)之重要價值；劉孝標注所引文獻，未必皆來自引書原書，相關考察有助於對其引書來源問題的研究。

【關鍵詞】 劉孝標《世説注》　引書　引文　義例　學術價值

劉孝標爲《世説》作注，徵引浩博。據筆者考證，其所引文獻共計475部(篇)，今存84部(篇)[1]，大部已亡佚殆盡，幸賴劉孝標注而得以保存一些零章片句的資料。這也正是劉孝標注的重要價值之一，極爲後世所推重。宋高似孫《緯略》云："宋臨川王義慶采擷漢晋以來佳事佳話，爲《世説

---

* 本文爲國家社科基金冷門絕學研究專項學者個人項目"南北朝至唐古注引書與出土文獻、域外漢籍互證研究"(23VJXG017)之階段性成果。
[1] 趙建成《劉孝標〈世説注〉引書目録考》，載於《中華文學史料》第3輯，西安：西北大學出版社2012年版，第183—188頁。

新語》，極爲精絶，而尤未爲奇也。梁劉孝標注此書，引援詳確，有不言之妙。如引漢、魏、吳諸史及子傳、地理之書，皆不必言；只如晉氏一朝史及晉諸公列傳、譜録、文章，皆出於正史之外，紀載特詳，聞見未接，實爲注書之法。"①《四庫全書總目》云："孝標所注，特爲典贍。高似孫《緯略》亟推之。其糾正義慶之紕繆，尤爲精核。所引諸書，今已佚其十之九，惟賴是注以傳。故與裴松之《三國志注》、酈道元《水經注》、李善《文選注》，同爲考證家所引據焉。"②然而劉孝標注徵引文獻，畢竟在於注釋《世説》，而非致力於文獻保存，其對引文的處理係以《世説》本文爲依歸，視注釋需要而有所去取，自然不可等同於原書，其引文在何種程度上反映原書的面貌，是我們需要考察的問題。幸而劉孝標注所引文獻中的少數典籍在經過了歷史風火的洗禮後留存下來，將《世説注》引文與現存引書原文進行比較，綜合考察，對於我們認識劉孝標注書的體例、風格、價值與不足，甚至糾正其中的錯誤都是很有幫助的。筆者在對《世説注》引文與引書原文進行了較爲全面的比較後，得出了下面的一些結論，以期加深我們對劉孝標注的認識。需要説明的是，劉孝標《世説注》在傳抄、刊刻中必然存在文本面貌的變化，尤其是曾經宋人删改，今所見已非其原貌，本文所論，僅就其今本面貌而言。

一、劉孝標《世説注》引文處理義例

　　通過對劉孝標《世説注》引文與其引書原文較爲廣泛的逐字逐句比勘，我們能夠發現其絶大部分引文與原文不是完全一致的。然而這種情況在漢魏古注中並不異常。因爲古人做學問，有"引書"的概念，但没有"直接引用"和"間接引用"的概念。他們徵引典籍，不必像今人那樣，需要嚴格、細緻地注明出處，直接引用的要與原文完全一致。他們祇需注明作者、書名（甚至二者只需其一），抄録欲引用之文字即可。這種抄録可以是原文照録，即直接引用，也可以是僅録大意甚至以己意概括，即間接引用，而以間接引用

---

① 高似孫《緯略》卷九"劉孝標世説"條，杭州：浙江古籍出版社 2015 年版，第 684 頁。
② 永瑢、紀昀等《欽定四庫全書總目》卷一百四十"《世説新語》三卷（内府藏本）"條，《（景印）文淵閣四庫全書》第 3 册，臺北：臺灣商務印書館 1986 年版，第 940 頁。

居多。這是古人的學術習慣,其他的學術名注,也包括類書文獻等,如裴松之《三國志注》、李善《文選注》與《北堂書鈔》《初學記》《藝文類聚》等並皆如此,無可厚非。這也相應地引起一個學術界需要注意的問題,即劉孝標《世説注》等文獻徵引古籍時既然多爲間接引用,那麽我們在點校、出版這些典籍時就不應該於引文上加引號,否則有可能會誤導讀者甚至學者,使其以爲引號内的文字爲引書原文,進而影響到對這些引書的認識與研究。

一般來講,雖然劉孝標《世説注》對文獻的徵引皆以"間接引用"爲主,但就四部典籍而言,其對經部、集部和子部典籍的引用文字與原文的差别相對較小,而對史部典籍的引用文字與原文差别較大。同時也有若干引文與所引文獻原文完全一致。這種情況多出現於其對經部典籍(尤其是《周易》《毛詩》《論語》等之經本文)、集部少量文獻(尤其是詩)的徵引,而其對於子部、史部典籍的徵引只有極少數引文與原文完全一致的情況。這主要是由於經部、集部文獻較之子部、史部文獻來説更具穩定性。如《言語》第二"郗太尉拜司空"條劉注引《易·中孚》曰:"上九,翰音登於天,貞凶。"①考之《周易·中孚》上九爻辭②,正同。《任誕》第二十三"王子猷居山陰"條劉注引左詩曰:"杖策招隱士,荒塗横古今。巖穴無結構,丘中有鳴琴。白雪停陰岡,丹葩曜陽林。"與左思《招隱詩》原文一致。又如《言語》第二"魏明帝爲外祖母築館于甄氏"條劉注引"秦詩"曰:

《渭陽》,康公念母也。康公之母,晋獻公之女。文公遭驪姬之難,未反而秦姬卒。穆公納文公,康公時爲太子,贈送文公于渭之陽,念母之不見也。我見舅氏,如母存焉。

所引"秦詩"爲《毛詩·秦風·渭陽》之詩序,文字全同③。當然引作"秦詩"不够嚴謹。又《言語》第二"簡文在暗室中坐"條劉注引《論語》曰:

師冕見,及階,子曰:"階也。"及席,子曰:"席也。"皆坐,子告之曰:"某在斯,某在斯。"

---

① 本文所引《世説新語》及劉孝標注,若非注明,均據余嘉錫《世説新語箋疏》,北京:中華書局1983年版。余書部分標點存在問題,本文引用時有所調整,特此説明,不再出注。
② 王弼注、孔穎達疏《周易正義》卷六,北京:北京大學出版社2000年版,第287頁。
③ 毛亨傳、鄭玄箋、孔穎達疏《毛詩正義》卷六,北京:北京大學出版社2000年版,第506—507頁。

所引文字出於《論語·衛靈公》,文字全同①。

楊勇説劉孝標《世説注》"徵引極廣博,審定最詳明,法度謹嚴,貫穿有序"②,所見極是。劉孝標以注釋《世説》本文爲依歸,其對引文的處理主要有以下義例與方法:

(一) 概括性

劉孝標注對欲引文字的處理具有概括性的特點。其對引文的處理不是簡單的採録,而是根據需要對其加以概括、提煉,呈現於讀者的面前。例如《輕詆》第二十六"孫長樂作《王長史誄》"條,劉孝標注引《禮記》,原文出於《表記》篇:

> 故君子之接如水,小人之接如醴。君子淡以成,小人甘以壞。③

而引文簡作:

> 君子之交淡若水,小人之交甘若醴。

又如《尤悔》第三十三"謝太傅於東船行"條劉孝標注引《孟子》,原文出於《告子上》:

> 告子曰:"性猶湍水也,決諸東方則東流,決諸西方則西流,人性之無分於善不善也,猶水之無分於東西也。"孟子曰:"水信無分於東西,無分於上下乎?人性之善也,猶水之就下也。人無有不善,水無有不下。今夫水,搏而躍之,可使過顙;激而行之,可使在山:是豈水之性哉?其勢則然也。人之可使爲不善,其性亦猶是也。"④

而引文簡作:

---

① 何晏注、邢昺疏《論語注疏》卷十五,北京:北京大學出版社 2000 年版,第 248 頁。
② 楊勇《世説新語校箋·自序》,北京:中華書局 2006 年版,第 6 頁。
③ 鄭玄注、孔穎達疏《禮記正義》卷五十四,北京:北京大學出版社 2000 年版,第 1743 頁。
④ 焦循《孟子正義》卷二十二,北京:中華書局 1987 年版,第 735—736 頁。

湍水,決之東則東,決之西則西。搏而躍之,可使過顙;激而行之,可使在山。豈水之性哉?人可使爲不善,性亦猶是也。

然而劉注此則引文節略過當,隱去了原文對話體的面貌與對話的雙方,且將告子、孟子之語雜糅處理,因此存在一定的問題。再如《賢媛》第十九"漢元帝宮人既多"條,劉孝標注引《漢書·匈奴傳》,原文如下:

竟寧元年,單于(呼韓邪)復入朝,禮賜如初,加衣服錦帛絮,皆倍於黄龍時。單于自言願壻漢氏以自親。元帝以後宮良家子王牆字昭君賜單于。單于歡喜,上書願保塞上谷以西至敦煌,傳之無窮,請罷邊備塞吏卒,以休天子人民。①

而引文作:

竟寧元年,呼韓邪單于來朝,自言願壻漢氏以自親,元帝以後宮良家子王嫱字明君賜之。單于歡喜,上書願保塞。②

劉注有時會徵引一些文獻中的長篇叙述性内容,很難、也沒有必要全文照録,尤其需要加以概括、剪裁。如《品藻》第九"庾道季云:廉頗、藺相如雖千載上死人,懍懍恒如有生氣"條,劉注引《史記》,原文見《廉頗藺相如列傳》,細述藺相如被起用,出使秦國,使完璧歸趙及澠池之會,因功拜爲上卿等事件的經過,凡一千三四百言③。而引文作:"廉頗者,趙良將也。以勇氣聞諸侯。藺相如者,趙人也。趙惠文王時,得楚和氏璧,秦昭王請以十五城易之。趙遣相如送璧,秦受之,無還城意。相如請璧示其瑕,因持璧卻立倚柱,怒髮上衝冠曰:'王欲急臣,臣頭今與璧俱碎。'秦王謝之。後秦王使趙王鼓瑟,相如請秦王擊築。趙王以相如功大,拜上卿,位在廉頗上。"十分精練。

---

① 班固撰,顔師古注《漢書》卷九十四下《匈奴傳下》,北京:中華書局 1962 年版,第 3803 頁。
② 來朝,余書(底本爲王先謙重雕紛欣閣本)作"求朝",誤,據宋高宗紹興八年董荅刻本改。
③ 司馬遷撰,裴駰集解,司馬貞索隱,張守節正義《史記》卷八十一,北京:中華書局 2014 年版,第 2957—2961 頁。此字數統計不計標點,下同。

（二）跳躍式

劉孝標《世説注》對欲引文字的處理常使用跳躍式的手段。劉注引用典籍之目的是爲《世説》作注，所以引文的採録因《世説》本文的内容而定。因此其在引用文獻時往往跳躍式地選取與《世説》本文有關的部分，忽略無關内容。如《棲逸》第十八"阮光禄在東山"條，劉孝標注引《老子》（第十三章），原文爲："寵辱若驚，貴大患若身。何謂寵辱？辱爲下。得之若驚，失之若驚，是謂寵辱若驚……"①而引文作："寵辱若驚，得之若驚，失之若驚。"

有時這種跳躍的幅度很大，不僅在同一篇文章中跳躍引用，甚至會在同一部書的不同篇章之間跳躍引用。如《方正》第五"阮宣子論鬼神有無者"條，劉注引王充《論衡》，原文在《論死篇》與《訂鬼篇》，《論死篇》開篇云："世謂人死爲鬼，有知，能害人。試以物類驗之，人死不爲鬼，無知，不能害人。"篇中有："如審鬼者死人之精神，則人見之，宜徒見裸袒之形，無爲見衣帶被服也。何則？衣服無精神，人死，與形體俱朽，何以得貫穿之乎？精神本以血氣爲主，血氣常附形體。形體雖朽，精神尚在，能爲鬼可也。今衣服，絲絮布帛也，生時血氣不附著，而亦自無血氣，敗朽遂已，與形體等，安能自若爲衣服之形？由此言之，見鬼衣服象人，則形體亦象人矣。象人，則知非死人之精神也。"《訂鬼篇》開篇云："凡天地之間有鬼，非人死精神爲之也，皆人思念存想之所致也。"②劉注將以上内容雜糅一處，且簡作：

> 世謂人死爲鬼，非也。人死不爲鬼，無知，不能害人。如審鬼者死人精神，人見之宜從裸袒之形，無爲見衣帶被服也。何則？衣無精神也。由此言之，見衣服象人，則形體亦象人。象人，知非死人之精神也。凡天地之間有鬼，非人死之精神也。

又如《品藻》第九"未廢海西公時"條，劉注引《論語》曰：

> 微子去之，箕子爲之奴，比干諫而死。子曰："殷有三仁焉。"子路曰："桓公殺公子糾，召忽死之，管仲不死。曰未仁乎？"子曰："桓公九

---

① 朱謙之《老子校釋》，北京：中華書局1984年版，第48—49頁。
② 黄暉《論衡校釋》卷二十、卷二十二，北京：中華書局1990年版，第871、874—875、931頁。案："世謂人死爲鬼""人死不爲鬼"之"人死"，原皆作"死人"，黄暉校釋改爲"人死"。劉注所引並作"人死"。3處"象人"，原皆作"象之"，黄暉校釋改。劉注所引並作"象人"。

合諸侯,一匡天下,不以兵車,管仲之力。如其仁! 如其仁!"

案此段引文實出自《論語》的不同篇章。《微子》云:"微子去之,箕子爲之奴,比干諫而死。孔子曰:'殷有三仁焉。'"《憲問》云:"子路曰:'桓公殺公子糾,召忽死之,管仲不死。'曰:'未仁乎?'子曰:'桓公九合諸侯,不以兵車,管仲之力也。如其仁,如其仁。'"又云:"子貢曰:'管仲非仁者與? 桓公殺公子糾,不能死,又相之。'子曰:'管仲相桓公,霸諸侯,一匡天下,民到于今受其賜。微管仲,吾其被髮左衽矣。豈若匹夫匹婦之爲諒也,自經於溝瀆而莫之知也?'"①

劉孝標在具體施注時,對於概括性與跳躍式的手段一般是結合使用的,即通過跳躍無關部分以選取與《世説》有關之内容,再以概括的方法進行提煉加工,作出最爲明了、合理的注釋。如《排調》第二十五"范榮期見郗超俗情不淡"條,劉注引《莊子》,原文出自不同的篇章。《齊物論》云:"昭文之鼓琴也,師曠之枝策也,惠子之據梧也,三子之知幾乎! 皆其盛者也,故載之末年。"又《養生主》庖丁解牛一節,原文近三百言,叙其事甚細②。而劉孝標將這兩部分内容雜糅一處,進行精練的概括,引作:

> 昭文之鼓琴,師曠之支策,惠子之據梧,三子之智幾矣,皆其盛也,故載之末年。庖丁爲文惠君解牛,三年之後,未嘗見全牛也。用刀十九年矣,所解數千牛,而刀刃若新發於硎。文惠君問之,庖丁曰:"彼節者有間,而刀刃無厚;以無厚入有間,恢恢乎其於遊刃必有餘地。"

再如《排調》"褚季野問孫盛"條,劉注引《漢書》曰:

> 李陵降匈奴,武帝甚怒。太史令司馬遷盛明陵之忠,帝以遷爲陵遊説,下遷腐刑。乃述唐、虞以來,至於獲麟,爲《史記》。遷與任安書曰:"李陵既生降,僕又茸之以蠶室。"

劉注所引《漢書》原文分別見於《李陵傳》與《司馬遷傳》。《李陵傳》云:"後

---

① 何晏注,邢昺疏《論語注疏》卷十八、卷十四,第 280、217、218 頁。
② 王先謙《莊子集解》卷一,北京:中華書局 1987 年版,第 17—18、28—29 頁。

聞陵降，上怒甚，責問陳步樂，步樂自殺。羣臣皆罪陵，上以問太史令司馬遷，遷盛言陵事親孝，與士信，常奮不顧身以殉國家之急。……初，上遣貳師大軍出，財令陵爲助兵，及陵與單于相值，而貳師功少。上以遷誣罔，欲沮貳師，爲陵游説，下遷腐刑。"①《司馬遷傳》云："於是論次其文。十年而遭李陵之禍，幽於縲紲。……卒述陶唐以來，至於麟止，自黄帝始。《五帝本紀》第一，《夏本紀》第二……凡百三十篇，五十二萬六千五百字，爲《太史公書》。……遷既被刑之後，爲中書令，尊寵任職。故人益州刺史任安予遷書，責以古賢臣之義。遷報之曰：……李陵既生降，隤其家聲，而僕又茸以蠶室，重爲天下觀笑。"②這也是概括性與跳躍式結合使用的典型例證。

劉注對於引文的這些處理方式能够使其注釋重點突出、簡明扼要，具有針對性，避免了拖遝、冗長的毛病。

（三）引文有出於原文之外者

劉孝標《世説注》對文獻的徵引，雖有概括性、跳躍性的特點，但在文意上一般不超出原文的範圍，然亦偶有例外，其引文有出於引書原文之外者。這一點自然不可視爲其引文處理之義例，僅作爲相關問題而略述之。如《言語》第二"劉琨雖隔閡寇戎"條，劉注引《漢書·叙傳》，引文有"（班彪）扶風人，客於天水"之語，今本《漢書》無。又《賢媛》第十九"漢成帝幸趙飛燕"條，劉注引《漢書·外戚傳》趙飛燕、班婕妤事，云班婕妤爲"雁門人"，今本《漢書》無。又《言語》第二"鍾毓、鍾會少有令譽"條，劉注引《魏志》曰："（鍾）繇字元常，家貧好學，爲《周易》《老子》訓。歷大理、相國，遷太傅。"而考之《三國志·魏書·鍾繇傳》，並無"家貧好學，爲《周易》《老子》訓"之語。又《言語》第二"南郡龐士元聞司馬德操在潁川"條，"此乃許、父所以忼慨，夷、齊所以長歎"下，劉注引《孟子》曰："伯夷、叔齊目不視惡色，耳不聽惡聲，與鄉人居，若在塗炭，蓋聖人之清也。"考之《孟子·萬章下》，孟子曰："伯夷目不視惡色，耳不聽惡聲，非其君不事，非其民不使……思與鄉人處，如以朝衣朝冠坐於塗炭也。當紂之時，居北海之濱，以待天下之清也。故聞伯夷之風者，頑夫廉，懦夫有立志。"③《孟子》原文但稱伯夷，而劉

---

① 班固《漢書》卷五十四《李廣蘇建傳》，第 2455、2456 頁。
② 班固《漢書》卷六十二，第 2720、2723、2725、2730 頁。
③ 焦循《孟子正義》卷二十，第 669 頁。

注則增叔齊。

這種情況的產生,有兩種可能。一是多出來的内容爲劉孝標所加。孝標學識淵博,熟通典籍,對於歷史人物的生平、籍貫、著述等情況比較了解,所以他在引用文獻爲《世説》作注時有可能會加入一些内容以作補充説明①。二是多出來的内容係劉注在傳抄過程中爲後人所加,或者是後人的注釋、旁記竄入劉注中。

二、劉孝標《世説注》引文處理指瑕

通過對劉孝標《世説注》引文與所引文獻原文的比勘,能够發現其引文與引書原文有時存在出入,如偶有脱漏的情況、引文不確切的情況,甚至有錯誤之處。

(一) 引文之脱漏

劉孝標注引文的脱漏問題可能是劉孝標作注時的疏忽造成的,當然也可能是在傳寫、刊刻過程中致誤。如《汰侈》第三十"石崇每與王敦入學戲"條,劉注引《史記》曰:"端木賜字子貢,衛人。嘗相魯,家累千金,終於齊。"考之《史記·仲尼弟子列傳·端木賜傳》:"端沐賜,衛人,字子貢。少孔子三十一歲。……子貢好廢舉,與時轉貨賷。喜揚人之美,不能匿人之過。常相魯、衛,家累千金,卒終於齊。"②《史記》原文云子貢"常相魯、衛",而劉注引文作"嘗相魯"。再考之《史記·仲尼弟子列傳·原憲傳》:"孔子卒,原憲遂亡在草澤中。子貢相衛,而結駟連騎,排藜藿入窮閻,過謝原憲。憲攝敝衣冠見子貢……"③則知子貢確有"相衛"之事,故劉注引文當脱"衛"字。

又如《文學》第四"文帝嘗令東阿王七步中作詩"條,劉注引《魏志》曰:"陳思王植字子建,文帝同母弟也。年十餘歲,誦詩論及辭賦數萬言。善屬文……"考之《三國志·魏書·陳思王植傳》:"陳思王植字子建。年十歲

---

① 當然上舉劉注引《孟子》之例,若叔齊爲孝標所加,則不在此類,而是其就正文夷、齊並稱而加。另外這種處理也並不合適。
② 司馬遷《史記》卷六十七,第 2669、2675 頁。
③ 司馬遷《史記》卷六十七,第 2682 頁。

餘,誦讀詩論及辭賦數十萬言,善屬文……"①引文"十餘歲",《三國志》原文作"十歲餘","數萬言"作"數十萬言",脱"十"字,皆當爲劉注之誤。

再如《傷逝》第十七"王仲宣好驢鳴"條,劉注引《魏志》曰:"王粲字仲宣,山陽高平人。曾祖龔、父暢,皆爲漢三公……"考之《三國志·魏書·王粲傳》:"王粲字仲宣,山陽高平人也。曾祖父龔,祖父暢,皆爲漢三公。父謙,爲大將軍何進長史。"②顯然引文"父暢"前脱"祖"字。

(二) 引文有不確切者

劉孝標注引文是對所引典籍原文的提煉和概括,但若處置不當,則可能產生與原文相比引文意義不確切的情況。如《言語》第二"郗太尉拜司空"條,劉注引《漢書》曰:

朱博字子元,杜陵人。爲丞相,臨拜,延登受策,有大聲如鍾鳴。上問揚雄、李尋,對曰:"《洪範》所謂鼓妖者也。人君不聰,空名得進,則有無形之聲。"博後坐事自殺。

與劉注對應的原文來自《漢書》的兩個篇章。《朱博傳》開首云:"朱博字子元,杜陵人也。"③又《五行志》云:

哀帝建平二年四月乙亥朔,御史大夫朱博爲丞相,少府趙玄爲御史大夫,臨延登受策,有大聲如鍾鳴,殿中郎吏陛者皆聞焉。上以問黄門侍郎揚雄、李尋,尋對曰:"《洪範》所謂鼓妖者也。師法以爲人君不聰,爲衆所惑,空名得進,則有聲無形,不知所從生。其傳曰歲月日之中,則正卿受之。今以四月日加辰巳有異,是爲中焉。正卿謂執政大臣也。宜退丞相、御史,以應天變。然雖不退,不出期年,其人自蒙其咎。"揚雄亦以爲鼓妖,聽失之象也。朱博爲人彊毅多權謀,宜將不宜相,恐有凶惡亟疾之怒。八月,博、玄坐爲姦謀,博自殺,玄減死論。④

---

① 陳壽撰,裴松之注《三國志》卷十九《任城陳蕭王傳》,北京:中華書局1959年版,第557頁。
② 陳壽《三國志》卷二十一《王衛二劉傳》,第597頁。
③ 班固《漢書》卷八十三《薛宣朱博傳》,第3398頁。
④ 班固《漢書》卷二十七中之下,第1429頁。

"《洪範》所謂鼓妖者也"云云實爲李尋對答哀帝之語,而劉注中則變成揚雄、李尋之共同回答,故不確切。

又如《仇隟》第三十六"王東亭與孝伯語後漸異"條,劉注引《漢書》曰:"吕后欲王諸吕,問右相王陵,以爲不可。問左丞相陳平,平曰:'可。'陵出讓平,平曰:'面折廷爭,臣不如君;全社稷,定劉氏,君不如臣。'"劉注所引《漢書》原文見《王陵傳》:

> 陵爲人少文任氣,好直言。爲右丞相二歲,惠帝崩。高后欲立諸吕爲王,問陵。陵曰:"高皇帝刑白馬而盟曰:'非劉氏而王者,天下共擊之。'今王吕氏,非約也。"太后不說。問左丞相平及絳侯周勃等,皆曰:"高帝定天下,王子弟;今太后稱制,欲王昆弟諸吕,無所不可。"太后喜。罷朝,陵讓平、勃曰:"始與高帝啑血而盟,諸君不在邪?今高帝崩,太后女主,欲王吕氏,諸君縱欲阿意背約,何面目見高帝於地下乎!"平曰:"於面折廷爭,臣不如君;全社稷,定劉氏後,君亦不如臣。"陵無以應之。①

原文中吕后問王陵後,又問陳平、周勃等,皆曰可,所問、所答皆非止陳平一人。罷朝後王陵所讓者有陳、周二人,亦非僅讓陳平。劉注所引雖大意略近,但不夠確切。

又《言語》第二"劉琨雖隔閡寇戎"條,劉注引《漢書·叙傳》曰:"彪字叔皮,扶風人,客於天水。隴西隗囂有窺覦之志,彪作《王命論》以諷之。"而考之《漢書》原文:

> 彪字叔皮……叔皮唯聖人之道然後盡心焉。年二十,遭王莽敗,世祖即位於冀州。時隗囂據壟擁眾,招輯英俊,而公孫述稱帝於蜀漢,天下雲擾,大者連州郡,小者據縣邑。囂問彪曰:"往者周亡,戰國並爭,天下分裂,數世然後乃定,其抑者從橫之事復起於今乎?將承運迭興在於一人也?願先生論之。"對曰:"周之廢興與漢異。……今民皆謳吟思漢,鄉仰劉氏,已可知矣。"囂曰:"先生言周、漢之勢,可也,至於但見愚民習識劉氏姓號之故,而謂漢家復興,疏矣!昔秦失其鹿,劉季

---

① 班固《漢書》卷四十《張陳王周傳》,第 2047 頁。

逐而搤之，時民復知漢虜！"既感囂言，又愍狂狡之不息，乃著《王命論》以救時難。其辭曰：……①

據此可知，隗囂有異志，班彪先加以勸諫，隗不聽。彪覺勸諫不成，"又愍狂狡之不息，乃著《王命論》以救時難"，其所針對者不惟隗囂，還包括公孫述等割據勢力，故引文不夠確切。當然，劉注此類引用，並不失其大意，且爲避繁冗，必然要加以剪裁，不可苛責。

劉注中還有一種情況，不能説不確切，應該是不夠嚴謹。如《文學》第四"衛玠總角時問樂令夢"條劉注曰：

《周禮》有六夢：一曰正夢，謂無所感動，平安而夢也；二曰噩夢，謂驚愕而夢也；三曰思夢，謂覺時所思念也；四曰寤夢，謂覺時道之而夢也；五曰喜夢，謂喜説而夢也；六曰懼夢，謂恐懼而夢也。

余嘉錫箋疏云："注文《周禮》六夢云云，乃以《周禮·春官·占夢》經注合引，凡謂字以下，皆注也。"②余先生之言是，考諸《周禮·春官宗伯下·占夢》並鄭玄注（括號内爲鄭注）："占夢……以日、月、星辰占六夢之吉凶。一曰正夢（無所感動，平安自夢），二曰噩夢（杜子春云：噩當爲驚愕之愕。謂驚愕而夢），三曰思夢（覺時所思念之而夢），四曰寤夢（覺時道之而夢），五曰喜夢（喜悦而夢），六曰懼夢（恐懼而夢）。"③可知劉注所引實爲《周禮》本文與鄭玄注，但稱《周禮》不夠嚴謹。

又《方正》第五"盧志於衆坐問陸士衡"條，劉注引《魏志》曰："毓字子家，涿人。……斑，咸熙中爲泰山太守，字子笏，位至尚書。"盧毓、盧斑，傳見《三國志·魏書·盧毓傳》，關於盧斑，有語云："毓子欽、斑，咸熙中欽爲尚書，斑泰山太守。"然無斑"字子笏，位至尚書"之語。考諸裴松之注，先引《世語》曰："欽字子若，斑字子笏。……"又引《晉諸公贊》曰："……斑及子皓、志並至尚書。"④故知劉注所引實爲《魏志》與裴松之注，但稱《魏志》不夠嚴謹。

---

① 班固《漢書》卷一百上，第 4205、4207 頁。
② 余嘉錫《世説新語箋疏》，第 204 頁。
③ 鄭玄注，賈公彥疏《周禮注疏》卷二十五，北京：北京大學出版社 2000 年版，第 767、769 頁。
④ 陳壽《三國志》卷二十二《桓二陳徐衛盧傳》，第 652、653 頁。

(三) 引文有錯誤者

劉孝標注的引文處理存在一些錯誤。如《賢媛》第十九"陳嬰者,東陽人"條注引《史記》曰:

> 嬰故東陽令史,居縣素信,爲長者。東陽人欲立長,乃請嬰。嬰母諫之。乃以兵屬項梁,梁以嬰爲上柱國。①

原文見《史記·項羽本紀》:

> 陳嬰者,故東陽令史,居縣中,素信謹,稱爲長者。東陽少年殺其令,相聚數千人,欲置長,無適用,乃請陳嬰。嬰謝不能,遂彊立嬰爲長,縣中從得二萬人。少年欲立嬰便爲王,異軍蒼頭特起。陳嬰母謂嬰曰:"自我爲汝家婦,未嘗聞汝先古之有貴者。今暴得大名,不祥。不如有所屬,事成猶得封侯,事敗易以亡,非世所指名也。"嬰乃不敢爲王。謂其軍吏曰:"項氏世世將家,有名於楚。今欲舉大事,將非其人不可。我倚名族,亡秦必矣。"於是衆從其言,以兵屬項梁。……於是項梁然其(范增)言,乃求楚懷王孫心民閒,爲人牧羊,立以爲楚懷王,從民所望也。陳嬰爲楚上柱國,封五縣,與懷王都盱台。項梁自號爲武信君。②

案劉注此處引文處理有誤。《史記》原文中陳嬰母所諫者爲東陽少年欲立陳嬰爲王之事,而引文則誤爲諫東陽人立嬰爲長事。余嘉錫案語云:"《史記》東陽人之請嬰,乃請爲東陽長耳,未嘗請見嬰母。嬰母云云,自以告嬰,非見東陽人而語之也。此注所引過求省略,遂失本意。"③此是就注中"嬰母見之"之語而言,但"見"當爲"諫"之訛,余先生理解有誤。不過余先生説"此注所引過求省略,遂失本意",正指出了劉注此處存在的問題,這樣的問題在劉注中也有一定的代表性。

又《方正》第五"夏侯泰初與廣陵陳本善"條,劉注引《魏志》曰:

---

① 嬰母諫之,余書"諫"作"見",誤,據董弅刻本改。
② 司馬遷《史記》卷七,第 382—383、385 頁。
③ 余嘉錫《世説新語箋疏》,第 665 頁。

本,廣陵東陽人。父矯,司徒。本歷郡守、廷尉。所在操綱領,舉大體,能使群下自盡,有率御之才。不親小事,不讀法律而得廷尉之稱。遷鎮北將軍。

原文見《三國志・魏書・陳矯傳》:

陳矯字季弼,廣陵東陽人也。……子本嗣,歷位郡守、九卿。所在操綱領,舉大體,能使群下自盡。有統御之才,不親小事,不讀法律而得廷尉之稱,優於司馬岐等,精練文理。遷鎮北將軍,假節都督河北諸軍事。①

劉注引文云陳本"歷郡守、廷尉",《三國志》原文則云其"歷位郡守、九卿",未言其曾任廷尉。實際上,引文與原文均有"不讀法律而得廷尉之稱"之語,可知其不曾任廷尉之職,但有"廷尉之稱"而已。劉孝標未詳審,誤。

又《汰侈》第三十"石崇每與王敦入學戲"條,劉注引《家語》曰:

顏回字子淵,魯人。少孔子二十九歲,而髮白,三十二歲蚤死。

"少孔子二十九歲而髮白"在表述上無論怎樣句讀似乎都存在邏輯問題。劉注引文之原文在《孔子家語・七十二弟子解》,不過此節文字存在一個文本歧異的問題。大體而言主要有兩種文本面貌,一是今通行本:

顏回,魯人,字子淵。年二十九而髮白,三十一早死。②

二是相關典籍徵引之微異者:

顏回字子淵,魯人。少孔子三十歲。年二十九而髮白,三十一歲

---

① 陳壽《三國志》卷二十二《桓二陳徐衛盧傳》,第642、645頁。
② 陳士珂輯《孔子家語疏證》卷九,上海:上海書店1987年版,第221頁。

而早死。以德行著名。①

考之《史記·仲尼弟子列傳·顏回傳》:"顏回者,魯人也,字子淵。少孔子三十歲。……回年二十九,髮盡白,蚤死。"②比較以上文本,基本可以判斷,顏回少孔子三十歲,二十九歲髮白,劉注所引據之《家語》當與宋人文讜注《詳注昌黎先生文集》所引《家語》之文本面貌基本一致,而通行本可能在傳刻的過程中逸失了"少孔子三十歲"之語,劉注則在引用時遺漏了"三十歲"(也可能是劉注原本不誤,在傳刻中致誤),導致語意表述上的邏輯問題。

又《文學》第四"傅嘏善言虛勝"條,劉注引《魏志》曰:"嘏字蘭碩,北地泥陽人,傅介子之後也。……"考之《三國志·魏書·傅嘏傳》:"傅嘏字蘭石,北地泥陽人,傅介子之後也。"③傅嘏字,今本《三國志》本傳云"蘭石",而劉注引文作"蘭碩"。考諸《世說》本文,《賞譽》第八"裴令公目夏侯太初"條云裴令公(裴楷)"見傅蘭碩,江廧靡所不有",同於劉注。而《文心雕龍·論說》云:"詳觀蘭石之《才性》,仲宣之《去伐》。"④徐陵《東陽雙林寺傅大士碑》曰:"北地爰徙,東山攸宅,族貴泥陽,宗分蘭石。"⑤《北堂書鈔·設官部·吏部尚書》"事無不綜"下引《傅子》云:"傅嘏字蘭石,爲尚書,事小大無不綜也。"⑥《南史·隱逸上·顧歡傳》:"會稽孔珪嘗登嶺尋歡,共談《四本》。歡曰:'蘭石危而密,宣國安而疏,士季似而非,公深謬而是。'"⑦

---

① 韓愈撰,文讜注《詳注昌黎先生文集》,宋刻本,卷一古賦《閔已賦》"昔顏氏之庶幾兮,在隱約而平寬"下注引《家語》,第九頁。建成案:宋趙惪《四書箋義·論語卷一·雍也第六》朱子集注"顏子三十二而卒"箋引《家語》:"顏子少孔子二十歲,年二十九而髮白,三十二而早死。"(據清《守山閣叢書》本)明劉宗周《孔子家語考次·七十二弟子》(不分卷)作:"顏回,魯人,字子淵,少孔子三十歲。年二十九而髮白,三十一早死。"(據明末正氣堂刻本)清家相《家語證偽·七十二弟子解》(卷九)作:"顏回,魯人,字子淵。少孔子三十歲。年二十九而髮白,三十早死。"(據清徐氏《鑄學齋叢書》本)雖皆有小異,但大體屬於同一文本系統。
② 司馬遷《史記》卷六十七,第2659、2660頁。
③ 陳壽《三國志》卷二十一《王衛二劉傅傳》,第622頁。
④ 劉勰著,詹鍈義證《文心雕龍義證》,上海:上海古籍出版社1989年版,第683頁。建成案:《文心雕龍》諸本均同,惟明萬曆七年(1579)張之象本(北京大學藏)"石"作"碩"。
⑤ 徐陵撰,吳兆宜箋注《徐孝穆集》卷五,上海:商務印書館中華民國二十八年(1939)版,第184頁。
⑥ 虞世南撰,孔廣陶校注《北堂書鈔》卷六十,北京:學苑出版社1998年版,第454頁。
⑦ 李延壽《南史》卷七十五,北京:中華書局1975年版,第1875頁。

《白氏六帖事類集·舉舊》"舉夲國人"下注："傅嘏蘭石爲河南尹……"①皆作"蘭石"。也就是説除《世説》本文及劉注外，諸書皆云傅嘏字蘭石，似當以蘭石爲是。

事實上，傅嘏之前已有"蘭石"之典。王充《論衡·本性篇》："后稷爲兒，以種樹爲戲；孔子能行，以俎豆爲弄。石生而堅，蘭生而香。生禀善氣，長大就成，故種樹之戲，爲唐司馬；俎豆之弄，爲周聖師。禀蘭石之性，故有堅香之驗。"②蘭石並稱，當自此始。其後，嵇康有《與阮德如》詩（含哀還舊盧），阮德如有《阮德如答》二首，有語云："與子猶蘭石，堅芳互相成。"③《藝文類聚·職官部六》引用潘尼《益州刺史楊恭侯碑》曰："君乾靈之醇德，挺高(？)世之殊量，禀天然不渝之操，體蘭石芳堅之質。……"④《三國志·魏書·公孫淵傳》裴松之注引《魏書》曰："……（公孫）淵生有蘭石之姿，少含愷悌之訓。"⑤皆用《論衡》之典。

綜上，傅嘏字當作"蘭石"，典出《論衡》，《世説》與劉孝標注當誤。

三、劉孝標《世説注》引書學術價值舉隅

古籍文獻在傳抄刊刻的過程中，不可避免地會產生文本的歧異。有些典籍還可能被後世學者重新整理、編定，文本面貌產生較大變化。當然還有大量文獻由於這樣、那樣的原因而亡佚。劉孝標《世説注》對相關文獻的徵引，因此而具有多方面的學術價值，如校勘、輯佚、學術史與文獻學史價值等。這方面的考察，能夠在一定程度上推進對劉注所引文獻自身之研究，也有助於我們更好地把握劉注的引書。就本文目前所做的工作而言，約有如下數端：

（一）校勘價值

劉孝標注引文與所引文獻原文時有差異，有些則具有校勘價值。如

---

① 白居易《白氏六帖事類集》卷十二，北京：文物出版社 1987 年版，第八十三頁。
② 黄暉《論衡校釋》卷三，第 138 頁。
③ 《嵇中散集》卷一附，上海：商務印書館 1937 年版，第 10 頁。
④ 歐陽詢《宋本藝文類聚》卷五十，上海：上海古籍出版社 2013 年版，第 1365 頁。
⑤ 陳壽《三國志》卷八《二公孫陶四張傳》，第 259 頁。

《言語》第二"荀中郎在京口"條,劉注引《史記·封禪書》曰:"蓬萊、方丈、瀛洲此三山,世傳在海中,去人不遠。……"劉注引文"世傳",通行本《史記》(實即金陵書局本)作"其傳":"自威、宣、燕昭使人入海求蓬萊、方丈、瀛州。此三神山者,其傅在渤海中,去人不遠。……"①今存《史記》諸本如景祐本、紹興本等同,而黃善夫本、武英殿本等則作"其傳"。建成案:《史記·封禪書》是《漢書·郊祀志》的重要文獻來源,《漢書·郊祀志上》全取此節文字,與本文所引相較,惟"傅"作"傳",此外全同。顔師古注引服虔曰:"其傳書云爾。"臣瓚曰:"世人相傳云爾。"②可證《漢書》所據《史記》之本作"傳",不作"傅"。綜合考慮《史記》諸本、《漢書》與劉孝標《世說注》所引,並就其文義對比分析,《史記·封禪書》原貌應以"傳"爲是。

《文學》第四"太叔廣甚辯給"條云:"太叔廣甚辯給,而摯仲治長於翰墨,俱爲列卿。每至公坐,廣談,仲治不能對。退著筆難廣,廣又不能答。"劉注引王隱《晉書》曰:"……摯虞字仲治,京兆長安人。祖茂,秀才。父模,太僕卿……"又"左太沖作《三都賦》初成"條,劉注引《思別傳》有"摯仲治宿儒知名"之語。摯虞字,《世說》本文與劉注均作"仲治",已盡列於上。而考之《晉書·摯虞傳》:"摯虞字仲洽,京兆長安人也。父模,魏太僕卿。虞少事皇甫謐,才學通博,著述不倦。"③又《北堂書鈔·設官部十八·太子舍人》"以賢良拜"下注曰:"王《晉書》云:奉侍摯虞字仲洽,少好學,以賢良拜太子舍人。"④建成案:王《晉書》,當即王隱《晉書》,《北堂書鈔》所引與劉注所引不同。

仲治與仲洽,二者顯然乃因形近而致歧異。那麼何者爲摯虞之字?因爲《晉書》作爲官修史書的權威性,後世多以仲洽爲是。如清人王太岳《四庫全書考證》,吳士鑒、劉承幹《晉書斠注》等皆以爲仲治是仲洽之訛誤⑤。然而《藝文類聚·歲時中·三月三日》與《文選·顏延年〈三月三日曲水詩

---

① 司馬遷《史記》卷二十八,第1647頁。
② 班固《漢書》卷二十五上,第1204頁。
③ 房玄齡等《晉書》卷五十一,北京:中華書局1974年版,第1419頁。
④ 虞世南撰,孔廣陶校注《北堂書鈔》卷六十六,第505頁。孔廣陶校語云:"今案'奉侍'二字沿上條誤入。"
⑤ 王太岳《四庫全書考證》,清《武英殿聚珍版叢書》本,卷九十二,第二十八頁。吳士鑒、劉承幹《晉書斠注》卷五十一《摯虞傳》,北京:中華書局2008年版,第286頁。

序〉》題下皆引《續齊諧記》，均稱摯虞爲仲洽[1]。又《白氏六帖事類集·姓氏》"品官"下注曰："晋摯虞字仲洽，撰《族姓昭穆》十卷……"[2]也就是說，除唐修《晋書》與《北堂書鈔》所引王隱《晋書》作仲洽外，各種典籍所載摯虞之字，均作仲洽。而且同樣徵引王隱《晋書》，劉注亦作仲洽，而非仲洽，《北堂書鈔》的文本可靠性存疑。

本文認爲，摯虞字當以仲洽爲是。一是《世説》及劉注爲最早載錄摯虞之字的文獻，且除唐修《晋書》與《北堂書鈔》所引王隱《晋書》之外的相關典籍均同《世説》與劉注；二是古人名、字往往在意義上相關聯，虞義之一是虞舜之虞，舜作爲傳説中的五帝之一，是聖王的典範，其統治天下自然意味著大治，故摯虞當字仲洽。

又上文論及《汰侈》第三十"石崇每與王敦入學戲"條，劉注引《家語》云顏回"三十二歲蚤死"，而今通行本《孔子家語·七十二弟子解》作"三十一早死"。宋元以後之《孔子家語》文獻與相關典籍之徵引，或云顏回三十一歲死，或云三十二歲死，如文讜注《詳注昌黎先生文集》引作"三十一歲而早死"，趙悳《四書箋義》引作"三十二而早死"等等，不必一一列舉[3]。毛奇齡《論語稽求篇》云："舊《家語》本原是三十一歲，坊本説作二字，今俗傳三十二歲，謬也。"[4]實際上，顏回卒年，無論是三十一歲還是三十二歲，都與一些相關史料記述不符[5]，本文無意於考證史實，僅就《孔子家語》此處的文本原貌稍作考察。

《文選》卷五十四劉孝標《辯命論》"顏回敗其叢蘭，冉耕歌其芣苢"下，李善注引《家語》曰："顏回年二十九而髮白，三十二而早死。"又司馬貞《史記索隱》按語云："《家語》亦云：'年二十九而髮白，三十二而死。'"[6]此二種唐代文獻引《家語》皆作顏回三十二歲死。

再考之《公羊傳》哀公十四年"顏淵死，子曰噫"下徐彥疏引《弟子傳》

---

[1] 歐陽詢《宋本藝文類聚》卷四，第 123 頁。蕭統編，李善注《文選》卷四十六，南宋淳熙八年（1181）尤袤刻本，中華書局 1974 年影印本。
[2] 白居易《白氏六帖事類集》卷七，第五十二頁。
[3] 范家相《家語證僞·七十二弟子解》作"三十早死"，"三十"後當缺"一"或"二"字。
[4] 毛奇齡《論語稽求篇》，清《龍威秘書》本，卷五，第四頁。
[5] 參見司馬貞《史記索隱》所引王肅之説，《史記》卷六十七，第 2661 頁；毛奇齡《論語稽求篇》卷五；梁玉繩《史記志疑》卷二十八"少孔子三十歲，回年二十九，髮盡白，蚤死"條，北京：中華書局 1981 年版，第 1209—1210 頁。
[6] 見《史記》卷六十七《仲尼弟子列傳·顏回傳》"回年二十九，髮盡白，蚤死"下，第 2661 頁。

云:"顏淵少孔子三十歲,三十二而卒。"①案《弟子傳》即《史記·仲尼弟子列傳》。汪榮寶《法言義疏》據《公羊傳》徐彥疏所引《弟子傳》與司馬貞《史記索隱》引《家語》等,判斷其所據《史記》之本當有"三十二而卒"之語②。又《論語·雍也》"哀公問弟子孰爲好學"章邢昺疏"不幸短命死矣"句云:"顏回以德行著名,應得壽考,而反二十九髮盡白,三十二而卒,故曰不幸短命死矣。"③

因此,由李善《文選注》、司馬貞《史記索隱》等較早文獻對《孔子家語》之徵引以及徐彥《公羊傳疏》、邢昺《論語疏》的相應內容,我們可以判斷,《孔子家語》關於顏回卒年的文本原貌當作三十二歲。汪榮寶云:"然則舊本《史記》《家語》於顏子卒年固同作三十二,今《史記》作蚤,《家語》作三十一,皆後刻書者所改。"④

當然,也有一則文獻似乎表明《家語》當載顏回卒年爲三十一歲。《史記索隱》引王肅云:"此(《家語》)久遠之書,年數錯誤,未可詳也。校其年,則顏回死時,孔子年六十一。"⑤由孔子六十一歲,可推知顏回死時當爲三十一歲。然而此處"六十一"很可能是"六十二"之誤,因爲《史記索隱》此前已引《家語》云顏回三十二歲死,若此處爲六十一,則司馬貞不應不加以辨析或説明,故本文不以爲據。

(二)輯考傳世典籍佚篇(文)

劉孝標《世説注》徵引 475 家,今僅存 84 家,亡佚比例達百分之八十二。這尚存的 84 家其實也不同程度地存在着殘闕的問題,如應劭《風俗通義》原本三十卷,今僅存十卷;《易乾鑿度》《搜神記》原本已佚,今本皆系後人輯本,等等⑥。因此劉注是古籍輯佚之淵藪,歷來爲學者所重。對於已佚典籍之輯佚,劉注之價值無需贅言。本文想要特別強調的是其對於傳世典籍佚篇(文)輯佚之重要價值。下面略舉數例予以説明:

---

① 公羊壽傳,何休解詁,徐彥疏《春秋公羊傳注疏》卷二十八,北京:北京大學出版社 2000 年版,第 715 頁。
② 汪榮寶《法言義疏》九《問明》,北京:中華書局 1987 年版,第 190 頁。
③ 何晏注,邢昺疏《論語注疏》卷六,第 78 頁。
④ 汪榮寶《法言義疏》九《問明》,第 190—191 頁。
⑤ 見《史記》卷六十七《仲尼弟子列傳·顏回傳》"回年二十九,髮盡白,蚤死"下,第 2661 頁。
⑥ 趙建成《劉孝標〈世説注〉引書目錄考》,載於《中華文學史料》第 3 輯,第 183—188 頁。

《言語》第二"南郡龐士元聞司馬德操在潁川"條,劉注引《家語》曰:

> 原憲字子思,宋人,孔子弟子。居魯,環堵之室,茨以生草,蓬戶不完,桑樞而甕牖,上漏下濕,坐而弦歌。子貢軒車不容巷,往見之,曰:"先生何病也?"憲曰:"憲聞無財謂之貧,學而不能行謂之病。今憲貧也,非病也。夫希世而行,比周而友,學以爲人,教以爲己。仁義之慝,輿馬之飾,憲不忍爲也。"

然而考諸《孔子家語·七十二弟子解》,僅作:"原憲,宋人,字子思,少孔子三十六歲。清静守節,貧而樂道。孔子爲魯司寇,原憲嘗爲孔子宰,孔子卒後,原憲退隱,居于衛。"[1]可知劉注所引内容基本不見於傳世本《家語》。這種情況的出現,有兩種可能。一是劉注引書書名標舉錯誤,其所引實爲其他文獻;二是劉注無誤,其所引爲《孔子家語》佚文。

事實上,原憲與子貢的這次富於戲劇性的會面,多有文獻記載。最早的是《莊子》,其《雜篇·讓王》云:

> 原憲居魯,環堵之室,茨以生草,蓬戶不完,桑以爲樞而甕牖,二室,褐以爲塞,上漏下濕,匡坐而弦。子貢乘大馬,中紺而表素,軒車不容巷,往見原憲。原憲華冠縰履,杖藜而應門。子貢曰:"嘻!先生何病?"原憲應之曰:"憲聞之:'無財謂之貧,學而不能行謂之病。'今憲,貧也,非病也。"子貢逡巡而有愧色。原憲笑曰:"夫希世而行,比周而友,學以爲人,教以爲己,仁義之慝,輿馬之飾,憲不忍爲也。"[2]

《韓詩外傳》卷一第九章亦有此記載:

> 原憲居魯,環堵之室,茨以蒿萊,蓬戶甕牖,揉桑而爲樞,上漏下濕,匡坐而絃歌。子貢乘肥馬,衣輕裘,中紺而表素,軒車不容巷而往見之。原憲楮冠黎杖而應門,正冠則纓絶,振襟則肘見,納履則踵決。子貢曰:"嘻!先生何病也?"原憲仰而應之曰:"憲聞之,無財謂之貧,

---

[1] 陳士珂輯《孔子家語疏證》卷九,第225頁。
[2] 王先謙《莊子集解》卷八,第255頁。

學而不能行之謂病。憲貧也,非病也。若夫希世而行,比周而友,學以爲人,教以爲己。仁義之匿,車馬之飾,衣裘之麗,憲不忍爲之也。"子貢逡巡,面有慚色,不辭而去。原憲乃徐步曳杖歌《商頌》而反,聲滿於天地,如出金石。……①

而《史記·仲尼弟子列傳》所載較簡:

原憲,字子思。……孔子卒,原憲遂亡在草澤中。子貢相衛,而結駟連騎,排藜藿入窮閻,過謝原憲。憲攝敝衣冠見子貢。子貢恥之,曰:"夫子豈病乎?"原憲曰:"吾聞之,無財者謂之貧,學道而不能行者謂之病。若憲,貧也,非病也。"子貢慚,不懌而去,終身恥其言之過也。②

綜合考察以上文獻,可知原憲與子貢的會面及對答,最早見諸《莊子》記載,《韓詩外傳》之文獻當來源於《莊子》,而有所敷衍發揮。《史記》之記載總體上與《莊子》及《韓詩外傳》較爲一致,亦稍有不同,且較爲簡略,應是太史公多所取材、有意加工的結果。劉注所引《家語》,在文本上與《莊子》十分一致,惟略有簡省,也稍有增補之内容,故其確當爲《家語》,而非引自《莊子》而誤爲《家語》,而此《家語》之文獻來源當是《莊子》。考諸《漢志》,著録"孔子家語》二十七卷",顏師古注曰:"非今所有《家語》。"③可知《孔子家語》在流傳中文本面貌應有較大的變化,而《言語》篇劉注所引當保存了《孔子家語》的早期文本面貌。

又如《言語》第二"佛圖澄與諸石游"條,劉注引《莊子》曰:

海上之人好鷗者,每旦之海上,從鷗游,鷗之至者數百而不止。其父曰:"吾聞鷗鳥從汝游,取來玩之。"明日之海上,鷗舞而不下。

---

① 韓嬰撰,許維遹校釋《韓詩外傳集釋》,北京:中華書局1980年版,第11頁。案:劉向《新序·節士》亦載此事,除少數文字微異外,與《韓詩外傳》所載完全一致,顯然是採自後者。文見劉向編著,石光瑛校釋,陳新整理《新序校釋》卷七,北京:中華書局2009年版,第918—923頁,此不具引。
② 司馬遷《史記》卷六十七,第2682—2683頁。
③ 班固《漢書》卷三十,第1716、1717頁。

此節文字不見於今本《莊子》,但《列子·黃帝》卻有相應之内容:

> 海上之人有好漚鳥者,每旦之海上,從漚鳥游,漚鳥之至者百住而不止。其父曰:"吾聞漚鳥皆從汝游,汝取來,吾玩之。"明日之海上,漚鳥舞而不下也。故曰:至言去言,至爲無爲。齊智之所知,則淺矣。①

然而,這並不意味著劉注所引《莊子》爲《列子》之誤。程炎震《世説新語箋證》云:"今《莊子》無鷗鳥事,乃在《列子·黃帝篇》。然《宋書》六十七謝靈運《山居賦》云:'撫鷗䲄而悦豫。'與䲄並舉。其自注亦云:'莊周云:"海人有機心,鷗鳥舞而不下。"'疑今本《莊子》有佚文也。"②劉盼遂《世説新語校箋》云:"'澄以石虎爲海鷗鳥'注引《莊子》,按海鷗鳥今見《列子·黃帝篇》,實張湛摭《莊子》佚文而然,非孝標誤引。"又《夙惠》"晋明帝數歲,坐元帝郄上"條箋云:"此文(筆者案:即《言語》"佛圖澄與諸石游"條劉注所引《莊子》)今見《列子·黃帝篇》,而《莊子》中俄空焉。蓋本《莊子》篇文,作僞《列子》者鈔襲之。孝標作注時僞《列》尚未大顯,故及《莊子》《新論》而不及《列子》,後《莊子》此文放失,學者反據僞《列子》以疑孝標誤引矣。馬氏叙倫《列子僞書考》極精博,惜未知此。又沙鷗佚文亦從來輯《莊子》佚文所未及也。王伯厚《困學紀聞》卷十舉《莊子》佚文三十九條,閻百詩箋亦舉八事,而均不及此。(後見馬氏叙倫所輯《莊子》佚文,已引此條)"③余嘉錫案語云:"《漢書·藝文志》'《莊子》五十二篇',今郭象注本止三十三篇,逸者多矣。劉注所引,逸篇之文也。《列子》僞書,襲自《莊子》耳。《困學紀聞》十、《讀書脞録續編》三所輯《莊子》逸文甚多,獨失載此條,蓋偶未檢。"④

建成案:由謝靈運《山居賦》自注亦引爲莊周,可知劉孝標注所引不

---

① 楊伯峻《列子集釋》卷二,北京:中華書局 1979 年版,第 67—68 頁。標點有所調整。又"百住而不止",張湛注:"住當作數。"
② 程篤原《世説新語箋證》,載於《國立武漢大學文哲季刊》第 7 卷第 2 號(1942 年),第 1—26 頁。此文篇首《世説新語箋證略例》末尾所標時間爲民國十一年(1922)八月二十二日,故知完成時間在 1922 年。
③ 劉盼遂《世説新語校箋》,載於《國學論叢》第 1 卷第 4 號(1928 年),第 65—110 頁。標點有所調整。
④ 余嘉錫《世説新語箋疏》,第 107 頁。

誤,當爲《莊子》佚文,具有重要的輯佚價值。《列子》中海鷗鳥事當襲自《莊子》,以上諸家的論證,頗可信從①。《列子》確爲僞書,其材料雜取諸家,來源多方,已成爲學術界的主流觀點②。劉孝標注此則引文也有助於《列子》辨僞問題的研究。

那麼,我們是否能够判斷劉注所引《莊子》文字出自《莊子》何篇,甚至將其還原到今本的篇章之中?范子燁先生認爲:"此段《莊子》佚文,原來當屬於《莊子》外篇《天地》。"③《莊子·天地》載子貢見爲圃者純用人力灌溉,不用機械,"用力甚多而見功寡",於是勸其用機械,"用力甚寡而見功多"。爲圃者曰:"吾聞之吾師:'有機械者必有機事,有機事者必有機心。'機心存於胸中,則純白不備;純白不備,則神生不定;神生不定者,道之所不載也。吾非不知,羞而不爲也。"④范先生即據此處爲圃者關於機心之議論判斷劉注所引《莊子》當出於《天地》篇。然而仔細揣摩爲圃者所謂"機心",雖有貶義,但所指爲利用機械之巧心,而海上之人好鷗者聽其父言,欲取海鷗鳥供其玩之,此爲惡念,似與《天地》篇之機心不同。

當然上文述及謝靈運《山居賦》自注引莊周云:"海人有機心,鷗鳥舞而不下。"又《三國志·魏書·高柔傳》裴松之注引孫盛,有語云:"機心内萌,則鷗鳥不下。"⑤二者均是機心、鷗鳥連言。然此二者之"機心"當是心機之意,仍與《天地》篇之機心不同,不能因其與《天地》篇皆有"機心"一詞而認爲海鷗鳥事出於《莊子·天地》。實際上,孫盛語係用典,不能等同於《莊子》原文;謝靈運引莊周,當是概括之語,"海人有機心"應非《莊子》原文。故二者之"機心",很難作爲文本判斷上的依據。

建成案:上引《列子·黄帝》海鷗鳥一節文字後有"至言去言,至爲無

---

① 惟劉盼遂云《列子·黄帝》海鷗鳥事"實張湛摭《莊子》佚文而然"則未必,可參看楊伯峻《列子集釋·前言》。又劉盼遂云"孝標作注時僞《列》尚未大顯,故及《莊子》《新論》而不及《列子》",實際上劉注引書有《列子》,共徵引1次,《輕詆》第二十六"庾道季詫謝公"條劉注引《列子》伯樂向秦穆公薦善相馬者九方皋事,原文見《列子·説符》。則劉孝標可見《列子》一書。因此劉孝標非不知、不見《列子》而引《莊子》《新論》,當是至少對《列子》之真僞有疑,引《莊子》《新論》而不引《列子》是有意爲之的結果。故其於《列子》僅徵引1次,實因無更早文獻載伯樂、九方皋事,故不得不引之。
② 可參看楊伯峻《列子集釋》附録三《辨僞文字輯略》。
③ 范子燁《魏晋風度的傳神寫照——〈世説新語〉研究》,西安:世界圖書出版公司2014年版,第447—448頁。
④ 王先謙《莊子集解》卷三,第106頁。
⑤ 陳壽《三國志》卷二十四《韓崔高孫王傳》,第687頁。

爲。齊智之所知,則淺矣"數語,考之《莊子》外篇《知北遊》孔子答顔淵,有語云:

> 聖人處物不傷物。不傷物者,物亦不能傷也。唯無所傷者,爲能與人相將、迎。△山林與! 皋壤與! 使我欣欣然而樂與! 樂未畢也,哀又繼之。哀樂之來,吾不能禦,其去弗能止。悲夫! 世人直爲物逆旅耳! 夫知遇而不知所不遇,知能能而不能所不能。無知無能者,固人之所不免也。夫務免乎人之所不免者,豈不亦悲哉! 至言去言,至爲去爲。齊知之所知,則淺矣。①

可知《列子》"至言去言"數語實出於《莊子·知北遊》。那麽《列子·黄帝》亦即劉注所引《莊子》海鷗鳥一節文字自然也當出於《知北遊》。且海鷗鳥之寓言與"聖人處物不傷物""唯無所傷者,爲能與人相將、迎""山林與! 皋壤與! 使我欣欣然而樂與"等句所藴含的哲理亦較爲一致。就其文意,我們認爲應將海鷗鳥一節文字還原到上引《知北遊》標"△"處。由於文本問題的複雜性,這未必完全符合《莊子》文之原貌,然而是合乎邏輯的。

海鷗鳥事出於《莊子·知北遊》,我們還能找到一則旁證。《吕氏春秋·審應覽·精諭》云:

> 聖人相諭不待言,有先言言者也。海上之人有好蜻者,每居海上,從蜻游,蜻之至者百數而不止,前後左右盡蜻也,終日玩之而不去。其父告之曰:"聞蜻皆從女居,取而來,吾將玩之。"明日之海上,而蜻無至者矣。②

"海上之人有好蜻者"云云,顯然本於海鷗鳥事,當源於《莊子》。而"聖人相諭不待言,有先言言者也"之語,實即《莊子·知北遊》"至言去言"之意,則《吕氏春秋》此節文字源於《莊子·知北遊》,故海鷗鳥事出於《知北遊》。

關於《列子》之僞,劉注還有一則引文可資考辨。此則引文見於唐寫本《世説新書》殘卷,《夙惠》第十二"晋明帝數歲,坐元帝膝上"條劉注曰:

---

① 王先謙《莊子集解》卷六,第 194—195 頁。
② 許維遹《吕氏春秋集釋》卷十八,北京:中華書局 2009 年版,第 481—482 頁。

案桓譚《新論》：孔子東遊，見兩小兒辨，問其遠近，日中時遠，一兒以日初出遠，日中近者，曰：初出大如車蓋，日中裁如槃蓋，此遠小而近大也。言遠者曰：月初出愴愴涼涼，及中如探湯，此近熱遠愴乎。明帝此對，爾二兒之辨耶也？①

此則注釋共 86 字，今本《世說》無之。劉孝標所引《新論》之内容，今見《列子·湯問》，廣爲大衆所知。注文頗有脱漏，亦顯而易見。又"月初出愴愴涼涼"句，"月"應爲"日"之訛，皆當是傳抄所致。然而此注之價值卻很重要，劉盼遂《世說新語校箋》早有揭示："又按此注語有足資考證者。兩兒辯日事見今傳世《列子·湯問篇》中，孝標注《世說》不引《列子》而引《新論》，亦足爲《列子》僞書之一證矣。"②其論極是。

除證僞外，此則劉注還有助於桓譚《新論》之輯考。在唐寫本《世說新書》殘卷發現之前，古籍中此則內容之徵引惟見《法苑珠林·日月篇·地動部》：

桓譚《新論》曰：予小時聞閭巷言：孔子東遊見兩小兒辯鬭。問其故，一兒曰：我以日始出時近，日中時遠。一兒以日初出遠，日中時近。長水校尉關子陽以爲天去人上遠而四傍近。以星宿昏時出東方，其間甚疎，相去丈餘。夜半在上視之甚數，相去唯一二尺。日爲天陽，火爲地陽，地陽上昇，天陽下降。今置火於地。從傍與上診其熱，遠近不同，乃差半焉。日中在上，當天陽之衡，故熱。於始出，從太陽中來，故涼。西在桑榆，大小雖同，氣猶不如清朝也。③

另外，《隋書·天文志上》有與《法苑珠林》對應之内容：

桓譚《新論》云：漢長水校尉平陵關子陽，以爲日之去人，上方遠而四傍近。何以知之？星宿昏時出東方，其間甚疎，相離丈餘。及夜半在上方，視之甚數，相離一二尺。以準度望之，逾益明白，故知天上

---

① 《唐鈔本世說新書》，《書跡名品叢刊》第一七六，東京：株式會社二玄社 1972 年版，第 51 頁。
② 劉盼遂《世說新語校箋》，載於《國學論叢》第 1 卷第 4 號，第 65—110 頁。
③ 釋道世著、周叔迦、蘇晉仁校注《法苑珠林校注》卷四，北京：中華書局 2003 年版，第 126 頁。

之遠於傍也。日爲天陽，火爲地陽。地陽上升，天陽下降。今置火於地，從傍與上，診其熱，遠近殊不同焉。日中正在上，覆蓋人，人當天陽之衝，故熱於始出時。又新從太陰中來，故復涼於其西在桑榆間也。桓君山曰：子陽之言，豈其然乎？①

桓譚《新論》久佚，後人輯本主要有三種：一是清人孫馮翼輯本，此則內容之輯錄惟據《法苑珠林·日月篇》②；二是嚴可均輯本，見其《全上古三代秦漢三國六朝文·全後漢文》卷十三至十五，此則內容見卷十五《桓子新論下·離事第十一》③；三是今人朱謙之新輯本《新論》，此則內容見卷七《啓寤篇》④。嚴、朱二家之輯本皆據《法苑珠林》與《隋書·天文志》輯錄，先取《法苑珠林》引文開頭爲《隋書·天文志》所無的一節文字，自長水校尉以下二書共有之內容則雜糅取之，文字略有增減改動。二本之不同在於，嚴本雜取二家，但以《隋書·天文志》爲主，朱本於二家所取則較爲均衡。另外嚴本有一處改動似有可商："地陽上升，天陽下降"二句，改成"地氣上升，天氣下降"，並無依據，似不妥。

建成案：兩小兒辯日與長水校尉關子陽論天（日）去人上遠而四傍近，雖有類似，但並非一事，前者係桓譚"小時聞閭巷言"，後者爲長水校尉關子陽所論⑤。二者來源頗不相同，當輯爲二則。就兩小兒辯日而言，通過與前引唐寫本《世說新書》殘卷劉注比勘，可知《法苑珠林》所引當是刪節之文，過於簡略⑥。又《列子·湯問》載兩小兒辯日事如下：

---

① 魏徵、令狐德棻《隋書》卷十九，北京：中華書局 1973 年版，第 512—513 頁。
② 孫馮翼《問經堂叢書二十六種·逸子書》，嘉慶七年（1802）問經堂刊藏本，第 18 頁。案：孫氏云其輯此則《新論》係據李嚴《法苑珠林》卷七《日月篇》，李嚴當爲李儼之誤，李儼有《法苑珠林序》，冠於全書之首，孫氏誤以此書爲李儼所作。
③ 嚴可均校輯《全上古三代秦漢三國六朝文》，北京：中華書局 1958 年版，第 549 頁。
④ 朱謙之校輯《新輯本桓譚新論》，北京：中華書局 2009 年版，第 28—29 頁。
⑤ 關子陽其人，見諸《漢書·溝洫志》："王莽時，徵能治河者以百數，其大略異者，長水校尉平陵關並言……"顏師古曰："桓譚《新論》云並字子陽，材智通達也。"見班固《漢書》卷二十九，第 1696、1697 頁。
⑥ 建成案：唐殷敬順《沖虛至德真經釋文·湯問第五》"愴愴"下釋文云："初良切。又本作滄。《周書》曰：天地之間有愴熱，善用道者終無竭。孔鼂注云：愴，寒也。桓譚《新論》亦述此事作愴涼。"見殷敬順撰，陳景元補遺《沖虛至德真經釋文》卷下，明《正統道藏》本（洞神部玉訣類）。孫馮翼《新論》輯本據此推測云："今《法苑珠林》所引無'愴涼'語，疑李嚴（當爲釋道世）有所刪節。"嚴可均輯本在孫馮翼推論的基礎上又有所生發："據知《新論》原文，具如《列子·湯問篇》，惟愴涼字小異。《法苑珠林》既載《列子》于前，故於《新論》有所刪節也。"二家所見極是。

孔子東游,見兩小兒辯鬪。問其故。一兒曰:"我以日始出時去人近,而日中時遠也。"一兒以日初出遠,而日中時近也。一兒曰:"日初出大如車蓋,及日中則如盤盂,此不爲遠者小而近者大乎?"一兒曰:"日初出滄滄涼涼,及其日中如探湯,此不爲近者熱而遠者涼乎?"孔子不能決也。兩小兒笑曰:"孰爲汝多知乎?"①

比較劉注與《列子》,顯然二者之文本當同出一源,惟劉注脫漏、割裂較爲嚴重。上文已述及,《列子》爲僞書,係雜取諸書而成,兩小兒辯日事,實出於《新論》,爲《列子》所取,故《列子》之文可用於《新論》之輯佚。綜合劉注、《法苑珠林》與《列子》,現重輯《新論》兩小兒辯日事如下:

　　予小時聞閭巷言:孔子東遊,見兩小兒辯鬪。問其故。一小兒曰:"我以日始出時去人近,而日中時遠也。"一小兒曰:"我以爲日初出遠,而日中時近也。"言初出近者曰:"日初出大如車蓋,及其日中裁如槃蓋(一作盤盂)。此不爲遠者小而近者大乎?"言日初出遠者曰:"日初出愴愴涼涼,及其中時熱如探湯。此不爲近者熱而遠者愴乎?"孔子不能決也。兩小兒笑曰:"孰謂汝多智乎!"

(三) 考察劉孝標《世說注》引書來源

　　劉孝標《世說注》所引文獻,未必皆來自引書原書,這便涉及其引書的文獻來源問題。然而這一問題較爲複雜,本文僅舉一例加以討論。《德行》第一"庾公乘馬有的盧"條,劉注引賈誼《新書》曰:

---

① 楊伯峻《列子集釋》卷五,第168—169頁。建成案:《列子》此節文字又見引於《隋書·天文志上》與《法苑珠林·日月篇》,因其皆有輯校之價值,故不避繁瑣,分別錄之於下。《隋書·天文志上》:"孔子東遊,見兩小兒鬪。問其故。一小兒:'我以日始出去人近,而日中時遠也。'一小兒:'我以爲日初出遠,而日中時近也。'言初出近者曰:'日初出大如車蓋,及其日中裁如盤蓋。此不爲遠者小,近者大乎?'言日初出遠者曰:'日初出時滄滄涼涼,及其中時熱如探湯。此不爲近者熱,遠者涼乎?'"(《隋書》卷十九,第512頁)《法苑珠林·日月篇》:"孔子東遊,見兩小兒辯鬪。問其故。一小兒:'我以日始出去人近,而日中時遠。'一小兒以爲日初出時遠,而日中時近也。一兒曰:'日初出大如車蓋,及其中纔如槃蓋。此不爲遠者小而近者大乎?'一小兒曰:'日初出滄滄涼涼,及其中如探湯。此不爲近者熱而遠者涼乎?'孔子不能決也。兩小兒笑曰:'孰謂汝多智乎!'"(釋道世著,周叔迦、蘇晉仁校注《法苑珠林校注》卷四,第125—126頁)標點皆有所調整。

孫叔敖爲兒時，出道上，見兩頭蛇，殺而埋之。歸見其母，泣，問其故。對曰："夫見兩頭蛇者，必死。今出見之，故爾。"母曰："蛇今安在？"對曰："恐後人見，殺而埋之矣。"母曰："夫有陰德，必有陽報，爾無憂也。"後遂興于楚朝。及長，爲楚令尹。

考之賈誼《新書·春秋（連語）》，有孫叔敖殺兩頭蛇事：

孫叔敖之爲嬰兒也，出游而還，憂而不食，其母問其故。泣而對曰："今日吾見兩頭蛇，恐去死無日矣。"其母曰："今蛇安在？"曰："吾聞見兩頭蛇者死，吾恐他人又見，吾已埋之也。"其母曰："無憂，汝不死。吾聞之，有陰德者，天報以福。"人聞之，皆諭其能仁也。及爲令尹，未治而國人信之。①

建成案：比較劉注所引與賈誼《新書》原文，顯然可見文本面貌差異較大。劉注徵引文獻，雖有概括、節略等情況，但在文本面貌上與原書基本是一致的，不至於産生這樣大的變化。於是我們把目光轉向其他文獻，能够發現，劉向的《新序》與《列女傳》皆載録孫叔敖殺兩頭蛇事：

孫叔敖爲嬰兒之時，出遊，見兩頭蛇，殺而埋之，歸而泣。其母問其故，叔敖對曰："聞見兩頭之蛇者死，嚮者吾見之，恐去母而死也。"其母曰："蛇今安在？"曰："恐他人又見，殺而埋之矣。"其母曰："吾聞有陰德者，天報以福，汝不死也。"及長，爲楚令尹，未治而國人信其仁也。（《新序·雜事》）②

楚令尹孫叔敖之母也。叔敖爲嬰兒之時，出遊，見兩頭蛇，殺而埋之。歸見其母而泣焉。母問其故，對曰："吾聞見兩頭蛇者死，今者出遊見之。"其母曰："蛇今安在？"對曰："吾恐他人復見之，殺而埋之矣。"其母曰："汝不死矣。夫有陰德者，陽報之。德勝不祥，仁除百禍。天之處高而聽卑。《書》不云乎：'皇天無親，惟德是輔。'爾嘿矣，必興

---

① 賈誼撰，閻振益、鍾夏校注《新書校注》卷六，北京：中華書局2000年版，第250頁。
② 劉向編著，石光瑛校釋，陳新整理《新序校釋》卷一，第21—27頁。

于楚。"及叔敖長，爲令尹。君子謂叔敖之母知道德之次。《詩》云："母氏聖善。"此之謂也。頌曰……(《列女傳·仁智傳》"孫叔敖母"條)①

很顯然，劉注所引與《新序》《列女傳》的文本具有較高的一致性，雖仍有一定的差異，但考慮到劉注徵引文獻時的加工處理以及文獻流傳過程中必然會產生一定程度的文本變化，可以判斷《新序》《列女傳》其一當爲劉注的實際文獻來源。考之劉注引書，並無引作《新序》者，而《輕詆》第二十六"庾元規語周伯仁"條劉注引《列女傳》鍾離春事，原文在今本《列女傳》卷六《辯通傳》"齊鍾離春"條，劉注徵引《列女傳》僅此 1 次。若劉注所引孫叔敖殺兩頭蛇事實出於《列女傳》，不當引爲賈誼《新書》，那麼其文本來源則當爲劉向《新序》②。

隨之而來的問題是，劉注既自《新序》采錄文獻，又爲什麼稱引爲賈誼《新書》呢？這需要我們對《新序》的編撰與體例有所了解和考察。《漢書·劉向傳》曰："向睹俗彌奢淫，而趙、衛之屬起微賤，踰禮制。向以爲王教由內及外，自近者始。故採取《詩》《書》所載賢妃貞婦，興國顯家可法則，及孼嬖亂亡者，序次爲《列女傳》凡八篇，以戒天子。及采傳記行事，著《新序》《説苑》凡五十篇奏之。"③《四庫全書總目》"《新序》十卷(江蘇巡撫採進本)"條亦云："以今考之，春秋時事尤多，漢事不過數條。大抵採百家傳記，以類相從，故頗與《春秋》內外傳、《戰國策》《太史公書》互相出入。"④劉向採擷先代《詩》《書》與百家傳記等文獻，分類纂輯，爲《新序》《説苑》《列女傳》，頗似小型類書。據張白珩考證，《新序》所採用的文獻共二十餘種，可推知的十餘種，採錄較多的古籍是《韓詩外傳》《吕氏春秋》《史記》、賈誼《新書》以及《左傳》《戰國策》《韓非子》《淮南子》等，如賈誼《新書》，今本《新序》所採錄者有十三事。現存《新序》全書一百八十三章，除因書缺有間，有四十五章不能考出來源以外，可以查明出處者共有一百三十八章，占全書的四分之三。劉向採錄文獻，一般不著出處，惟有卷五"神農學悉老，

---

① 王照圓《列女傳補注》卷三，上海：華東師範大學出版社 2012 年版，第 104 頁。"《書》不云乎"之"云"，此本誤作"雲"，當是因繁簡轉換而致誤，今改之。
② 王充《論衡·福虛篇》亦載孫叔敖殺兩頭蛇事，見黃暉《論衡校釋》卷六，第 266—267 頁。考其文本，當出於劉向《新序》，且非劉注所引者。
③ 班固《漢書》卷三十六《楚元王傳》，第 1957—1958 頁。
④ 永瑢、紀昀等《欽定四庫全書總目》卷九十一，《(景印)文淵閣四庫全書》第 3 冊，第 9 頁。

黃帝學大真……"一章，明著"呂子曰"三字，此章原文今在《呂氏春秋·尊師篇》。明著出處的，《說苑》中亦有，推想原本《新序》明著出處的也不止此一章①。張白珩的推想較爲謹慎，而由劉注引賈誼《新書》卻與《新序》文字一致，我們不妨大膽推論，劉向《新序》原本皆注明文獻出處，在流傳過程中可能經過一個"整飭"的過程，都被删去了，只留下"呂子曰"一處痕跡。孫叔敖殺兩頭蛇事之文本，劉注雖引自《新序》，但由於後者已明著其出處，即賈誼《新書》，故劉注引作賈誼《新書》。對於《新序》，劉孝標很可能以類書視之。

至於賈誼《新書》與劉向《新序》在孫叔敖殺兩頭蛇事上的文本差異，其實很容易理解。劉向撰著《新序》所針對者爲其時的現實政治問題，因此一般不會照抄原文，而是根據需要對原始材料有所加工，亦常有所評論。

我們對劉注徵引賈誼《新書》的考察，雖爲個案，但應該具有一定的普遍意義。通過這一考察，我們能夠判斷，劉孝標爲《世説》作注，其所引文獻並非皆直接採自原書，而是會自其他文獻轉引，尤其是像《新序》這樣具有一定類書性質的著作。這對於我們認識劉注引書的文獻來源問題具有一定的啓示意義。而通過對劉注引文的考察，也有可能使我們推進對其所引文獻及相關問題的研究，如《新序》的體例與價值問題等。

四、結　語

作爲"四大名注"之一，劉孝標《世説注》"不第爲臨川之功臣"②，更是研治先唐學術史、文獻學史的寶庫。上文我們以較爲冗長的篇幅，但仍較粗淺地討論了劉孝標注引書引文處理的義例及其意義，也包括少數因之而產生的問題與錯誤，特別考察了劉孝標注引書的學術價值問題。這一工作，有助於我們把握與利用劉孝標注引書，也能夠在一定程度上推進對劉孝標注所引文獻自身的研究，但對於劉孝標注引書的全面、系統研究來説，我們的考察掛一漏萬，還是很不充分的。

---

① 張白珩《試論劉向〈新序〉成書之體例》，載於《四川師院學報（社會科學版）》1980 年第 3 期，第 18—23 頁。
② 沈家本《世説注所引書目·序》，載於其《古書目三種》，北京：中華書局 1963 年影印本。

實際上，無論作爲個案的單部(篇)引書(文)研究，還是按照大、小部類進行整體研究，劉孝標注引書都還有比較大的研究空間與研究價值。其所引之 475 家文獻，除不可考者 4 家外，其餘 471 家的四部分類情況(含佛典)如下表①：

經部 40 家	易類 4 家，書類 3 家，詩類 4 家，禮類 8 家，樂類 1 家，春秋類 5 家，孝經類 1 家，論語類 10 家，讖緯類 2 家，小學類 2 家
史部 306 家	正史類 29 家，古史類 17 家，雜史類 13 家，載記類 4 家，起居注類 2 家，舊事類 2 家，職官類 9 家，雜傳類 152 家，地理類 20 家，譜系類 48 家，簿錄類 10 家
子部 40 家	儒家類 9 家，道家類 7 家，名家類 1 家，墨家類 1 家，雜家類 10 家，農家類 1 家，小説家類 2 家，兵家類 2 家，天文類 1 家，五行類 4 家，醫方類 2 家
集部 73 家	楚辭類 1 家，別集類 70 家，總集類 2 家
佛典 12 家	

這個表格可以爲劉孝標注引書專題研究提供一些線索。如其史部引書十分豐富，當由孝標視《世説》爲史，故以注史之謹嚴態度爲其作注，徵引史部文獻凡 306 家。而史部引書中，劉注徵引雜傳類典籍 152 家，譜系類典籍 48 家，充分體現了六朝文化的門閥士族特色。又如劉注徵引佛典 12 家，則與其時玄佛合流的思想文化背景密切相關。如此種種，是劉孝標《世説注》引書研究進一步努力的方向和目標。

（作者單位：南開大學文學院中文系）

---

① 趙建成《劉孝標〈世説注〉引書目録考》，載於《中華文學史料》第 3 輯，第 183—188 頁。

On Liu Xiaobiao's Citations in His Annotations of *A New Account of Tales of the World*

Zhao Jiancheng

Liu Xiaobiao's copious citations in his lauded annotation of *A New Account of Tales of the World* were based on the texts of the masterpiece and were selected only when needed, and therefore the cited text and the original text often differed. They could be considered indirect citations. Liu handled the citations by summarizing the cited text and skipping irrelevant details and often combined these two methods, which made his annotations concise on the one hand and sometimes resulted in omissions, inaccuracies, and mistakes on the other. The difference between the cited and the original show the academic value of collating cited texts, rediscovering lost texts outside the classics, and studying the sources of citations.

Keywords: Liu Xiaobiao, *A New Account of Tales of the World*, citation, authorial principle, academic value

徵引書目

1. 王弼注、孔穎達疏：《周易正義》，北京：北京大學出版社，2000 年版。 Zhouyi zhengyi (*Interpretations of the Book of Changes*). Annotated by Wang Bi and interpreted by Kong Yingda. Beijing: Beijing daxue chuban she, 2000.
2. 王先謙：《莊子集解》，北京：中華書局，1987 年版。Wang Xianqian. *Zhuangzi jijie* (*Collected Annotations to Zhuangzi*). Beijing: Zhonghua shuju, 1987.
3. 王太岳：《四庫全書考證》，清《武英殿聚珍版叢書》本。Wang Taiyue. "Siku quanshu kaozheng" (Textual Research on Complete Library in Four Sections). *Wuyingdian juzhenban congshu* (*Series of Books Movable-Type Printed in Wuyingdian*). Printed in the Qing Dynasty.
4. 王照圓：《列女傳補注》，上海：華東師範大學出版社，2012 年版。Wang Zhaoyuan. *Lienüzhuan buzhu* (*Supplementary Annotations of Biographies of Women*). Shanghai: Huadong shifan daxue chuban she, 2012.
5. 毛亨傳、鄭玄箋，孔穎達疏：《毛詩正義》，北京：北京大學出版社，2000 年版。Mao Heng. *Maoshi zhengyi* (*Interpretations of Mao's Edition of The Book of Songs*). Annotated by Zheng Xuan and interpreted by Kong Yingda. Beijing: Beijing daxue chuban she, 2000.
6. 毛奇齡：《論語稽求篇》，清《龍威秘書》本。Mao Qiling. "Lunyu jiqiupian" (Textual research on the Analects of Confucius). *Longwei mishu* (*Series of Books Compiled by Ma Junliang*), Printed in the Qing Dynasty.
7. 公羊壽傳，何休解詁，徐彥疏：《春秋公羊傳注疏》，北京：北京大學出版社，2000 年版。Gongyang Shou. *Chunqiu gongyangzhuan zhushu* (*Commentaries and Sub-commentaries on Chunqiu Gongyangzhuan*). Annotated by He Xiu and sub-commented by Xu Yan. Beijing: Beijing daxue chuban she, 2000.
8. 白居易：《白氏六帖事類集》，北京：文物出版社，1987 年版。Bai Juyi. *Baishi liutie shilei ji* (*Encyclopedias Compiled by Bai Juyi*). Beijing: Wenwu chuban she, 1987.
9. 永瑢、紀昀等：《欽定四庫全書總目》，《(景印)文淵閣四庫全書》第 3 冊，臺北：臺灣商務印書館，1986 年版。Yongrong and Ji Yun et al. "Qinding siku quanshu zongmu" (General Catalogue of Complete Library in Four Sections). *Wenyuange siku quanshu* (*Complete Library in Four Sections Kept in Wenyuange*) 3. Taibei: Taiwan shangwu yinshu guan, 1986.
10. 司馬遷撰，裴駰集解，司馬貞索隱，張守節正義：《史記》，中華書局，2014 年版。Sima Qian. *Shiji* (*Records of the Historian*). Annotated by Pei Yin, Sima Zhen and Zhang Shoujie. Beijing: Zhonghua shuju, 2014.
11. 何晏注、邢昺疏：《論語注疏》，北京：北京大學出版社，2000 年版。He Yan. *Lunyu zhushu* (*Interpretations of Analects*). Interpreted by Xing Bing. Beijing: Beijing daxue chuban she, 2000.
12. 朱謙之：《老子校釋》，北京：中華書局，1984 年版。Zhu Qianzhi. *Laozi jiaoshi*

(*Proofreading and Interpretation of Tao Te Ching*). Beijing: Zhonghua shuju, 1984.
13. 朱謙之校輯：《新輯本桓譚新論》，北京：中華書局，2009 年版。Zhu Qianzhi. *Xin jiben huantan xinlun* (*New Compiling to Huan Tan's New Comments*). Beijing: Zhonghua shuju, 2009.
14. 李延壽：《南史》，北京：中華書局，1975 年版。Li Yanshou. *Nanshi* (*History of the Southern Dynasties*). Beijing: Zhonghua shuju, 1975.
15. 吳士鑒、劉承幹：《晉書斠注》，北京：中華書局，2008 年版。Wu Shijian and Liu Chenggan. *Jinshu jiaozhu* (*Proofreading and Annotations of Book of Jin*). Beijing: Zhonghua shuju, 2008.
16. 余嘉錫：《世説新語箋疏》，北京：中華書局，1983 年版。Yu Jiaxi. *Shishuo xinyu jianshu* (*Notes on A New Account of Tales of the World*). Beijing: Zhonghua shuju, 1983.
17. 沈家本：《世説注所引書目》，《古書目三種》，北京：中華書局，1963 年影印本。Shen Jiaben. "Shishuozhu suoyin shumu" (Catalogue of the Books Cited in the annotation of Shishuo). *Gushumu sanzhong* (*Catalogues of Three Ancient Books*). Beijing: Zhonghua shuju, 1963.
18. 汪榮寶：《法言義疏》，北京：中華書局，1987 年版。Wang Rongbao. *Fayan yishu* (*Annotations to Model Sayings*). Beijing: Zhonghua shuju, 1987.
19. 范家相：《家語證偽》，清徐氏《鑄學齋叢書》本。Fan Jiaxiang. "Jiayu zhengwei" (Falsification of the Family Sayings of Confucius). Xu Shi. *Zhuxuezhai congshu* (*Series of Zhuxuezhai*). Compiled in the Qing Dynasty.
20. 范子燁：《魏晉風度的傳神寫照——〈世説新語〉研究》，西安：世界圖書出版公司，2014 年版。Fan Ziye. *Weijin fengdu de chuanshen xiezhao—shishuo xinyu yanjiu* (*Performance of Demeanor in the Wei and Jin Dynasties—Study of A New Account of the Tales of the World*). Xian: Shijie tushu chuban gongsi, 2014.
21. 房玄齡等：《晉書》，北京：中華書局，1974 年版。Fang Xuanling et al. *Jin Shu* (*Book of Jin*). Beijing: Zhonghua shuju, 1974.
22. 班固撰，顏師古注：《漢書》，北京：中華書局，1962 年版。Ban Gu. *Han shu* (*Book of Han*). Annotated by Yan Shigu. Beijing: Zhonghua shuju, 1962.
23. 徐陵撰，吳兆宜箋注：《徐孝穆集》，上海：商務印書館，中華民國二十八年（1939）版。Xu Ling. *Xu xiaomu ji* (*Collected Works of Xu Ling*). Annotated by Wu Zhaoyi. Shanghai: Shangwu yinshu guan, 1939.
24. 殷敬順撰，陳景元補遺：《沖虚至德真經釋文》，明《正統道藏》本。Yin Jingshun. "Chongxu zhide zhenjing shiwen" (Interpretation of Liezi). Supplemented by Chen Jingyuan. *Zhengtong daozang* (*Collected Taoist Scriptures*). Compiled in the Ming Dynasty.
25. 高似孫：《緯略》，杭州：浙江古籍出版社，2015 年版。Gao Sisun. *Wei lue* (Supplement of Literary and Historical Research). Hangzhou: Zhejiang guji chuban she, 2015.
26. 梁玉繩：《史記志疑》，北京：中華書局，1981 年版。Liang Yusheng. *Shiji zhiyi*

(*Research and Analysis of Records of the Historian*). Beijing: Zhonghua shuju, 1981.

27. 陳壽撰,裴松之注:《三國志》,北京:中華書局,1959 年版。Chen Shou. *Sanguo zhi* (*Records of the Three Kingdoms*). Annotated by Pei Songzhi. Beijing: Zhonghua shuju, 1959.

28. 陳士珂輯:《孔子家語疏證》,上海:上海書店,1987 年版。Chen Shike. *Kongzi jiayu shuzheng* (*Interpretations of The Family Sayings of Confucius*). Shanghai: Shanghai shudian, 1987.

29. 孫馮翼:《問經堂叢書二十六種·逸子書》,嘉慶七年(1802)問經堂刊藏本。Sun Pengyi. *Wenjingtang congshu ershiliuzhong · Yi zishu* (*Twenty-six Kinds of Series of Books in Wenjingtang · Lost Literature of Various Scholars*). Engraved edition of Wenjingtang in the 7th year of Jiaqing of the Qing Dynasty (1802).

30. 黄暉:《論衡校釋》,北京:中華書局,1990 年版。Huang Hui. *Lunheng jiaoshi* (*Annotations to Wang Chong's Philosophical Essays*). Beijing: Zhonghua shuju, 1990.

31. 許維遹:《呂氏春秋集釋》,北京:中華書局,2009 年版。Xu Weiyu. *Lüshi chunqiu jishi* (*Complete Annotated Edition of Master Lü's Spring and Autumn Annals*). Beijing: Zhonghua shuju, 1990.

32. 張白珩:《試論劉向〈新序〉成書之體例》,《四川師院學報(社會科學版)》1980 年第 3 期,頁 18—23。Zhang Baiheng. "Shilun liuxiang xinxu chengshu zhi tili" (On the compiling style of Liu Xiang's New Prefaces). *Sichuan shiyuan xuebao* (*Journal of Sichuan Normal College*) 3 (1980): pp.18 - 23.

33. 嵇康:《嵇中散集》,上海:商務印書館,1937 年版。Ji Kang. *Jizhongsan ji* (*Collected Works of Ji Kang*). Shanghai: Shangwu yinshu guan, 1937.

34. 焦循:《孟子正義》,北京:中華書局,1987 年版。Jiao Xun. *Mengzi zhengyi* (*The True Meaning of Mencius*). Beijing: Zhonghua shuju, 1987.

35. 程篤原:《世說新語箋證》,《國立武漢大學文哲季刊》第 7 卷第 2 號(1942 年),頁 1—26。Cheng Duyuan. "Shishuo xinyu jianzheng" (Notes and Research of A New Account of the Tales of the World). *Guoli wuhan daxue wenzhe jikan* (*A Quarterly Journal of Literature and Philosophy of National Wuhan University*) 7.2 (1942): pp.1 - 26.

36. 賈誼撰,閻振益、鍾夏校注:《新書校注》,北京:中華書局,2000 年版。Jia Yi. *Xinshu jiaozhu* (*Collations and Annotations of Jia Yi's New Book*). Collated and annotated by Yan Zhenyi and Zhong Xia. Beijing: Zhonghua shuju, 2000.

37. 楊伯峻:《列子集釋》,北京:中華書局,1979 年版。Yang Bojun. *Liezi jishi* (*Collected Explanations of the Liezi*). Beijing: Zhonghua shuju, 1979.

38. 楊勇:《世說新語校箋》,北京:中華書局,2006 年版。Yang Yong. *Shishuo xinyu jiaojian* (*Proofreading and Annotations of A New Account of Tales of the World*). Beijing: Zhonghua shuju, 2006.

39. 虞世南撰,孔廣陶校注:《北堂書鈔》,北京:學苑出版社,1998 年版。Yu Shinan. *Beitang shuchao* (*Excerpts from Books in the Northern Hall*). Proofread and Annotated by Kong Guangtao. Beijing: Xueyuan chuban she, 1998.

40. 蕭統編,李善注:《文選》,北京:中華書局,1974 年影印本。Xiao Tong. *Wenxuan* (*Selections of Refined Literature*). Annotated by Li Shan. Beijing: Zhonghua shuju, 1974.
41. 趙建成:《劉孝標〈世說注〉引書目錄考》,《中華文學史料》第 3 輯,西安:西北大學出版社,2012 年版,頁 183—188。Zhao Jiancheng. "Liu xiaobiao shishuozhu yinshu mulu kao" (Catalogue of the Book Cited in the Shishuo's Notes by Liu Xiaobiao). *Zhonghua wenxue shiliao* (*Historical Data of Chinese literature*) 3. Xian: Xibei daxue chuban she, 2012. pp.183–188.
42. 鄭玄注、孔穎達疏:《禮記正義》,北京:北京大學出版社,2000 年版。Zheng Xuan. *Liji zhengyi* (*Interpretations of The Book of Rites*). Interpreted by Kong Yingda. Beijing: Beijing daxue chuban she, 2000.
43. 鄭玄注、賈公彥疏:《周禮注疏》,北京:北京大學出版社,2000 年版。Zheng Xuan. *Zhouli zhushu* (*Interpretations of Rites of the Zhou Dynasty*). Interpreted by Jia Gongyan. Beijing: Beijing daxue chuban she, 2000.
44. 歐陽詢:《宋本藝文類聚》,上海:上海古籍出版社,2013 年版。Ouyang Xun. *Songben yiwen leiju* (*Song Engraved Edition of the Classified Compendium of Arts and Letters*). Shanghai: Shanghai guji chuban she, 2013.
45. 劉義慶著,劉孝標注:《唐鈔本世說新書》,東京:株式會社二玄社,1972 年版。Liu Yiqing. *Tang chaoben shishuo xinshu* (*Tang Transcribed Edition of A New Account of Tales of the World*). Annotated by Liu Xiaobiao. Tokyo: Nigensha Co, Ltd, 1972.
46. 劉勰著,詹鍈義證:《文心雕龍義證》,上海:上海古籍出版社,1989 年版。Liu Xie. *Wenxin diaolong yizheng* (*Annotations to Literary Mind and the Carving of Dragons*). Annotated by Zhan Ying. Shanghai: Shanghai guji chuban she, 1989.
47. 劉向編著,石光瑛校釋,陳新整理:《新序校釋》,北京:中華書局,2009 年版。Liu Xiang. *Xinxu jiaoshi* (*Proofreading and Interpretation of New Prefaces*). Proofread and Interpreted by Shi Guangying. Organized by Chen Xin. Beijing: Zhonghua shuju, 2009.
48. 劉盼遂:《世說新語校箋》,《國學論叢》第 1 卷第 4 號(1928 年),頁 65—110。Liu Pansui. "Shishuo xinyu jiaojian" (Proofreading and Annotations of *A New Account of Tales of the World*). *Guoxue luncong* (*Collection of Traditional Chinese Studies*) 1.4 (1928): pp.65–110.
49. 韓嬰撰,許維遹校釋:《韓詩外傳集釋》,北京:中華書局,1980 年版。Han Ying. *Hanshi waizhuan jishi* (*Complete Annotated Edition of Unauthorized Biography of Han Poetry*). Proofread and Interpreted by Xu Weiyu. Beijing: Zhonghua shuju, 1980.
50. 韓愈撰,文讜注:《詳注昌黎先生文集》,宋刻本。Han Yu. *Xiangzhu changli xiansheng wenji* (*Detailed Notes on Han Yu's Collected Works*). Annotated by Wen Dang. Engraved in the Song Dynasty.
51. 魏徵、令狐德棻:《隋書》,北京:中華書局,1973 年版。Wei Zheng and Linghu defen. *Sui Shu* (*Book of Sui*). Beijing: Zhonghua shuju, 1973.
52. 嚴可均校輯:《全上古三代秦漢三國六朝文》,北京:中華書局,1958 年版。*Quan shanggu sandai qinhan sanguo liuchao wen* (*Complete Essays from Antiquity through to the*

Period of the Six Dynasties). Proofread and collected by Yan Kejun. Beijing: Zhonghua shuju, 1958.
53. 釋道世著,周叔迦、蘇晋仁校注:《法苑珠林校注》,北京:中華書局,2003 年版。Shi Daoshi. *Fayuan Zhulin jiaozhu (Proofreading and Annotations of Forest of Pearls from the Dharma Garden)*. Proofread and Annotated by Zhou Shujia and Su Jinren. Beijing: Zhonghua shuju, 2003.

類書引錄《世説新語》及其書籍史意義探考

王乙珈

【摘 要】在南宋紹興八年(1138)董弅嚴州校勘本面世之前,《世説新語》主要以抄本形式流播。抄本時代《世説新語》文本的樣貌,在南宋之前的典籍徵引文獻中可以略窺一斑,類書對《世説新語》的引錄,尤爲豐富和重要。由於類書的實用性和編纂時特殊的"次引"現象,導致了單行本變化後類書引錄依然保持著穩定的形態,並更多地被文人所使用,從而成爲通向早期《世説新語》文本的獨特窗口,足以窺見定本時代之前《世説新語》文本的多樣性和豐富性,在文獻價值上有不可替代的意義。

【關鍵詞】類書 《世説新語》 異文 "次引" 書籍史意義

劉宋初年,臨川王劉義慶所編纂的《世説新語》成書,此後被輾轉傳抄,流衍不絶。宋高宗紹興八年(1138),董弅于嚴州首次刊刻《世説新語》(以下簡稱《世説》),標誌著《世説》正式從寫本時代進入印本時代。在此之前,《世説》一直以鈔本形式傳播。寫本時代的典籍,文字還未固定,在傳播期間常常出現文字變動、條目删汰、卷帙增减等情况。鈔本的具體情况現今已無從知曉,但通過紹興八年董弅嚴州刻本的跋語可知,《世説》的正文和劉孝標注均被"剪截""增損"過:

余家舊藏,蓋得之王原叔家。後得晏元獻公手自校本,盡去重複,其注亦小加剪截,最爲善本。晋人雅尚清談,唐初史臣修書,率意竄定，多非舊語，尚賴此書以傳後世。然字有訛舛，語有難解，以它書證之，間有可是正處，而注亦比晏本時爲增損。①

由此跋可知，"董弅本"包含了兩重學術信息：其一是底本信息。董弅將家藏王洙（字原叔）本與後得的晏殊本對校後，發現晏殊已對《世説》有所剪截、校訂，較之王本更善。因此，董弅選取晏殊校訂本爲底本，並再次對部分字詞進行校正後刊刻行世。其二是董弅對底本進行改動的信息。據汪藻《世説叙録》，晏殊本十卷②，而董弅本分爲三卷。此時的《世説》文本已經歷過兩次增損：一次是晏殊的删削，另一次是董弅本人的校勘。這導致了迄今所見的《世説》文本面貌，既與劉義慶所撰時的文字大有不同，亦與唐宋士人所傳抄的版本有所差異。董弅刻本出現後，由於刻本的"定本效應"，《世説》的文字趨於定型。加之後續兩次基於董弅本的翻刻：孝宗淳熙十五年（1188）陸游刻本和淳熙十六年（1189）張㵾湘中刻本，無疑是對"定本效應"的强化和放大。自此，《世説》文本的早期樣貌逐漸湮没在歷史的長河中。然而，以類書爲代表的早期文獻對《世説》的援引，或爲通向早期文本形態的關鍵窗口。前人對《世説》的研究，大體集中在佚文搜集、版本探究、美學鑒賞、文化傳播等方面③，從寫本時代《世説》文字歧出入手，在書籍史視角上探討書籍形態變化導致的典籍流播問題，則相對較少。類書不僅僅是歷代文人閲讀、查閲知識的工具書，更是庋藏前代文獻的重要淵藪。《世説》作爲魏晉南北朝時期的重要文獻，必爲歷代類書所矚目，寫本時代的《世説》掠影，庶幾可于宋前類書中尋求。並且受制於體例和文本形態，在徵引時還呈現出獨特風貌。本文將對相關問題加以粗淺探討。

---

① 周興陸《世説新語彙校彙注彙評》，南京：鳳凰出版社2017年版，第1632頁。
② （宋）汪藻《世説叙録》，參見《宋本世説新語》第4册，北京：國家圖書館出版社2017年版，第2頁。
③ 在《世説》版本和佚文輯佚等方面，王能憲《世説新語研究》（1992）在第一、第二章分别針對《世説新語》命名、卷帙、門類和材料來源進行考辨，並梳理從唐前至現代的各類《世説新語》版本。范子燁的《〈世説新語〉研究》（1998年初版，2014年修訂）在版本上重點詳述了唐抄殘卷、宋刻本，亦兼及《世説》成書及文字變動等問題。潘建國《〈世説新語〉在宋代的流播及其書籍史意義》（《文學評論》2015年7月）關注到了董弅刻本行世前後鈔本數量的變化，並提出因抄本物理特性所産生的"定本效應"，往往對典籍的面貌和流播産生重要影響，頗具啓發性。

一、早期類書中所見《世説》異文

　　北齊時期的《修文殿御覽》是迄今可見最早引用《世説》的類書。該書本已亡佚，但近年來在中日學者的共同努力下，於兩國古籍中輯出佚文95條，其中日本學者森鹿三先生從高僧亮阿闍梨兼意所録《香要抄》、《寶要抄》、《藥種抄》等古鈔本中輯録出《修文殿御覽》佚文10類71條①，其中《藥種抄》有"遠志"一條：

　　《世説》曰：謝大傅始有東山之志，後嚴命屢臻，勢不獲已，始就桓公司馬。于時人有致②桓公藥草者，中有遠志，公取以問謝："此藥人（又）③名'小草'，何以一物如（而）④有二稱？"謝未即對。爾時郝隆在坐，謝因（問）曰："郝參軍多知識，試複通者。"⑤郝應聲答曰："此甚易解，隱⑥則爲遠志，出則爲小草。"於是謝公殊有愧色。桓公目謝而笑曰："郝參軍此通乃不惡，亦甚有會。"⑦

　　此段見於《世説·排調》，文字略有不同，且凡和董弅刻本《世説》有差異處殆與《太平御覽》同，可知其保留文本的原始性。由於現在《修文殿御覽》已屬殘卷，所見僅此一條，但由此推論，原書所引《世説》當有一定數量。
　　至唐宋兩代，類書對《世説》的援引十分常見，大多採用三類方式：照録、節録和概録。如《太平御覽》《太平廣記》等大型官修類書，在采摭典籍

---

① 參見（日）森鹿三《修文殿御覽について》，載《東方學報》1964年第36卷。並且在"木甘草"條前明確記有"《修文殿御覽》卷第三百云"可證。
② 此處今《世説新語》作"餉"，抄卷中"致"旁有朱筆"餉"字；《藝文類聚》卷二十五人部九引"遠志"條，然無此句；《太平御覽》同抄卷，作"致"。
③ 此處抄卷原作"人"，旁有朱字"又"，今《世説新語》、《太平御覽》俱作"又"。
④ 抄卷原作"如"，疑誤。
⑤ 抄卷作"因"，且"謝問曰：'郝參軍多知識，試複通者。'"一句，今《世説新語》無，《藝文類聚》亦無，然與《太平御覽》同。
⑥ "隱"字，旁有朱筆"處"字。《藝文類聚》、《太平御覽》、今本《世説》均作"處"。疑抄卷之朱筆爲後人（至少爲南宋紹興年《世説新語》董弅本刊刻行世後）所增。
⑦ （日）亮阿闍梨兼意《香要抄　藥種抄》，日本天理大學圖書館善本叢書（和書之部）第三卷，天理大學出版部，昭和五十二年九月十四日。

時多以照録的方式,故有保存佚失典籍的作用,也成爲通向寫本時代《世説》文獻風貌的獨特窗口。在這個前提下,類書中的《世説》異文,可分爲"抄録型異文"和"增删型異文"兩種。前者爲抄寫者所導致的,除了明顯的形訛和音訛外,有相當大的一部分異文往往沒有是非之别,足見《世説》早期文本之不定一幀。譬如《言語》第 15 則①,董弅本(以下簡稱"董本")爲:

> 嵇中散語趙景真:"卿瞳子白黑分明,有白起之風,恨量小狹。"趙云:"尺表能審璣衡之度,寸管能測往復之氣,何必在大,但問識如何耳!"②

其中"往復之氣"四字,在《藝文類聚》卷二十二作"往復之咎",《白氏六帖事類集》(卷四十三)、《太平御覽》(卷四百四十六)同,可知存在"咎"、"氣"二説。"往復之氣",劉孝標注文引《漢書·律曆志》爲:"十二律之變,至於六十,以律候氣。候氣之法……以葭莩灰抑其内,爲氣所動者,其灰散也。"音律之變雖源自"候氣",但"咎"亦可爲緊扣"測"字而言,不可猝言高下。

又如《言語》第 20 則:"滿奮畏風。在晉武帝坐,北窗作琉璃屏,實密似疏,奮有難色。帝笑之。奮答曰:'臣猶吳牛,見月而喘。'"該條在《藝文類聚》、《白氏六帖事類集》和《太平御覽》中皆有記載,然"奮有難色"一句,各本均不同:

董弅本世説	藝文類聚	白氏六帖事類集	太平御覽卷八百八	太平御覽卷四
奮有難色	奮有疑	恐之	奮有寒色	奮有難色

"有難色"體現了滿奮畏琉璃屏透風、卻不敢直接與晉武帝表述的心理狀態;而"有寒色"亦活畫了滿奮受風瑟縮之態,各有所長。

如果説因爲傳抄所導致的異文只是體現了寫本時代《世説》文字的不

---

① 本文所引《世説新語》文本内容及條目編號,均出自余嘉錫《世説新語箋疏》,北京:中華書局 2007 年版。不再另注詳細頁碼。
② (南朝宋)劉義慶撰,(南朝梁)劉孝標注《宋本世説新語》,北京:國家圖書館出版社 2017 年版,第 46—48 頁。

穩定,那麼非抄錄導致的"增删型異文"更值得關注。如《文學》第 68 則:"左太沖作三都賦初成,時人互有譏訾,思意不愜。後示張公。張曰:'此二京可三,然君文未重於世,宜以經高名之士。'思乃詢求於皇甫謐。謐見之嗟歎,遂爲作叙。於是先相非貳者,莫不斂衽贊述焉。"又見於《太平御覽》卷五百八十七,有數行多出董本的文字(即加粗的内容,下同):

　　左思字太沖,齊國臨淄人也。作《三都賦》,**十年乃成。門庭户席,皆置筆硯,得一句即便疏之**。賦成,時人皆有譏訾,思意甚不愜。後示張華。華曰:"此二京可三,然君文未重於世,宜以示**高明**之士。"思乃**請序**皇甫謐,謐見之嗟歎,遂爲作序。於是先相訾者,莫不斂衽贊述焉。**陸機入洛,欲爲此賦。聞思作之,撫掌而笑。與弟雲書:"此間有傖父,欲作三都賦。須其成,當以覆酒甕耳。"及思賦出,機絶嘆服,以爲不能加也**。①

類書逸出的文字,極言左思撰寫《三都賦》之辛苦,又陸機由起初的嘲笑到閲讀後的歎服作對比,從側面渲染左思才華。文人相輕自古皆然,加之陸機頗自負,他與弟弟陸雲"當以覆酒甕"的玩笑,堪爲"時人皆有譏訾"的例證。《御覽》此段,既生動地再現了陸機的性情,又展現了左思之才初不爲世人所見的處境,在抑揚對比中,强調了《三都賦》帶給讀者的震撼。董本對此段的删削,殊爲可惜。

又如《文學》第 97 則:

　　袁宏始作《東征賦》,都不道陶公。胡奴誘之狹室中,臨以白刃,曰:"先公勳業如是!君作《東征賦》,云何相忽略?"宏窘蹙無計,便答:"我大道公,何以云無?"因誦曰:"精金百煉,在割能斷。功則治人,職思靖亂。長沙之勳,爲史所贊。"②

《太平御覽》卷五百八十七所引《世説》則在"不道陶公"之前,另有一段"不載桓彝"的故事,更具曲折性:

---

① (宋)李昉等《太平御覽》,北京:中華書局 2017 年版,第 2646 頁。
② (南朝宋)劉義慶撰,(南朝梁)劉孝標注《宋本世説新語》,第 1 册,第 170—171 頁。

袁宏作《東征賦》，列稱過江諸名德，而獨不載桓彝。溫甚恨之，嘗以問宏。宏曰："尊君稱位，非下官敢專。既未遑啓，故不敢顯之。"溫曰："君欲爲何詞？"宏即答云："風鑒散朗，或搜或引。身雖可亡，道不可隕。"溫乃喜。又不道陶侃，侃子胡奴抽刃曲室，問袁："君賦云何忽略？"袁寠急答曰："大道尊公，何言無？"因曰："精金百煉，在割能斷。功以治民，職思靖亂。長沙之勳，爲史所贊。"胡奴乃止。①

《御覽》所載兩則袁宏"不載桓彝""不道陶侃"的故事，表面上看爲並列叙事，實則内部暗藏遞進：其一，就叙事而言，兩次情節的險迫程度不同。前者僅爲含怒詢問的緊張氣氛，後者卻是抽刀脅迫的性命之憂，"答云"—"急答"二詞，正凸顯了節奏變化。其二，就人物塑造而言，桓溫身居高位，所以採取"問"的方式，留有風度；而陶範則直接粗魯脅迫，在對比中展現了桓、陶不一樣的個性。其三，就語句修辭而言，兩句贊語風格不同，前者從直接描摹神態入手，後者則以比喻著眼，可見袁宏能在如此緊急的情況下亦不用套語，令贊語貼合描摹之人。從上述三個角度，共同渲染了袁宏不爲尊卑所屈、不爲刀刃所迫的機智和才華。然而，宋人卻簡單地將兩則故事視爲"並列"，沒有看出背後的深意，認爲後者更有傳奇色彩和衝突張力，便删卻了"不載桓彝"之事，尤爲可惜至甚。

再如《文學》第6則，董本爲：

何晏爲吏部尚書，有位望，時談客盈坐，王弼未弱冠往見之。晏**聞弼名**，因條向者勝理語弼曰："此理僕以爲極，可得複難不？"弼**便**作難，一坐人便以爲屈，於是弼自爲客主數番，皆一坐所不及。②

此事于《太平御覽》中有兩次引用，皆出現異文：

《太平御覽》卷六百一十七學部十一：何晏爲吏部尚書，有位望，時談客盈坐，王弼年未弱冠往見之。晏**聞來，倒履出户迎之**。因條向者勝理語弼曰："此理僕以爲**理**極，可得複難不？"弼作難，一坐便以爲

---

① （宋）李昉等《太平御覽》，第2646頁。
② （南朝宋）劉義慶撰，（南朝梁）劉孝標注《宋本世説新語》，第1册，第119—120頁。

屈。於是弼自爲客主數番,皆一坐所不及**也**。①

《太平御覽》卷六百九十八服章部十五:何晏爲吏部尚書,王弼未弱冠往見之,晏**倒屣迎之**。②

《太平御覽》兩處引文均較董本多出"倒履出迎"一句。何晏作爲吏部尚書,何至於需要用"倒履"的方式迎接在年齡和資歷上均遠遠不及的青年人王弼,此舉在宋人眼中不可解,故將其刪除。殊不知此舉正體現了魏晉時人不以年資爲囿、更注重能力才華的精神風貌。"倒履"之舉,亦與後文王弼作難、一坐均屈相呼應,既凸顯了王弼的才情,又彰顯了何晏的唯才是舉、禮賢下士。董本刪削,失之風韻良多。

類似例證還有不少,如《文學》第 5 則"鍾會撰《四本論》"一段,《太平御覽》卷三百九十四引《世說》:"鍾會撰《四本論》,始畢,甚欲始嵇公一見。置懷中,既詣定,畏其有難,不敢相示,於户外遥擲,便回急走。""畏其有難,不敢相示"八個字,刻畫了鍾會怕被嵇康批評、卻又希望得到他的意見的踟躕,強化了他個性中要面子的特點。又,《太平御覽》卷七百零二,在"顧長康畫人,或數年不點目睛"後,多顧氏答語:"那可點睛?點睛便語!"更是以生動口語,極言顧愷之對自己畫作的自信。凡此種種,不多贅述。

據上可知,在類書中保留了大量鈔本時代《世說》早期文字。今之《世說》定本,爲宋人刪改後之樣貌,正如董弅在《世說》跋中云:"後得晏元獻公手自校本,盡去重複,其注亦小加裁剪,最爲善本。"③"手校"後的《世說》定本的確更正了些許訛誤,但不可忽略的是,他改變了《世說》原本的樣貌,甚至經由宋人裁剪,部分破壞了小説對人物風神的塑造。幸運的是,我們還能通過類書引錄的吉光片羽,發掘那些被定本所"遮蔽"的精彩文字。

除了這些異文外,類書的重要作用便是載錄了今本《世說》未見的條目,即早期佚文。並且,因爲類書編訂時層層相因的特點,使得這些佚文不僅以"《世說》曰"的方式保存在類書中,而且還直接影響了文人的使用。

---

① (宋)李昉等《太平御覽》,第 2773 頁。
② (宋)李昉等《太平御覽》,第 3116 頁。
③ 周興陸《世說新語彙校彙注彙評》,第 1632 頁。

二、"次引"現象：類書體例與《世說》早期佚文

對於《世說》佚文的輯考自晚清始，現代學者亦不斷關注[1]。這類佚文，一部分與語涉神怪相關，如"有人遺張華鮓者，華見之，謂客曰：'此龍肉鮓也，鮓中則有五彩光。'試之，果如言。後問其主，云：'于茅積下得白魚所作也。'"（見《藝文類聚》卷七十二、《太平御覽》卷八六二、《白氏六帖事類集》卷五）又，"嵩高山北有大穴，晉時有人誤墜穴中，見二人圍棋，下有一杯白飲。與墜者飲，氣力十倍。棋者曰：'汝欲停此否？'墜者曰：'不願停。'棋者曰：'從此西行，有天井，其中蛟龍。但投身入井，自當出。餓取井中物食之。'墜者如言，可半年乃出蜀中。因入洛問張華，華曰：'此仙館也。所飲者玉漿耳，所食者龍肉石髓。'"（見《北堂書鈔》卷一五八、《初學記》卷五、《白氏六帖事類集》卷二、《事文類聚》前集卷五、《太平御覽》卷三十九、《太平廣記》卷十四和敦煌 P.3636 類書殘卷"井"字條）等等，凡 13 則。另一部分或與宋人觀念相悖，如《太平御覽》卷第五百六十二禮儀部四十一引《世說》，《事文類聚》後集卷三人倫部"不避父名"亦引曰：

桓玄呼人溫酒，自道其父名，既而曰："英雄正龕疎。"[2]

而在《世說·任誕》第 50 則中，桓溫卻對他人直呼父名極爲敏感，乃至"流涕嗚咽"：

---

[1] 首先是葉德輝根據唐宋類書輯佚《世說新語佚文》一卷（光緒十七年思賢講舍刻本《世說新語》附），輯得八十餘則，開風氣之先。後有日本學者古田敬一《世說新語佚文》（1977），據敦煌《碉玉集》殘卷等十七種，得一百二十三則（同一事項以一則計）。我國學者趙西陸亦有補輯。然葉氏、古田氏等人僅將類書中所見注爲出自《世說》的條目輯出，並未作細緻考辨，以致多有誤輯或漏引者；王利器的《〈世說新語〉佚文》後出轉精，將葉德輝所未輯錄者加以注明。范子燁《〈世說新語〉研究》（黑龍江教育出版社 1998 年版）第五章《宋人刪改〈世說新語〉問題考論》及《〈永樂大典〉殘卷中的〈世說新語〉佚文與宋人批注》（《文史》2003 年第 2 期）集中探討了這一問題，並將正文區分爲"具有重複性質的條目""叙事過繁的條目""有關人物名、字的字句""事涉神怪的條目"和"不知緣由而被刪改的字句"幾類。周興陸在《世說新語彙校彙注彙評》一書，以附錄的方式對佚文加以甄別整理，細舉古籍諸説，共得佚文 84 條（同類相從），頗爲詳備。

[2] （宋）祝穆《新編古今事文類聚》，清文淵閣四庫全書本，後集卷三。

王大服散後已小醉,往看桓。桓爲設酒,不能冷飲,頻語左右:"令温酒來!"桓乃流涕嗚咽,王便欲去。桓以手巾掩淚,因謂王曰:"犯我家諱,何預卿事?"①

該條"犯我家諱"和佚文"自道父名"截然相反。董本删去"自道"一則,可見在宋人眼中,英雄需以守禮爲先,一代武將可以個性粗獷,也必恪守諱禮,不容含糊。魏晉人眼中"禮豈爲我輩設"的豪爽,在宋人眼中卻不以爲然。另有《北堂書鈔》卷九十八、《初學記》卷二十六、《編珠》卷三引《世説》:"謝萬與安共謁簡文。萬來,無衣幘可前。簡文曰:'但前,不需衣幘。'即呼使人。萬著白綸布鵠氅裘,履袖而前。共談移日,大器重之。"該條既與《企羨》6"王恭乘高輿,被鶴氅裘"叙事重複,此謹慎之舉又和謝萬以如意指四座、輕慢諸將(《簡傲》14)的言行相齟齬,故董本不載。

由於類書編纂時,後出類書往往因襲前代,這一特點在《世説》佚文上尤其值得關注。理論上説,在南宋高宗紹興八年(1138)董弅本付梓後,《世説》文本已然定型。由於"定本效應",那些不見於今本的文字,理應不該再以"世説"的面貌出現在後世(尤其明清時期)文獻中②。然而事實並非如此,大量與今本相出入的《世説》佚文,仍以"世説曰"的形式出現在明清類書和文人文集中,甚至明清文人對前代詩文進行注釋時,仍將這些佚文以"世説"的名義加以徵引。這就促使我們思考在"定本效應"外、出於類書特性所造成的獨特傳播方式,即"次引"現象。

譬如安陵女子嘲笑鍾毓兄弟多鬚一事,宋前文獻見於《事文類聚》和敦煌殘卷《勵忠節鈔》中。然而在明清時期鄭若庸《類雋》、華希閔《廣事類賦》、張英《淵鑒類函》和張玉書《佩文韻府》中亦有載録:

---

① (南朝宋)劉義慶撰,(南朝梁)劉孝標注《宋本世説新語》,第3册,第94頁。
② 雖説《世説新語》在被晏殊删節後仍有以全本流通於世的可能,如汪藻《世説叙録》引王仲至《〈世説〉手跋》云:"余始得宋人陳扶本,梁激東卿本。"可知北宋時期尚有不止一種的《世説》南朝抄本存在。然而至南宋時期,由於董弅本的出現,使得《世説新語》在南宋的另外三次刊刻(紹興末年杭州翻刻本、淳熙十五年陸游刻本和淳熙十六年湘中刻本)均以董弅本爲藍本,使董本的"定本效應"進一步放大。因此在南宋流播的《世説新語》除了個别一二種抄本外,其餘皆屬董本系統。該現象在明清時期尤爲明顯,以至於諸本漸亡,漸至"無他本可以堪驗"的境地。明清時期定當延續這種情況,通行的《世説》文本應是題名"世説新語"、三卷三十六門的"定型"版本。

年代	類書名	内容
宋	事文類聚	世說曰：鍾毓兄弟好嘲，聞安陵能作調，試共視之。於是與弟共載，從東門至西門。一女子笑曰："車中央殊高。"二鍾都不見。車後一門生曰："中央高者，兩頭羝。"毓兄弟多鬚，故以此嘲之。
明	類雋	世說云：鍾毓兄弟好嘲，聞安陵能作調，試共視之。於是與弟共載，從東門至西門。一女子笑曰："車中央殊高。"二鍾都不省。車後一門生曰："中央高者，兩頭羝。"毓兄弟多鬚，故以此嘲之。
清	淵鑒類函	世說曰：鍾毓兄弟聞安陵能作調，試共視之。於是與弟共載，從東至西門。一女子笑曰："車中央殊高。"二鍾不覺。車後一門生云："中央高者，兩頭羝。"毓兄弟多鬚，故以此調之。
清	廣事類賦	世說：鍾毓兄弟聞安陵有女子善謂謔，於是盛飾共載，行至西門，女子嗤曰："車中殊高。"二鍾不覺。一門生曰："中央高者，兩頭低也。"低音同羝，以鍾兄弟多鬚，故云。

從文字内容可以看出鮮明的因襲痕跡，這就造成了宋前類書中的《世説》佚文在明清類書中仍穩定存在。此情況屢見不鮮，又如"王曇首年十四五便能歌"，見於《太平御覽》《事類賦》，亦見於《山堂肆考》《佩文韻府》：

稱賞曇首 《世説》：王曇首年十四五便能歌，諸妓向謝公稱歎，公甚欲聞之，而王名家年少，無由得聞。諸妓又具向王説謝公意，謝後出東土山作伎，王時騎馬往土山下庾家墓林中，作一曲歌之。于時秋月，王因舉頭看北林，卒曲便去。妓白謝公曰："此王郎歌也。"（《山堂肆考》卷一百六十"音樂"）

丸髻 《世説》：王曇首年十四五便歌，諸妓向謝公稱歎，公欲聞之而無由。諸妓又向王説謝公意，謝後出東府土山，上王時作兩丸髻，著袴褶，騎馬往土山下庾家墓林中作一曲歌，卒曲便去。妓白謝公曰："此是王郎歌。"（《佩文韻府》卷六十七之六）

可以説，幾乎每條《世説》佚文在後世類書中均存在"次引"，"會稽賀思令善彈琴"，見於《太平御覽》《記纂淵海》《事類賦》，亦見於明代類書《天中記》卷四十二、《駢志》卷十四、《山堂肆考》卷一百六十二"音樂"、《廣博物志》卷十五，清代《淵鑒類函》卷一百八十八"樂部"五；見於《事類賦》、

《事類備要》的"王濛好飲茶,人謂之水厄"一條,在《天中記》卷四十四、《類雋》卷十九"飲食類"、《淵鑑類函》卷三百九十"食物部"三"茶二"、《廣群芳譜》卷第十八"茶譜"、《佩文韻府》卷二十一之二"飲茶"中均見,且悉出《世説》。正由於類書"次引"的特點,直接影響了文人在創作及著述中的典故使用,並且使類書中的《世説》徵引成爲有别於通行本的獨特傳播路徑。

類書的"次引",使得明清文人在詩文創作時,仍依據類書,將佚文亦視作屬於《世説》的典故。如袁翼《募設粥廠啓(道光三年)》"安得豆沙鞠餅,揮熱汗於伏三",注"揮汗三伏"曰:"[世説·雅量]郗嘉賓嘗三伏之月詣謝公,時炎暑熏赫,諸人雖復當風交扇,猶霑汗流離。謝著故絹衣,食燕白粥,宴然無異。"①又如清人百齡"二客夢迷莊叟蝶,一窗談倦處宗雞"②,斌良"雞窗宋處宗,來作黄昏伴"③,即化用宋處宗窗前雞作人語,與處宗談玄的典故。另有揆叙《阿雲舉惠武夷茶賦謝》:"不辭屢受王濛厄,相勸須供陸羽神。"④引王濛"水厄"事典,與之相同的還有厲鶚"入春水厄如王濛,鬢絲輕颺茶煙風"⑤,陸繼輅"豈爲王濛水厄困,胡乃劉伶婦言聽"⑥等等,後者更是在出句和對句中連用兩則《世説》典故,可見在文人眼中,由於類書的載録,《世説》佚文和傳世定本的内容均可視爲《世説》的典故加以使用。此外,還有顧景星《紫藤》:"玉樓紅粉變,幾度野棠開。廢壠尋春去,新妝拾翠來。藤花低亞席,石闕緩行栖。不見王曇首,清歌動我哀。"⑦(王曇首十四五能歌)屈大均:"戴顒能念父,不忍奏遺琴。日夕爲新弄,泠泠山水音。"⑧(戴顒父亡,别爲一弄)等等。不止韻文,在散文中也多有採録,如明人屠隆《遊四明山記叙》:"道書稱天下洞天三十有六,福地七十有二……昔人墜嵩高

---

① (清)袁翼《邃懷堂全集》,清光緒十三至十四年(1887—1888)杭州許應鑅刻本,《駢文箋注》卷九。
② (清)百齡《守意龕詩集》,清道光二十六年(1846)讀書樂室刊本,卷十己酉《是日遲時泉蘭巖不至疊前韻嘲之》。
③ (清)斌良《抱冲齋詩集》卷十一《澹園退思集》一《邀宋星浦孝廉下榻澹園話舊用東坡棃字韻詩作二首贈之並邀其同年梅伯言孝廉曾亮同作》,清道光二十九年(1849)第法良袁浦官署本。
④ (清)揆叙撰《益戒堂自訂詩集》,清雍正二年(1724)刻本,卷六。
⑤ (清)厲鶚《樊榭山房集》續集卷六詩己《上巳日同人攜酒酹顧丈月田墓兼修禊事於湖上仍用楊鐵崖花游曲韻》,清乾隆武林繡墨齋刊本。
⑥ (清)陸繼輅《崇百藥齋三集》卷五《異之病後戒茗飲用坡公蔣夔寄茶韻作詩見示,别用錢安道寄茶韻戲答》,清光緒四年(1878)興國州署刻本。
⑦ (清)顧景星《白茅堂集》卷十五,清康熙四十三年刻本。
⑧ (清)屈大均《翁山詩外》卷八五言律五言律,清宣統二年(1910)國學扶輪社鉛印本。

大穴，飲物得不死，歸以問張華，華知其所飲者玉漿，所食者龍穴石髓。"①陳維崧《龔琅霞湘笙閣詩集序》"雞鳴埭上，人傳子野之歌；庾家墓邊，伎識王郎之曲"②；《戲與李渭清索餅啟》"蔥肆齅甗，共騎奴而屬饜"③。如此種種，不勝贅舉。

除卻在創作中的典故使用，明清文人在爲前代詩集作注時，依然以類書著錄爲依據。如清人倪璠爲庾信《周柱國大將軍紇幹弘神道碑》"公不發私書，不然官燭，獸則相負渡江，蟲則相銜出境"句作注時云："《世說》曰：王經爲江夏太守，不發私書。"④錢謙益《錢注杜詩》注杜甫《吹笛》"胡騎中宵堪北走，武陵一曲想南征"，曰："《世說》：劉越石爲胡騎圍數重，乘月登樓清嘯。賊聞之，淒然長歎。中夜奏胡笳，賊皆流涕，人有懷土之思。向曉又吹之，賊並棄圍奔走。"⑤晁沖之《和新鄉二十一兄華嚴水亭五首》其五："荷蓋點溪三數葉，藤梢遶樹幾千層。投闌更與高人約，重抱琴來聽廣陵。"清人注曰："《世說》，會稽賀思令善彈琴，嘗夜坐月中，臨風鳴弦。忽有一人形貌甚偉，著械有慘色，在中庭稱善。便與交語，自云是嵇中散，謂賀曰：'卿手下極快，但于古法未備，因授以《廣陵散》。賀遂傳之，於今不絕。'"⑥以及曹寅編《全唐詩》時，以"《世說》曰崇高山北有大穴"一條來注釋尉遲汾"金象語奚應，玉人光想融。瑶漿與石髓，清骨宜遭逢"之詩，⑦皆爲董本《世說》佚文。這一現象既體現了文人對類書的依傍，又彰顯了類書在傳播和使用中保存《世說》早期文貌的獨特價值。

————————

① （明）屠隆《棲真館集》卷十叙，明萬曆二十六年（1598）刻本。
② 陳維崧撰《陳檢討四六》卷十七啟，注釋曰："《世說》，王曇善歌，謝公欲聞之，而王名家少年，無由得。聞後公出東府山上作妓樂，遇曇出庾家墓竹中作一曲。于時秋月，王因舉頭看北林月，卒曲而去。諸妓白謝公曰：'此乃王郎歌也。'"清乾隆三十五年（1770）漁古山房刻本。
③ 《陳檢討四六》卷十七啟，注曰："《世說》，羊祜有鶴善舞，客試之齅甗，不肯舞。"
④ （北周）庾信撰，（清）倪璠注《庾子山集注》，民國（1912—1949）上海中華書局鉛印本，卷十四。
⑤ 《錢注杜詩》卷十六。另見於（清）楊倫《杜詩鏡銓》卷十四。（清）浦起龍《讀杜心解》同句，亦有相同記載："［世說］劉越石爲胡騎圍數重，乘月登樓清嘯，賊聞之淒然。中夜奏胡笳，賊皆流涕，人有懷土思。"
⑥ 《晁具茨詩集》，民國間（1912—1949）保定蓮池書社鉛印本，卷十五。
⑦ （清）曹寅《全唐詩》卷八百八十七《府尹王侍郎准制拜嶽因狀嵩高靈勝寄呈三十韻》，注："《世說》：嵩山北有大穴，中覩二人圍棋，有一杯白飲與墮者飲，氣力十倍。棋者問：'願停否？'墮者云：'不願。'棋者曰：'從此西行，天井中多蛟龍，但投身入井，自當得出。若飢，取井物食之。'墮者如言，可半年乃出蜀中。問張華，華曰：'此仙館。丈夫所飲者玉漿，所食者龍穴石髓。'"

三、類書引録《世説》的書籍史意義

據上可知,由於類書獨特的文體性質,在《世説》文本傳播中扮演了重要作用。它是與《世説》單行本流傳並存的另一條傳播路徑,更多地被文人和著録家所關注。

在文獻價值上,類書保留了《世説新語》文本的早期面貌,而通過"次引"進一步保留了佚文,從而爲後人研究提供了前提。定本《世説新語》明顯保留了宋人的刪改痕跡,而類書中引用的《世説》文本,則爲我們提供了新的線索,可以一窺書籍的原貌——類書以其相對封閉的知識系統,較之單行本傳衍的流動性顯得更爲穩定,"次引"的特點更是加大了這種穩定性。即使單行本發生變化,類書著録(尤其是逸出定本外的内容)仍是獨立於單行本傳播的另一個系統,從而拓寬了《世説》的傳播面向。

在實用價值上,類書作爲文人學習和創作的工具書,它對《世説》的采摭,豐富了《世説》的傳播路徑。一方面,由類書提煉出的《世説》典故在歷代詩文中被反復使用,如"青白眼""樹猶如此""雪夜訪戴"等等。類書的傳播更推動了《世説》經典化的進程,甚至成爲日常交流必不可少的一部分,"《世説》盛行,嘉隆間尺牘詩詞靡不采掇,乃不善用者扭捏雷同,亦往往厭觀云"[1]。類書根據門類對《世説》文本加以切割,無形中爲《世説》的解讀提供了不同面向。如《白氏六帖事類集》卷十二"命駕適意"條:

> 《世説》:張翰字季鷹,爲齊王東曹掾。在洛陽見秋風起,因思江南菰菜羹、鱸魚鱠,曰:"人生所貴適意。"[2]

有意截去了《世説》原文中"遂命駕便歸。俄而齊王敗,時人皆謂見機"一句以契合"適意"的主旨,更是讓"蓴鱸之思"成爲思念故鄉、棄官歸隱的千古

---

[1] (明)胡應麟《少室山房筆叢》,上海:上海書店出版社 2001 年版,"丙部九流叙論下",第 285 頁。
[2] (唐)白居易《白氏六帖事類集》,民國景宋本,卷十二。

佳話。而全文引用的《太平御覽》則將之規在"見機"一類,突顯了張翰見微知著的敏鋭頭腦。這種不同的解讀固然旨在爲寫作需要服務,但也爲《世説》文本提供了多元化的闡釋空間。

另一方面,由於類書庋藏資料的便利性,使得文人在爲他人詩集做箋注時首要考慮摘取類書著録。如《四庫全書總目》叙及趙殿成注《王右丞集箋注》時曰:"其箋注往往捃拾類書,不能深究出典。"①類似情况俯仰皆是,大量文集注釋中將不見於通行本的《世説》佚文仍載録爲"世説曰"即可爲證。這種"二重徵引"大大拓寬了《世説》的傳播空間:閲讀《世説》不僅可以通過單行本和類書,還可以通過詩文箋注。這使《世説》的流播渠道進一步增多。這些現象共同促使了載録《世説》的類書和《世説》一樣,共同被視爲日常消遣的閲讀資料。明人左懋第在爲其父母撰寫的行狀裏,回憶了其父將類書《天中記》和《世説》並讀且加以校勘的往事:"(府君)課兒業畢輒讀書,至是又好黄帝《素問》及性命導引之書,外則《天中記》《世説》及稗官小説,讀校如昔。"②可知類書在《世説》傳播路徑拓展上的重要作用。

在學術價值上,類書對《世説》的徵引,致使《世説》文本校勘的出現和興盛。類書記載與定本相出入的現象,學者多有關注。王世貞已在《弇州山人四部稿》中提出:"《廣記》載'《世説》:李元禮冽冽如長松下風,周君颼颼如小松下風。'按:《世説》元禮肅肅如松下風無此語。"③至清代,考據學大盛,部分文人開始思考《世説》佚文產生的原因。如凌揚藻在胡廣出身故事後加按語云:"今《世説》不載此條,疑元獻嫌其乖疏削去之。以伯始之孝于後母,豈有忘其本親者乎?"④認爲是晏殊出於道德立場的有意選擇。胡元儀也在《北海三考》中提出了另一種看法:"按:《太平廣記》列所引書目《世説》,在《世説新語》前是別有《世説》一書矣。且《太平廣記》引《世説》不少與《世説新語》無涉,鄭子尹疑此條是改易《世説新語》注引別傳文,妄題'世説',殊未深考也。"⑤近代學者葉德輝更是在此基礎上對《世

---

① (清)永瑢《四庫全書總目》,北京:中華書局 2017 年版,第 1282 頁。
② (明)左懋第《明致仕奉政大夫先考雲樓府君左公暨宜人先妣張氏行狀》,見《蘿石山房文鈔》清乾隆五年(1740)東海左氏刻本,卷四。
③ (明)王世貞《弇州山人四部稿》,明萬曆(1573—1619)世經堂刻本,卷一百六十。
④ (清)凌揚藻《蠡勺編》卷二十,清同治二年(1863)南海伍氏粵雅堂文字歡娱室刻本。
⑤ 參見(清)胡元儀《北海三考》卷一:"《世説》云:鄭玄在馬融門下,融嘗不解割裂書七事而玄思其五,别令盧子幹思其二。融告子幹曰:孔子謂子貢,回也聞一知十,吾與女弗如也。今我與子可謂是矣。《太平廣記》卷一百六十九。"

説》展開輯佚工作,爲後世學者的進一步研究奠定了基礎。凡此,皆可證明歷代類書對《世説》的引録,對《世説》文本的保存和研究有著不可替代的文獻價值和書籍意義。

（作者單位：上海師範大學人文學院古籍所）

On the Classical Encyclopedias that Cited *A New Account of Tales of the World* and the Significance of Its Bibliographic History

Wang Yijia

A New Account of Tales of the World had been circulated as handwritten manuscripts before Dong Fen's Yanzhou collation appeared in 1138, the eighth year of the Shaoxing era in the Southern Song dynasty. Its condition before Dong's Yanzhou collation can be observed through the citations in classical documents before the Southern Song dynasty, which were especially rich and significant in classical encyclopedias. Their practicality and their special phenomenon of *ciyin* 次引 (secondary citation) in the process of compilation resulted in stable citations of the handwritten manuscripts which continued to be used by scholars even after *A New Account of Tales of the World* appeared as an individual edition. These citations are irreplaceable philological materials that have become a window toward *A New Account of Tales of the World*'s diversity and richness in the earlier handwritten format.

Keywords: classical encyclopedia, *A New Account of Tales of the World*, secondary citation, significance of bibliography history

徵引書目

1. 余嘉錫：《世説新語箋疏》，北京：中華書局，2007 年版。Yu Jiaxi. *Shishuo Xinyu jianshu（Annotations to Shishuo Xinyu）*. Beijing：Zhonghua Shuju，2007.
2. 劉義慶撰，劉孝標注：《宋本世説新語》，北京：國家圖書館出版社，2017 年版。Liu Yiqing. *Song ben Shishuo Xinyu（Shishuoxinyu published in Song Dynasty）*. Annotated by Liu Xiaobiao. Beijing：Guojia tushuguan chubanshe，2017.
3. 周興陸：《世説新語彙校彙注彙評》，南京：鳳凰出版社，2017 年版。Zhou Xinglu. *Shishuo Xinyu huijiao huizhu huiping（Annotations, Notes and Comments of Shishuo Xinyu）*. Nanjing：Fenghuang chubanshe，2017.
4. 百齡：《守意龕詩集》，清道光二十六年（1846）讀書樂室刊本。Bai Ling. *Shouyi kan shi ji（The Collected Poem Works of Shouyikan）*. Dushule Shi kanben，1846.
5. 白居易：《白氏六帖事類集》，民國景宋本。Bai Juyi. *Baishi liutie shilei ji（Bai's Collection of Categorized Matters in Six Tablets）*. Minguo jing song ben.
6. 斌良：《抱冲齋詩集》，清道光二十九年（1849）法良袁浦官署刻本。Bin Liang. *Baochongzhai shi ji（The Collected Poems of Baochong Studio）*. Fa Liang Yuan pu guanshu keben，1849.
7. 陳維崧：《陳檢討四六》，清乾隆三十五年（1770）漁古山房刻本。Chen Weisong. *Chen jiantao si liu（Parallel prose of Chen Weisong）*. Yugushanfang keben，1770.
8. 范子燁：《魏晉風度的傳神寫照——〈世説新語〉研究》，西安：世界圖書出版公司，2014 年版。Fan Ziye. *Weijin fengdu de chuanshen xiezhao—Shishuo Xinyu yanjiu（The Vivid Portrayal of Wei and Jin Dynasties: The Research of Shishuo Xinyu）*. Xian：Shijie tushu chuban gongsi，2014.
9. 顧景星：《白茅堂集》，清康熙四十三年刻本。Gu Jingxing. *Baimaotang ji（The Collected Works of Baimaotang）*. Keben，1704.
10. 胡應麟：《少室山房筆叢》，上海：上海書店出版社，2001 年版。Hu Yinglin. *Shaoshishanfang bicong（Notes from Shaoshishan Studio）*. Shanghai：Shanghai shudian chubanshe，2001.
11. 揆叙：《益戒堂自訂詩集》，清雍正二年（1724）刻本。Kui Xu. *Yijietang zi ding shi ji（Self-editing Poetry Collection of Yijietang）*. Keben，1724.
12. 李昉：《太平御覽》，北京：中華書局，2017 年版。Li Fang. *Taiping Yulan（Imperial Reader or Readings of the Taiping Era）*. Beijing：Zhonghua Shuju，2017.
13. 厲鶚：《樊榭山房集》，清乾隆武林繡墨齋刊本。Li E. *Fanxieshanfang ji（The Collected Works of Fanxieshanfang）*, Qing Qianlong wulin xiumozhai kanben.
14. 陸繼輅：《崇百藥齋三集》，清光緒四年（1878）興國州署刻本。Chen Jilu. *Chongbaiyaozhai san ji（The Third Collection of Chongbaiyao Studio）*, Xingguo zhoushu keben，1878.
15. 淩揚藻：《蠡勺編》，清同治二年（1863）南海伍氏粵雅堂文字歡娛室刻本。Ling Yangzao. *Li Shao Bian（Calabash Spoon Compilations）*. Nanhai wushi yueyatang wenzi

huanyushi keben, 1863.
16. 屈大均：《翁山詩外》，清宣統二年（1910）國學扶輪社鉛印本。Qu Dajun, *Wengshan shi wai* (*The Collected Poems of Qu Dajun*). Guoxue fulunshe qianyin ben, 1910.
17. 屠隆：《棲真館集》，明萬曆二十六年（1598）刻本。Tu Long. *Qizhenguan ji* (*The Collected Works of Qizhenguan*). Keben, 1598.
18. 吴汝綸：《晁具茨詩集》，民國間（1912—1949）保定蓮池書社鉛印本。Wu Rulun, *Chao Juci shi ji* (*The Collected Poems of Chao Juci*), Baoding lianchi shushe qianyin ben, 1912–1949.
19. 王世貞：《弇州山人四部稿》，明萬曆（1573—1619）世經堂刻本。Wang Shizhen. *Yanzhou shanren sibu gao* (*The Collected Works of Yanzhou Shanren*), Shijingtang keben, 1573–1619.
20. 永瑢：《四庫全書總目》，北京：中華書局，2017 年版。Yong Rong. *Siku Quanshu zongmu* (*The General Catalogue of Siku Quanshu*). Beijing：Zhonghua Book Shuju, 2017.
21. 袁翼：《邃懷堂全集》，清光緒十三至十四年（1887—1888）杭州許應鑅刻本。Yuan Yi. *Suihuaitang quan ji* (*The Complete Works of Huaiyuantang*), Hangzhou：Hangzhou Xu Yingrong keben, 1887–1888.
22. 庾信撰，倪璠注：《庾子山集注》，民國（1912—1949）上海中華書局鉛印本。Yu Xin. *Yu Zishan ji zhu* (*Annotations to the Collected Works of Yu Zishan*). Annotated by Ni Fan. Shanghai Zhonghua shuju qianyin ben, 1912–1949.
23. 祝穆：《新編古今事文類聚》，清文淵閣四庫全書本。Zhu Mu. *Xinbian gu jin shi wen lei ju* (*Newly Compiled Categorized Collection of Writings on Events from Old and New*). Qing Wenyuange Siku Quanshu ben.

程炎震生平及其校證
《世説新語》的成績

周興陸

【摘　要】程炎震是近代研究《世説新語》的重要學者,但是至今對他的生平知之甚少。本文從國家圖書館發掘出程炎震的詩集和好友寫的傳記,據此梳理程炎震的一生。程炎震的《世説新語》手批本保存在國家圖書館,通過對該手批本的研究,可知他廣采《世説》衆本和各種相關文獻作校勘,訂正文字,致力於考證年代,辨别事件虚實,有助于讀者貼切理解文意,有時還能發現劉孝標注具有"隱糾其謬"的用意。他的校證成果對近現代研究者產生了重要的影響。

【關鍵詞】程炎震　生平考證　世説新語　年代考　批校

一、程炎震生平考

程炎震是近代《世説》學史上一位舉足輕重的人物,可惜一般人對其生平瞭解甚少,多是從余嘉錫先生《世説新語箋疏》中得知其名,窺其研究《世説》之一鱗半爪。劉强曾撰文簡要介紹程炎震箋證《世説新語》,從《歙縣誌》卷七《人物志》裏引録一段介紹文字[①],依然語焉不詳。近年來,因爲做《世説新語》評點文字的彙集工作,筆者查閲到程炎震詩集、手批《世説》原本等相關文獻,對程炎震生平有了更多的瞭解。特撰此文,求正於同好。

---

① 劉强《程炎震的〈世説新語箋證〉》,《古典文學知識》2016 年第 1 期,第 135—140 頁。

程炎震是安徽歙縣人。其同鄉同年洪汝怡有一篇《程篤原傳》保存在國家圖書館，可資參考。傳曰：

余年弱冠，喜交遊，締文字交者十餘輩，而莫夙於同里程篤原。兩人者，年相若，志相得，以同歲補諸生，居恒論學談藝，訢合無少間。歲時離闊，則書問往復，積至盈尺，如是者逾十年。其後余以病廢於家，君則因緣際會，出而從政，余與君蹤跡乃日疏。方冀君之宦成名立，從容以反其初服也，而君不幸遘疾死矣。悲夫！

君諱炎震，字篤原，晚號頓遲，安徽歙縣人。曾祖某，某官；祖桓生，廣西補用道，署兩淮鹽運使；父錦穌，內閣中書。君兄弟二人。次居長，生而穎異，讀書倍於恒人，年十三畢諸經，即博覽載籍，疾科舉俗學如仇讎。其爲學前後凡數變：初好考證辭章，論學則欲爲顧亭林、戴東原，論文則欲爲孔顨軒、孫淵如，其於群經注疏、四史《通鑒》、九章八綫之術、六朝三唐之文，咸博稽而深究之。此君爲學之始境也。既乃自怪其學博而寡要，則更約而精之，覃思于宋明諸儒之理學、唐宋以來諸大家之文章，篤嗜桐城姚氏、湘鄉曾氏二家之書，以是飭其躬，亦以是繩諸人。此君爲學之一變也。中歲以後，惘念時艱，慨然思有以拯之，於是更爲經世有用之學。凡海西之譯編、時賢之名著，一切於政治哲理有發明者，靡不賅涉。觀其會通，與六經、諸子相印證。此君爲學之再變也。綜君爲學本末，淹洽賅貫，不名一家。而其讀書之法，鉤稽精審，實事求是，由文字訓詁以通義理，則大率以清乾嘉諸儒爲準云。

君以家貧故，嘗爲幕遊。會革命軍興，皖中黨人耳君名，招致之，俾參軍畫，旋畀以鹺政，君乃得假手以試其所學。然君故不善宦，輾轉政途，卒連蹇不獲大行其志，與時俯仰，無以自見。向者英銳之氣，至是亦稍稍衰矣。

君貌清奇，濃眉巨目，修髯若戟，望之有威稜。與人交，始若落落難合，既相孚協，則不惜傾吐肝膈。初識君者，或以爲城府深隱，而不知其衷懷坦白，表裏如一也。

君與余過從最密，在光緒丙申、丁酉之交，蓋幾於無日不相見，見則必深談極論，於學術之源流、文章之利病、古今人物之臧否得失，上下數千年，推論窮究，無所不盡。意有不合，反覆辨詰，必得當乃已。君博聞強識，援據群書，若指諸掌，余恒自愧其弗逮也。君於學無不闕,而所專長者莫如文,古文高者近荀卿、韓非,次亦不墮北宋以下;駢文具體晉宋;詩則由涪皤以闚杜陵。凡所述作,必殫精極思,無一語蹈凡近。所著有自訂詩稿二卷,文若干卷。晚好《世說新語》,爲之補箋,考訂精核。又校《晉書》,稽其地理,業未竟而卒。君在前清補諸生,旋食廩餼,中光緒壬寅科副貢生。入民國,歷充皖軍都督府秘書,皖岸權運、口北蒙鹽、包頭運銷諸局長,吉林財政廳秘書,內務部秘書。累任要職,清操自厲。比其歿也,不名一錢,附身附棺之事,皆戚友佽之。嗚呼,是足以見君之志節矣!

君卒時年四十有八,妻許氏。子二:曰綸,曰緻;女二:曰勤若,曰競芬,皆好學能讀書世其家。余聞君卒,既賦詩哭之矣。逾年,其子以書來屬爲傳,乃次其行實,而系之論曰:

嗚呼,君嶔奇磊落人也。始讀書於歙之岑山,充棟萬卷,闖然自修,山光水色,映帶几席。余每造君居,未嘗不流連彌日也。使君終不出山,殫思著述,其所成就,雖鄉先正江、戴、金、凌諸公,或無以逾之。而君牽於世累,不克遂其初志,卒邑邑以客死。斯非獨君之不幸,亦吾黨之不幸也。可哀也夫!①

該傳文對程炎震的身世、履歷、性格、學術成就介紹得頗爲詳細:光緒二十八年(1902年)副貢生;入民國後,先後任安徽軍都督府秘書,皖岸權運、口北蒙鹽、包頭運銷諸局長,吉林財政廳秘書,內務部秘書。一生治學發生幾次轉變,初好考證辭章,博稽經史;後由博返約,專心唐宋與姚鼐、曾國藩二家之書;中歲以後,恫念時艱,重視經世致用之學。晚年補箋《世說新語》,考訂精核。大致以辛亥革命爲界,前期熱心維新,後期雖從政參事,然致力於經史學術。

程炎震感染猩紅熱,於1922年中秋節後猝然辭世。其詩集《篤原遺詩》外封題簽署:"同社友張朝墉署函。時甲子暮秋,去篤原之殁已二年矣。"②甲子爲1924年,二年之前即1922年。1923年《政府公報》第2451期刊登大總統令:核給內務部參事上行走程炎震等一次"卹金"。可見程炎震此前不久去世。向上推48年,生於1875年。《漫社二集·序目》著錄:

---

① 洪汝怡《程篤原傳》,北京:中國國家圖書館藏,1923年稿本,第1—2頁。
② 程炎震《程篤原遺詩》,北京:中國國家圖書館藏1924年抄本,外封。

"程炎震,字篤原,一字病篤,號頓遲,安徽歙縣人。光緒乙亥四月二十九日生,四十八歲,壬戌八月逝世。"這是確切的記録。

查方光禄《徽州近代師範教育史》等相關史料,程炎震生平可考者,尚略有數事:

1899 年,25 歲。在徽州加入工商勇進党,鼓吹維新①。

1903 年,29 歲。9 月與汪律本等在徽州府城擬辦徽州不纏足會。

1913 年,39 歲。任皖岸榷運局局長。

1921 年,47 歲。與張朝墉、孫雄等一批遜清遺老在北京成立漫社,編撰《漫社集》。

1922 年,48 歲。5 月,與吳承仕、邵瑞彭、楊樹達、孫人和等八人在北京歙縣會館結"思誤社"(後更名"思辨社"),校訂古籍,端正學風②。中國國家圖書館藏程炎震手批本《世説新語》題識署"民國十一年八月二十二日",是加入思辨社後的成果。

程炎震與著名文獻學家吳承仕爲同鄉至交,二人都致力於《晋書》的考校,時相切磋往還。吳承仕《論衡校釋》《緶齋讀書記》引用過程炎震校語。程炎震去世後,吳承仕還刊載過程炎震與他討論《晋書》的書劄,並題識曰:

> 右五劄爲亡友程篤原遺筆。前數年相與發起思辨社,討論文史,相得甚歡。期年遽以熱病卒,孟晋未已,竟夭天年。尋檢遺墨,不任悼歎。篤原於《晋書》《世説新語》功力甚深,尤精曆算之術甚富。其子女能傳其學,見已清寫叢稿,行將印行云。③

程炎震的著作,上引洪汝怡《傳》中提到"所著有自訂詩稿二卷,文若干卷"。其文集未見,所幸的是程炎震詩稿尚保存在中國國家圖書館古籍部。《程篤原遺詩》不分卷一册,抄本,編成於 1924 年暮秋。收詩 117 題 220 首,從 1904 至 1921 年編年爲次。陳衍《近代詩抄》入選炎震詩五題六首,均見于此册。册後附其兄謹原《後序》《題詩》、張朝墉識語、陳士廉識語。張朝墉識語云:

---

① 鄭初民《徽州革命黨人之活動》,方光禄《徽州近代師範教育史》,蕪湖:安徽師範大學出版社 2013 年版,第 28 頁。
② 李東來主編《倫明研究》第 1 册,廣州:廣東人民出版社 2020 年版,第 402 頁。
③ 吳承仕《程炎震〈答吳檢齋〉題識》,《中大季刊》1926 年第 1 卷第 1 期,第 4 頁。

篤原才思橫溢,落筆有奇氣,觀《哀程錫麒》一首與"誰家宮殿壓山巔,舊是胡兒飲馬泉"諸作,卻是革命鉅子。今既改革矣,而所遭又百不一當,卒致齎志以歿。天陑文人,一何甚耶。讀其遺集,惘然不樂者竟日。夔門張朝墉讀竟並識。①

　　張朝墉據《哀程錫麒》等詩而稱他爲"革命鉅子"。程錫麒是一位被冤屈至死的鄉民。1921 年秋,盜賊蜂起。九月間歙縣棠樾村兩宅被強盜洗劫,百姓束手無策,不敢反抗。村民看到強盜中有一人是癲癇頭。等到強盜散去後,百姓報官。恰巧程錫麒乳名叫癲癇,並非真的癲癇。官吏昏瞶,不加細察,將程錫麒抓獲,一頓拷打。最後知道抓錯人,纔把程錫麒放了。但程錫麒驚嚇過度,回來一命嗚呼。程炎震聞得此事,非常氣憤,作了長篇歌行《哀程錫麒》,其中有句:"人民不向自由路,死縱有冤何處訴? ……欲免枉死無異術,推倒官吏張民權。民權非可僥倖得,須具法律之智識。人人自強能訟直,官吏雖惡敢殘賊?"②1921 年發出這種聲音,並不見得有多少的革命性,但確是對現實殘暴吏治的抨擊。張朝墉識語所引"誰家宮殿"二句爲程炎震《熱河姜上將招飲於行宮之五代五福堂》,不盡今昔盛衰之感。在清民易代之際,程炎震的詩歌多關涉時政,如民國元年作的《于湖書事》云:"中江弦誦有遺音,誰遣鴟鴞集泮林。姑孰桓溫成坐大,荊州劉表果何心。匹夫無罪惟懷璧,妄尉寧侯亦摸金。淒絕家家題買宅,桃符一色共春深。"③矛頭指向袁世凱。詰責前清更是放筆狂言,毫不留情,如七古《題畢節路金坡仙山濯髮圖》有句:"六百年來人事改,漢虜殺傷相盛衰。胡元滿清一例耳,成忽必烈亡溥儀。更無應昌可奔竄,臣妾一洗前朝悲。"④詩人好友、遜清遺老孫雄規勸他稍事刪削,程炎震卻不肯改易。孫雄敘述此事,將"成忽必烈亡溥儀"改爲"興也浡然亡須臾"⑤。

　　程炎震飽詩書,負奇才,年未半百溘然長逝,令人歎惋,漫社社友孫雄、黃維翰、周貞亮、張朝墉、陳士廉、賀良樸、路朝鑾等人舉行公祭,並撰詩文

---

① 程炎震《程篤原遺詩》,第 62 頁 B 面。
② 程炎震《程篤原遺詩》,第 41 頁 B 面。
③ 程炎震《程篤原遺詩》,第 19 頁 B 面。
④ 程炎震《程篤原遺詩》,第 44 頁 A 面。
⑤ 孫雄《程君篤原感疾殂謝同社咸深悼惻爰賦五律六章奉挽》自注,南江濤《清末民國舊體詩詞結社文獻彙編》第 21 册《漫社二集》第 25 頁 A 面,北京:中國國家圖書館出版社 2013 年。

挽聯追悼，載於《漫社》第二集，孫雄挽詩有"典午勤稽古"句並注："君肆力《晋書》，考證地理，有所述造，未及半而疾作。"黄維翰《挽頓遲詩》曰："一卷《世説箋》，時論尤稱最。"自注："君有《世説補箋》未脱稿，友人吕鈺溉根謂較湖南王氏補注猶爲精當。"[1]稱讚程炎震箋注《世説新語》勝過思賢講舍刻本的王先謙注。程炎震是批校在思賢講舍本上，未及獨立成書，這手批文字是他的絶筆之作。幸運的是，這部批校《世説新語》保留下來了。不知他批校的《晋書》是否還存於天壤。

二、程炎震校證《世説新語》之題識

程炎震最爲著名的學術成果，是批校《世説新語》，他去世 20 年後，曾被選録部分條目題爲《世説新語箋證》，作爲遺著連載於武漢大學《文哲季刊》1942 年第 7 卷第 2、3 期，算是友朋對故人的懷念。余嘉錫《世説新語箋疏》大量採納程炎震的校注文字，有逸出《文哲季刊》所載者，當另有所本。後來筆者查得程炎震批校思賢講舍本《世説新語》保存在國家圖書館，離程炎震去世已整整一百年，冥冥之中宛有神護。通過這部手批本，我們可以窺探程炎震校注《世説》之究竟。

程炎震的手批文字多批在思賢講舍本頁面的天頭地尾，在卷首有幾則眉批和簽識。書名頁眉批曰：

> 沈西雝曰：黄伯思《東觀餘論·跋世説新語後》曰："本題爲《世説新書》，段成式引王敦説澡豆事，以證陸暢事爲虚，亦云'近覽《世説新書》'，而此本謂之'新語'，不知孰更名也。"濤按，《太平御覽》引王導、桓温、謝鯤諸條皆云出《世説新書》，則宋初本尚作《新書》，不作《新語》，然劉義慶書本但作《世説》，見《隋志》、《藝文類聚》、《北堂書鈔》諸類書所引，亦但作《世説》，知"新書"、"新語"，皆後起之名。（《銅熨斗齋隨筆》卷七）

沈西雝，即沈濤，字西雝，號匏廬，浙江嘉興人，有《銅熨斗齋隨筆》八卷傳

---

[1] 黄維翰《挽頓遲詩》，《漫社二集》卷下，第 27 頁 B 面。

世。程炎震引沈氏説,以辯此書原名當爲《世説》。扉頁黏一簽識曰:

  京師圖書館有清光緒間武昌崇文書局刊本,經前清國子監收藏,上有印記,又有硃筆校宋本一過,不知何人,亦別無跋識,唯末頁録舊跋一通,云:"康熙庚子五月借蔣子遵校本,略加是正。子遵記其後云:'戊戌正月得傳是樓宋本,校閲淳熙十六年刊於湘中者,有江原張縯跋,舊爲南園俞氏藏書,有耕雲俞彦春識語,上黏王履約還書一帖。雖多脱誤,然紙墨絕佳,未知放翁所刊原本視此何如也。'並抄之,使余兒知所自來。老民孟公。"凡一百十一字,所稱宋槧,亦出於傳是樓,則與涵芬樓所印吴春生過録沈寳硯所校之宋本相合。核其所校,亦多符同,亦有沈校未及者,茲並取之,目爲别一宋本云。其書眉上别有識語。今採用《文學》六十八"鬼彈",《俳調》六十一"淅米"、《輕詆》三十三"蒸食"三條,寫入書中,因不知名氏,題曰某氏云。(十一年八月二十二日炎震識)

這一則是交代程炎震所據校之"别一宋本"的來源,他並沒有見到這"别一宋本",而是根據京師圖書館藏崇文書局本上的校勘過録的。在全書的批校中,程炎震引用"别一宋本"三十餘處。在牌記頁的空白處,程炎震題曰:

  熱河四庫全書本,今曰館本。
  涵芬樓影印明嘉靖乙未袁氏嘉趣堂本,今曰明本。(孫毓修曰:袁本有淳熙十五年戊申陸游跋,則重開放翁本也。)
  涵芬樓附印嘉慶甲戌吴春生嘉泰過録雍正庚戌沈寳硯以傳是樓刊槧本校袁本之校語,今以所引者爲宋本。(沈跋稱:"傳是樓宋槧本是淳熙十六年刊於湘中者,有江原張縯跋一篇,未知放翁所刊原本視此何如。")
  清湖北崇文書局刊本,今曰鄂本。

這一則文字近似於程炎震校注的"凡例"。這些文字,武漢大學《文哲季刊》統一題爲《世説新語箋證略例》,但删去括號裏的文字,並多一則題識:

  葉氏刻本《世説新語》是據明人浦江周氏紛欣閣本,卷首袁褧序之前有劉應登一序。檢惜陰軒翻周本及四部叢刊影印之袁本皆無之，而王世貞本則有，然亦不以置於袁序之前，未知葉氏何所本也。據其序云：" 精刻其長注，間疏其滯義。" 則劉氏本對於孝標之注，必有增删，而今乃與景印之明本相同，何也？

程炎震未及見葉昌熾題識的、元人劉應登删注、增補劉辰翁批語的元刻本，故有此疑問。此元刻本現藏臺灣 " 國家圖書館 "，已發掘傳世①。

三、程炎震校證《世説》的成績

程炎震校證《世説》的成績，主要體現在以下幾個方面：

（一）廣採《世説》衆本和六朝各種相關文獻作校勘，訂正文字。程炎震採納的《世説新語》版本除了常見的明本、鄂本、四庫本外，還有沈寶硯校記所據之湘中刻本、蔣㫤（字子遵，號篔亭）的 " 别一宋本 " 校語、從日本傳回國的董弅刻本，當時都較爲稀見。此前何焯校、李慈銘校多依據沈寶硯校記，程炎震校語多能遵從二人之校。程炎震還廣泛採納《三國志》《晋書》《南史》《文士傳》《御覽》等史傳類書，在校勘上顯示出實績，多已成定論。

如《德行》第3則劉孝標注引《郭泰别傳》句："奉高之器，譬諸泛濫，雖清易挹也。" " 泛 " 字董弅刻本作 " 汜 "。泛（汜）濫意爲大水漫溢，與 " 雖清易挹 " 意不合。程炎震校曰：" 當依范書《黄憲傳》作 ' 沇 '。" 沇，小泉也，與意相合。日人恩田仲任校同②。

《德行》第41則 " 殷覬南蠻以自樹 "，程炎震校：" 覬，《晋書》《通鑒》皆作 ' 顗 '。" 趙西陸、楊勇均採納此校③。

《言語》第17則劉孝標注引《魏志》" 後見司馬宣王，三辟爲掾 " 句，程炎震校：" ' 三 ' 當作 ' 王 '，各本皆誤。" 此校爲王利器所採納④，也啓發趙西

---

① 周興陸《元刻本〈世説新語〉補刻劉辰翁評點真僞考》，《文藝研究》2011年第11期，第54—62頁。
② 周興陸《世説新語彙校彙注彙評》，南京：鳳凰出版社2017年版，第10頁。
③ 趙西陸《世説新語校釋》，北京：北京圖書館出版社2005年影印手批本，本文據周興陸《世説新語彙校彙注彙評》，第88頁。楊勇《世説新語校箋》，北京：中華書局2006年版，第39頁。
④ 王利器校語，見日本影宋本影印《世説新語》附録，北京：文學古籍刊行社1955年版。

陸將"三"校爲重複符號。

《言語》第 20 則劉孝標注引《晉諸公贊》曰："(滿)奮體量清雅,有曾祖寵之風。"程炎震校："《寵傳》注引《世語》:'子偉,偉弟子奮。'則奮是寵孫,誤衍'曾'字。"① 據《世語》《三國志·魏志·滿寵傳》,滿寵爲滿奮之祖,而非曾祖。程校可從,余嘉錫即從程校謂"曾"字誤衍②。

《言語》第 39 則劉孝標注引《塔寺記》"晉元帝於塚邊立寺,因名高坐"句,程炎震據《高僧傳》校:"元帝,當作'成帝'。"余嘉錫依從此校記③。

《言語》第 52 則"庾法暢造庾太尉",程炎震最早指出:"庾法暢,當依《高僧傳》作'康法暢',涉下文庾太尉而誤耳。別一宋本作'康'。"稍後,劉盼遂、王利器、余嘉錫等都接受程説,或加以進一步考證④。

《文學》第 12 則劉孝標注引《晉諸公贊》:"于時侍中樂廣、吏部郎劉漢亦體道而言約。""劉漢"二字,各本皆同,是程炎震最先校勘出來:"'劉漢'當作'劉謨'。"徐震堮、余嘉錫均採信此校⑤。

程炎震多年沉潛於《晉書》文字的校勘,熟稔中古文獻,因此他的校語,言多有據,能一語中的,值得採納。

(二)程炎震校證《世説》,一個突出的特點是致力於考證年代,校正文字訛誤,辨别事件虛實,有助於讀者貼切理解文意。程炎震熟悉魏晉史實,吴承仕稱讚他"尤精曆算之術甚富"。由於年代久遠,文獻難徵,六朝時期人物的生卒年代、事件發生的時間,往往難以確切考證。錢大昕《疑年録》、陸侃如《中古文學繫年》在這方面都做出突出的成績。而在錢、陸二氏之間,程炎震對《世説》人物和故事的年代考證也狠下工夫,凡是能考出時間的,都有所交代。

考證年代,可幫助讀者準確領會文意。如《德行》第 22 則扶風王駿以五百匹布贖劉道真,用爲從事中郎。程炎震據《三國志·蜀書·諸葛亮傳》注引《蜀記》考證司馬駿鎮關中時爲泰始六年(270),至咸寧三年(277)改封扶風。此事並非發生在他封爲扶風王的時候。趙西陸接受程炎震的

---

① 周興陸《世説新語彙校彙注彙評》,第 144 頁。
② 余嘉錫《世説新語箋疏》,北京:中華書局 2007 年版,第 97 頁。
③ 余嘉錫《世説新語箋疏》,第 120 頁。
④ 劉盼遂《世説新語校箋》,《國學論叢》1928 年第 1 卷第 4 期,第 67—68 頁。余嘉錫《世説新語箋疏》,第 133 頁。
⑤ 徐震堮《世説新語校箋》,北京:中華書局 1984 年版,第 109 頁;余嘉錫《世説新語箋疏》,第 239 頁。

辨析。

《德行》第 34 則"謝太傅絕重褚公,常稱:'褚季野雖不言,而四時之氣亦備。'"程炎震注,褚裒年長謝安 17 歲。有此一注,褚裒雖外無臧否而内有褒貶、老成持重的長者形象被凸顯出來,這有助於讀者對故事的理解。

《識鑒》第 25 則:"郗超與傅瑗周旋,瑗見其二子,並總髮。超觀之良久,謂瑗曰:'小者才名皆勝,然保卿家,終當在兄。'即傅亮兄弟也。"程炎震注曰:"(傅)亮以宋元嘉三年(426)死,年五十三。則生於晉孝武寧康二年(374),則當太元二年(377)丁丑郗超卒時,年四歲耳。"[1]通過此注釋可知,郗超從不足四歲的孩童看出他將來的命運,可謂識鑒卓異。

《政事》第 14 則"丞相嘗夏月至石頭看庾公。庾公正料事,丞相云:'暑可小簡之。'庾公曰:'公之遺事,天下亦未以爲允。'"程炎震注:"此是成帝初王導、庾亮參輔朝政,時陶侃所謂'君侯修石頭以擬老子'者也。蘇峻亂後,亮卒於外任矣。"[2]晉明帝薨後,成帝繼位,年幼,太后臨朝,實則庾亮專權,剪除司馬宗,廢黜司馬羕,削弱皇族勢力,並想廢黜王導。正是在這種背景下,王導纔悠游不任事。程炎震認爲這則故事發生在成帝初,是合乎情理的。

《世説》中有些場景,如果不明瞭年歲,便不知何意,更無從領會其中機趣。如《賞譽》第 45 則,"王平子邁世有俊才,少所推服。每聞衛玠言,輒歎息絕倒。"看似尋常的一則文字,程炎震注釋説:"(王)澄、(衛)玠皆以永嘉六年卒。澄四十四,玠二十七。蓋以澄長玠十七歲而推服玠,故爲異耳。"[3]原來此則的新異之處在於王澄年長衛玠 17 歲而能推服後生。讀懂這一層,對王澄之人倫鑒識、衛玠之雋言秀異,會有更親切的體會。

考明年代,可以發現文字的訛誤而予以校正。如《雅量》第 17 則劉孝標注引《庾氏譜》載庾會"年十九,咸和六年遇害",程炎震校:"六年,當作'三年'。"趙西陸接受此校,按語曰:"(庾)會,蘇峻時遇害,當在咸和三年,此注'六年'疑爲'三年'之誤。"[4]

《方正》第 30 則"明帝在西堂,會諸公飲酒",周顗出言不遜,頂撞人主,差點兒招致殺身之禍。但《世説》記載有差錯。程炎震校注:"《晉書·顗

---

[1] 周興陸《世説新語彙校彙注彙評》,第 695 頁。
[2] 周興陸《世説新語彙校彙注彙評》,第 306 頁。
[3] 周興陸《世説新語彙校彙注彙評》,第 759 頁。
[4] 周興陸《世説新語彙校彙注彙評》,第 614 頁。

傳》敘此事於元帝太興初,知唐人所見《世説》本作元帝。此注或後人所爲,非孝標原文。"余嘉錫辯駁説:"《晉書》敘事與《世説》異同者多矣。此事亦或別有所本,不必定出於《世説》。且安知非唐之史臣因孝標之注加以修正?程氏疑此注是後人所爲,竊恐未然。"①但徐震堮《劄記》認同程炎震的校注,説:"(《晉書·周顗傳》)上文言太興初,則是元帝,非明帝也。蓋記載之誤。"②楊勇的校勘也與程炎震、徐震堮一致。

《政事》第22則:"殷浩始作揚州,劉尹行,日小欲晚,便使左右取襆,人問其故?答曰:'刺史嚴,不敢夜行。'"關於這則故事的發生時間,"始作"二字提供了信息。程炎震注曰:"永和二年(346)三月丙子,浩爲揚州刺史;七月,始拜。蓋其時惔尚未爲尹也。"③意謂《世説》記載不確。余嘉錫對此作出解釋:"據《建康實録》八,永和三年(347)十二月,始以劉惔爲丹陽尹,距浩受拜時已一年有半,而謂之'始作'者,蓋浩嘗以父憂去職,服闋復爲揚州刺史。以其前後兩任,至永和九年始被廢去職,治揚頗久,故以初任爲'始作'也。"④這算較好地解釋了程炎震的疑問,但龔斌按曰:"疑余箋非是。浩於永和二年爲揚州後,無有父(母)喪及去職之事。又《世説》中劉惔率稱'劉尹',然未可據此便斷定所記之事必在劉惔爲丹陽尹之後。"⑤龔斌按語不確,《晉書·殷浩傳》明明説:"簡文帝時在藩,始綜萬幾,衛將軍褚裒薦浩,徵爲建武將軍、揚州刺史。浩上疏陳讓,自三月至七月,乃受拜焉。……會遭父憂去職。……服闋……復爲建武將軍、揚州刺史。"⑥怎可視而不見?相較而言,以余嘉錫的解釋最爲可信。

《文學》第64則:"提婆初至,爲東亭第講《阿毗曇》。始發講,坐裁半,僧彌便云:都已曉。"這是東晉佛學史上的重要事件,但不無矛盾之處。程炎震注:"提婆乙太元十六年(391)來至尋陽,見《高僧傳·慧遠傳》。《高僧傳》卷一《僧伽提婆傳》曰:隆安元年(397)來游京師。時衛軍東亭侯王珣建立精舍,廣招學衆,提婆既至,珣即延請仍於舍講《阿毗曇》。"但是隆安元年,王珣弟王珉(字僧彌,351—388)去世已十年。顯然與事實不合。程

---

① 余嘉錫《世説新語箋疏》,第369頁。
② 徐震堮《世説新語劄記》,《浙江學報》1948年第2卷第2期,第45頁。
③ 周興陸《世説新語彙校彙注彙評》,第318頁。
④ 余嘉錫《世説新語箋疏》,第219頁。
⑤ 龔斌《世説新語校釋》,上海:上海古籍出版社2011年版,第360頁。
⑥ 房玄齡等《晉書》,北京:中華書局1974年版,第2044、2045頁。

炎震作出解釋説："僧彌，王珉小字也。《晉書・珉傳》亦取此事，然珉卒於太元十三年，至隆安之元，首尾十年矣。《高僧傳》作王僧珍，蓋别是一人，因'珍'、'彌'二字草書相亂，故誤認爲王珉耳。"①問題雖然没有定論，但這不失爲一種較爲合理的解釋，且有《高僧傳》的文獻依據。

《方正》第 32 則，"王敦既下，住船石頭，欲有廢明帝意。每言帝不孝之狀，而皆云：'溫太真所説。溫嘗爲東宫率，後爲吾司馬，甚悉之。'"這裏所謂"廢明帝"，是指當時明帝爲太子。而王敦説的溫嶠爲司馬，則是在明帝即位之後，自相矛盾。程炎震最早發現這一問題，校注説："案《晉書》紀傳，嶠爲太子中庶子，不爲左右衛率。考《晉志》，衛率與中庶子别官。嶠或兼攝之耶？此永昌元年敦至石頭時事。嶠爲敦左司馬，則在明帝即位之後，不得便以司馬目嶠也。《晉書・明帝紀》及《通鑑》九十二均不載'敦云溫太真所説'云云，於義爲得。"②後來朱鑄禹校注認同程炎震説："本條所記爲永昌元年敦下石頭時事，不合預言'後爲吾司馬'。《晉書・明帝紀》記此事，不言'爲吾司馬'，爲是。"③

《賞譽》第 24 則載："王太尉曰：'見裴令公精明朗然，籠蓋人上，非凡識也。若死而可作，當與之同歸。'或云王戎語。"讚賞裴楷的，是王衍（王太尉）還是王戎？《世説》編撰者是或然之詞。令公是對中書令的尊稱，這已經透露出一點兒訊息。程炎震注説："楷爲中書令時，衍爲黄門郎，故稱爲令公。若王戎則爲尚書僕射，名位相當矣。云衍語爲是。"④這是合乎情理的推斷。

後世有的《世説》研究者因爲忽略了年代的參差不合而做出錯誤的注釋。如《言語》第 85 則："桓征西治江陵城甚麗，會賓僚出江津望之，云：'若能目此城者有賞。'顧長康時爲客，在坐，目曰：'遥望層城，丹樓如霞。'桓即賞以二婢。"這位"桓征西"是誰？唐人余知古《渚宫舊事》録此事直接將"桓征西"改爲"桓溫"，宋人劉應登删注《世説》本注爲"桓豁"。對此問題，程炎震辨析説："按《愷之傳》，愷之雖嘗入溫府，而始出即爲大司馬參軍，是不及溫爲征西時矣。此征西當是桓豁。溫既内鎮，豁爲荆州。寧康元年（373）溫死，豁進號征西將軍。太元二年（377）卒，桓沖代之，則移鎮上明，

---

① 周興陸《世説新語彙校彙注彙評》，第 427、428 頁。
② 周興陸《世説新語彙校彙注彙評》，第 545 頁。
③ 朱鑄禹《世説新語校集注》，上海，上海古籍出版社 2002 年版，第 281—282 頁。
④ 周興陸《世説新語彙校彙注彙評》，第 736 頁。

不治江陵。"①意思是此"征西"指桓豁,時間在373—377年之間。

余嘉錫不同意程炎震的辨析,駁斥説:"自宋以前,地理書皆以此城爲溫所築,相承無異説。考《晉書·哀帝紀》云:'興寧元年(363)五月,加征西大將軍桓溫侍中、大司馬、都督中外諸軍事、録尚書事。'則溫雖爲大司馬,未嘗去征西之號也。程氏之言,似是而非矣。"②龔斌説:"光緒刊本《荆州府志》八云:'晉永和元年,桓溫都荆州,鎮夏口。八年還江陵,始大營城牆。'參以《渚宫舊事》等書,則治江陵城之'桓征西',確是桓溫,而非桓豁。"③光緒刊本《荆州府志》是不足爲據的。依時代推斷,余嘉錫、龔斌所言更加似是而非。顧愷之的生年在341—348年之間,姜亮夫《歷代人物年里碑傳綜表·長康疑年考》考爲晉成帝咸康七年(341),邵洛羊《十大畫家》定爲348年。桓溫治江陵城的永和八年(352),顧愷之最多才十一二歲,怎可能"時爲客"。永和十年(354)二月,桓溫率軍自江陵出發北伐前秦,出兵不利,六月被迫返回。永和十二年(356)七月再次自江陵出兵北伐。此後他就没有返回江陵。即使按永和十二年(356)算,顧愷之也不過十四五歲,還是孩童,不可能"時爲客"。而據程炎震的考證,寧康元年(373),桓溫死後,弟桓豁進號征西將軍,四年後於太元二年(377)卒。顧愷之當時30出頭,最保守計算也已26歲,"顧長康時爲客,在坐",才是合乎情理的。

《言語》第90則,"孝武將講《孝經》,謝公兄弟與諸人私庭講習。車武子難苦問謝,謂袁羊曰"云云,劉孝標注:"袁羊,喬小字也。"這是誤注,"袁羊"不是袁喬,而是袁宏(小字虎)。劉孝標已引《續晉陽秋》曰:"寧康三年九月九日,帝講《孝經》。僕射謝安侍坐,吏部尚書陸納、兼侍中卞耽執讀,黃門侍郎謝石、吏部袁宏兼執經,中書郎車胤、丹陽尹王混摘句。"卻又發生了這樣的疏忽。程炎震校曰:"袁喬從桓溫平蜀,尋卒,在永和中,安得至孝武寧康時乎?此必是袁虎之誤。上注明引袁宏,此注乃指爲袁喬,數行之中,便不契勘。劉注似此,非小失也。"④袁喬永和四年(348年)去世,講經之事發生在寧康三年(375年),此"袁羊"不可能是袁喬,而是袁宏(328—376)(小字虎)。余嘉錫引用程炎震校證後肯定地説:"考桓溫以寧康元年

---

① 周興陸《世説新語彙校彙注彙評》,第254頁。
② 余嘉錫《世説新語箋疏》,第168頁。
③ 龔斌《世説新語校釋》,第282頁。
④ 周興陸《世説新語彙校彙注彙評》,第261頁。

卒,喬卒又在其前,自不得與于寧康三年講經之會。程説是也。"①楊勇也認爲這是劉孝標"千慮之失"。這個問題最早是由程炎震提出來的。

《賞譽》第 51 則,"王敦爲大將軍,鎮豫章。衛玠避亂,從洛投敦,相見欣然,談話彌日。于時謝鯤爲長史,敦謂鯤曰:'不意永嘉之中,復聞正始之音。阿平若在,當復絶倒。'""阿平"指王澄,還是何晏? 汪藻《考異》:"敬胤曰:'魏正始,何平叔等善談玄理。'"意指何晏。徐震堮、余嘉錫皆謂指王澄。但程炎震注曰:"玠以永嘉四年六月南行六年五月至豫章,王澄之死,亦當在六年。則玠、敦相見時,澄未必便死矣。且敦實殺澄,而爲此言,亦殊不近事情。《晋書》云:'何平叔若在,當復絶倒。'或唐人所見《世説》不誤,抑阿平固指何晏言,而後人附會爲王澄耶?"②既從時間和情理上推斷,也有《晋書》的文獻依據,可爲定論。楊勇注就肯定地説:"程説是。上言'正始',正屬何平叔時也。余《疏》以爲王平子,非也。"③又補充了上下文語義相關這一層。

(三) 從考訂年代入手,考證故事虛實,有時還能發現劉孝標注具有"隱糾其謬"的用意。《世説》故事本身帶有"小説家言"的特徵,有的是虛虛實實,不可盡信,但唐修《晋書》多採納《世説》故事,導致這些故事真假難辨。從考訂年代入手,辨其真僞虛實,不失爲方便法門。程炎震精於年代考訂,因此能指摘《世説》記載之失實。如《德行》第 6 則:"陳太丘詣荀朗陵……文若亦小,坐箸膝前。"程炎震注曰:"按范書,荀淑(朗陵)年六十七,建和三年(149)卒;荀彧(文若)以建安十七年(212)卒,年五十,則當生延熹六年(163),距荀淑之卒已十四年矣。若非范史紀年有誤,則此事必虛。考袁山松《後漢書》亦載此事,而云荀數詣陳,蓋荀、陳二人州里故舊,過從時有。而必以文若實之,反形其矯誣矣。"④陳寔、荀淑與鍾皓、韓韶合稱爲"潁川四長",兩家時相過從應該是實有其事,一定説荀淑與荀彧同時接待陳太丘,則事必虛妄。

《言語》第 11 則載:"鍾毓、鍾會少有令譽。年十三,魏文帝聞之,語其父鍾繇曰:'可令二子來。'於是敕見。"程炎震校注曰:"此似謂毓、會年並十三也。考《毓傳》云:'年十四,爲散騎侍郎,機捷談笑,有父風。'太和初

---

① 余嘉錫《世説新語箋疏》,第 172 頁。
② 周興陸《世説新語彙校彙注彙評》,第 765 頁。
③ 楊勇《世説新語校箋》,第 399 頁。
④ 周興陸《世説新語彙校彙注彙評》,第 17 頁。

(227),蜀相諸葛亮出祁山,明帝欲親西征,毓上疏云云',則太和之初年出十四矣。會爲其母《傳》,自云:'黃初六年生會。'則十三歲是景初元年(237),不唯不及文帝,繇亦前卒七年矣。此語誣甚。"①魏文帝曹丕226年去世,根據《鍾毓傳》,他有可能13歲見曹丕;而鍾會是黃初六年(225)生,不可能13歲時見到曹丕,故而"此語誣甚"。

《言語》第56則:"簡文作撫軍時,嘗與桓宣武俱入朝,更相讓在前。"程炎震校注曰:"簡文以咸康六年(340)爲撫軍將軍,永和元年(345)進位撫軍大將軍。其年八月,溫亦自徐移荊,功名未立,位望未崇,簡文何爲有此讓耶?"②簡文帝任撫軍將軍時,桓溫任琅琊内史,後加輔國將軍,轉任徐州刺史,權勢還不足以使簡文相讓。此事應該是桓溫弄權顯露不臣之心後人們的附會。楊勇因襲程炎震説:"時溫功名未立,望位亦低,不得已而先之者,清談家言也。"③

《言語》第70則,王羲之與謝安共登冶城,王羲之規勸謝安應效力朝廷。這是著名的王謝佳話,歷來被傳爲美談,據説冶城之尾還有宋公墩。但是此事發生於何時?説法不一。姚鼐曾辨析説:"《晉書·謝安傳》載安登石頭遠想,羲之規之。按,逸少誓墓之後,未嘗更入都;而安之仕進在逸少去官後。安在官而有遠想遺事之過,逸少安得規之? 此事亦出於《世説》,則《世説》之妄也。唐時執筆者蓋乏學識,故所取舍皆謬。"④姚鼐直接否定此事,視爲虚妄。魯一同《右軍年譜》繫此事于咸康五年。周濟《晉略》列傳廿七《謝安傳》曰:"咸康中,庾冰強致之。會羲之亦爲庾亮長史入都,共登冶城云云。"自注曰:"舊史載此在安執政後。按安執政,羲之已殁。遞推上年,唯是時二人共在京師。"⑤程炎震則認爲"王、謝冶城之語,《晉書》載于安石執政時,誠誤",即使周濟所謂"咸康中,庾冰強致之"也是靠不住的:"考庾冰爲揚州,傳不記其年。據《本紀》,當是咸康五年(339)王導薨後,其明年(340)正月一日,庾亮亦薨。如周説,則王、謝相遇必於是年矣。然是年安石方二十歲,《傳》云弱冠詣王濛,爲所賞,中經司徒府辟,又除佐

---

① 周興陸《世説新語彙校彙注彙評》,第127頁。
② 周興陸《世説新語彙校彙注彙評》,第208頁。
③ 楊勇《世説新語校箋》,第399頁。
④ 姚鼐《惜抱軒筆記》卷五,《惜抱軒全集》,北京:中國書店1991年版,第587頁。
⑤ 周濟《晉略》,清光緒二年刻本,《四庫未收書輯刊》第2輯第20册影印,北京:北京出版社2000年版,第259頁。

著作郎，恐'庾冰强致'非當年事。右軍長安石十七歲，方佐府鞅掌，不遑下都遊憩。事或有之，無即未經事任之少年而責以自效也。吾意是右軍於永和二三年間（346—347）爲護軍時，安石雖累遁徵辟，而其兄仁祖方鎮歷陽，容有下都之事。且年事既長，不能無意於當世，故右軍有此言耳。過此以往，則右軍入東，不至京師矣。"①也就是説這事不可能如魯一同、周濟所言發生在咸康中，而是發生在六七年之後的永和二三年間。周一良曾説："共登冶城之背景或不可信，然羲之對謝安之規諫未必全虛。"②

《文學》第42則，支道林初從東出，住東安寺中，與王濛對談。程炎震看出其中的時間問題："王濛卒於永和三年（347），道林以哀帝時至都，濛死久矣。《高僧傳》亦同，並是傳聞之誤。"③這一則考證爲後人所接受。湯用彤按曰："支於哀帝即位（隆和元年，362）後來都，而王濛卒於永和三年（347）。則支來都時，濛已死久，何能詣濛長談，或系傳聞之誤。"④

《世説》有些故事，雖然年代相合，揆諸情理，不無虛飾。《言語》第6則"潁川太守髡陳仲弓"，陳寔是盛德之人，在東漢"黨錮之禍"中表現尤其卓異，爲鄉里所擁戴，豈有被地方官處罰的事？劉孝標對此就提出質疑，曰："按寔之在鄉里，州郡有疑獄不能決者，皆將詣寔，或到而情首，或中途改辭，或托狂悖，皆曰：'寧爲刑戮所苦，不爲陳君所非。'豈有盛德感人若斯之甚，而不自衛，反招刑辟？殆不然乎！此所謂東野之言耳！"但是明人王世懋搬出《後漢書》本傳的記載，曰："按《後漢書·寔傳》，有殺人者，同縣楊吏以疑寔，縣遂逮繫，考掠無實，而後得出。正與此合，豈正史亦東野之言乎？恐亦非孝標注也。"王世懋認爲那段質疑文字並不是劉孝標的注，因爲明明《後漢書·陳寔傳》有這樣的記載，劉孝標不可能不知道。程炎震對此的解釋是："寔嘗逮繫，又以黨事請囚，遇赦得出。蓋緣此而增飾之耳。"⑤意謂"逮繫"屬實而後面"客有問元方"云云，乃增飾之詞。

劉孝標的注一般是採納文獻對《世説》原文加以箋釋、旁證和補充説明，但也有對記載失實的故事"隱糾其謬"的用意。只有弄清楚《世説》記載故事本身的虛實，纔能看清楚劉孝標注的這層用意。程炎震對劉孝標的深

---

① 周興陸《世説新語彙校彙注彙評》，第231頁。
② 周一良《魏晉南北朝史札記》，北京：中華書局1985年版，第19頁。
③ 周興陸《世説新語彙校彙注彙評》，第397頁。
④ 羊列榮《世説新語評注輯存》，北京：文物出版社2021年版，第545頁。
⑤ 周興陸《世説新語彙校彙注彙評》，第113頁。

層用意有發覆之功。如《德行》第 13 則"華歆、王朗俱乘船避難",董卓叛亂的時候,華歆與王朗是否都在長安,得以同行?劉孝標注引《華嶠譜叙》"歆爲下邽令",程炎震辨正說:"據《華嶠譜叙》,是獻帝在長安時,王朗方從陶謙於徐州,不得同行也。"意謂劉孝標注已與正文不一致。後來沈劍知承襲程炎震的考證,進一步辨析説:

> 此條恐非事實,故孝標舉《華嶠譜叙》所紀歆與鄭泰避亂出武關事,隱糾其謬也。《三國志·朗傳》:漢帝在長安,朗爲陶謙治中,與別駕趙昱等説謙勤王,謙乃遣昱奉章至長安,天子嘉其意,拜謙安東將軍、昱廣陵太守、朗會稽太守。則朗自徐州拜命,初未詣長安,正孫策略地江東,朗猶在會稽也。而《歆傳》何進徵鄭泰、荀攸及歆,歆至,爲尚書郎。董卓遷天子長安,歆求出爲下邽令,病不行,遂從藍田至南陽依袁術,旋拜豫章太守,則董卓之亂,朗、歆未嘗共處,而此云"避難",又云"賊追至",明在是時,故知不可信也。《後漢書·鄭太傳》,與何顒、荀攸共謀殺卓,事泄,顒等被執,公業脱身自武關走,東歸袁術,則與《華嶠譜叙》及《歆傳》事合時符,知《世説》即踐是事而轉爲別説也。①

《言語》第 3 則叙述孔融十歲詣李膺,原文"時李元禮有盛名,爲司隸校尉",劉孝標注引《融別傳》曰:"河南尹李膺有重名。"孔融拜見李膺時,李膺任司隸校尉,還是河南尹?程炎震辨正說:"文舉以建安十三年(208)死,年五十六,則十歲爲延熹六年(163)。《通鑑》以李膺自河南尹輸作左校,繫之延熹八年(165)。蓋元禮尹京,歷三年也。其爲司隸校尉,則在八年(165)以後矣。范書亦稱河南尹,與《續漢書》同。孝標引《續漢書》,蓋隱以校正本文也。"②也就是説,孔融十歲時,李膺官職爲河南尹,而非如《世説》正文所言"爲司隸校尉"。

《言語》37 則,"王敦兄含,爲光祿勳。敦既逆謀,屯據南州,含委職奔姑孰。"劉孝標注引鄧粲《晉紀》曰:"初,王導協贊中興,敦有方面之功。敦以劉隗爲間己,舉兵討之。故含南奔武昌,朝廷始警備也。"王敦叛逆之初,

---

① 沈劍知《世説新語校箋》,《學海》1944 年第 1 卷第 3 期,第 76—77 頁。
② 周興陸《世説新語彙校彙注彙評》,第 105 頁。

兄長王含棄職逃亡，是逃亡到姑孰（今安徽當塗縣），還是逃亡至武昌？劉義慶與劉孝標記載不同。程炎震首先注意到這個問題，校注説："敦以太寧二年（324）下屯於湖，自領揚州牧，故姑孰得蒙州稱；若永昌元年（322，王敦發兵爲逆時），但進兵蕪湖，未據姑孰。劉注引鄧粲足以正本文之失矣。"①

（四）程炎震博覽載籍，熟悉官制、地理、名物，助益他對《世説》的校正。限於篇幅，各舉一例。《政事》第 17 則有"門庭長"一詞，何焯校曰："庭，當作'亭'。"程炎震校同，並考證曰："《續漢志》：司隸校尉所屬假佐二十五人，本注有'門亭長'。又每郡所屬正門有'亭長'一人。晉多仍漢制。《職官志》：州有主簿、門亭長等；郡有主簿。不言門亭長，而別有門下及門下史。知門下及門亭長得通稱矣。袁宏《後漢紀》：'延熹七年，史弼爲河東太守，初至，敕門下有請一無所通，常侍侯寬遣諸生齎書求假鹽稅及有所屬，門長不爲通。'此'門長'即'門亭長'之省文，知郡屬之門下，即門亭長職也。"②數證並舉，無可挑剔。徐震堮、王利器均採納程炎震校。

《文學》第 80 則，劉孝標注引《續晉陽秋》載習鑿齒左遷衡陽太守。董弅刻本"衡"作"榮"、沈寶硯校本"衡"作"榮"，均誤。程炎震校曰："按《晉書·習鑿齒傳》亦作'榮'，與宋本同。然榮陽屬司州，自穆帝末已陷没，至太元間始復，溫時不得置守，亦別無僑郡，當作'衡陽'爲是。"③確鑿可信。余嘉錫、王利器、徐震堮均採納程炎震的校勘。

《文學》第 5 則，鍾會"便回急走"。回，董弅刻本、沈寶硯校本、元刻本均作"面"。程炎震校："宋本'面'"，並注曰："《御覽》三六五'面門'引作《世説》，《御覽·人事部·面門》引此句作'面'字是也。又三九四'走門'引此作《世説》，'回'字均作'面'字，是也。"④程校可信。《漢書·張敞傳》："師古曰：'便面，所以障面，蓋扇之類也。不欲見人，以此自障面，則得其便，故曰便面，亦曰屏面。今之沙門所持竹扇，上袤平而下圜，即古之便面也。'"⑤宋本作"便面"無誤，明清人不知"便面"爲何物，臆改爲"便回急走"。

通過以上的枚舉，可知程炎震校證《世説新語》，在校勘文本、考證年

---

① 周興陸《世説新語彙校彙注彙評》，第 178 頁。
② 周興陸《世説新語彙校彙注彙評》，第 312 頁。
③ 周興陸《世説新語彙校彙注彙評》，第 454 頁。
④ 周興陸《世説新語彙校彙注彙評》，第 333 頁。
⑤ 班固《漢書》，北京：中華書局 1962 年版，第 3223 頁。

歲、斷定虛實、箋釋名物、稽核地理等方面取得了可貴的實績,洪汝怡贊其"考訂精核",確非虛美之辭。

四、程炎震批校《世説新語》獻疑

把治經史的校勘、考證方法用於《世説新語》,程炎震可謂是第一人。當然,《世説新語》不同於經史,採用校勘考證方法,自然就忽略其中的意趣興味。如果責全求備的話,程炎震對《世説》的士人雅趣、辭令機鋒,以及文學趣味、哲學義理是缺少關注的。即使就校勘考證來説,也非絶無可議。僅舉數例來看,就是尚須細加斟酌的。

如《文學》第20則劉孝標注引《玠別傳》曰:"時友歎曰:'衛君不言,言必入真。'"真,董刻本、沈校本、何焯校作"冥"。程炎震校曰:"言必入真,宋本'真'作'冥',疑本是'玄'字,與'言'爲韻。宋人避諱作'真',或作'冥'耳。本篇五十八條亦有'入玄'字。"①他疑"真"當爲"玄"字,與"言"協韻。這難以信從。中古以前,常見真、元韻通協,如《詩經·巷伯》"謀欲譖人""謀欲譖言"協韻。"衛君不言,言必入真"本身是協韻的。程炎震此條校語,難以認同,今亦無人採納。

《雅量》第31則,"支道林還東,時賢並送於征虜亭。謝萬石後來"云云,是齟齬矛盾的。支遁還東在哀帝時,當時謝安爲吴興太守。據《高僧傳》,是謝安致箋邀支遁來吴興,哀帝詔許,一時名流餞别於征虜亭。那時謝萬已去世兩三年了。因此這裏的"謝萬石"既不是謝安,也不是謝萬。《晋書》撰者似乎意識到這裏的矛盾,在《謝萬傳》裏雖載此事,但不言送支道林。程炎震校注揭示了記載的矛盾,説:"考哀帝以昇平五年辛酉即位,謝萬召爲散騎常侍,會卒。則支遁還東時,萬已卒一二年矣。《晋書·萬傳》叙此事,但云送客,不言支遁,殆已覺其誤也。《高僧傳》作謝安石,亦誤。安石此時當在吴興,不在建康也。謝石有謝白面之稱,以'殆壞我面'語推之,疑是謝石,後人罕見石奴,故于石字上或著'安',或著'萬'耳。"②謝石與謝萬皆謝安之弟。程炎震的理校,雖無文獻依據,卻頗合乎上下文

---

① 周興陸《世説新語匯校彙注彙評》,第362頁。
② 周興陸《世説新語彙校彙注彙評》,第638頁。

情理。但余嘉錫按語曰：“程氏謂‘支遁還東時，謝萬已死’，其言固有明證。謂安石此時不得在建康，已失之拘。”①劉盼遂也説：“按慧皎《高僧傳》作‘謝安石’，是。謝氏無萬石其人。蓋太傅之弟名萬，兄名石，因以致繆。”②這個問題尚無定論。人居上流，衆善歸焉，一般視爲謝安。

　　程炎震考證史事先後次序，往往把《世説》記載前後事件聯繫起來考察，這不失爲一種方法。但是《世説新語》有時把一人若干故事連綴爲一則，並非每一則故事都是完整獨立的，如果過分拘於時間的一致性，也難免圓鑿方枘。《賞譽》第 17 則，“王汝南既除所生服，遂停墓所”。後其侄王濟喟然歎曰：“家有名士，三十年而不知！”程炎震把王湛“停墓所”與王濟的歎服視爲同一時間的事，於是質疑説：“王昶以甘露四年（259）卒，湛時年甫十一耳。除服後，停墓所亦不過數年，安得云三十年乎？今《晋書》同鄧粲《晋紀》，皆誤也。當如《世説》云‘所生服’爲是，蓋謂所生母也。”③其實後文交代了王湛“年二十八，始宦”，算是大器晚成，其侄王濟所謂“家有名士，三十年而不知”，舉其成數，並不矛盾。王濟説此話並非就是王湛停墓所的時候。程炎震這個校注，今人幾乎沒有認同的。

　　總之，程炎震批校《世説新語》，放到整個《世説》學史上看，都值得與劉應登、劉辰翁、王世貞、葉德輝諸人等量齊觀，且有其獨到之處。對後來余嘉錫、趙西陸、楊勇等人的《世説》研究也有直接的影響。由於這部書沒有得到有效的整理，它的價值還沒有真正發揮出來。今天需要依照國家圖書館藏手批本對程炎震批校《世説新語》文字作進一步的深度整理和研究。

（作者單位：北京大學中國語言文學系）

---

① 余嘉錫《世説新語箋疏》，第 440 頁。
② 劉盼遂《世説新語校箋》，《國學論叢》1928 年第 1 卷第 4 期，第 83 頁。
③ 周興陸《世説新語彙校彙注彙評》，第 723 頁。

Cheng Yanzhen's Life and Contribution to Criticism on *A New Account of Tales of the World*

Zhou Xinglu

Cheng Yanzhen 程炎震 was an important yet little-known scholar of *A New Account of Tales of the World* in modern times. This article explores Cheng's life through his poetry and his biography authored by his friends, re-discovered in the National Library. Through studying Cheng's annotations of *A New Account of Tales of the World* kept in the National Library, this article shows that Cheng consulted various versions of *A New Account of Tales of the World* and relevant documents for collation, correcting characters, dating events, and telling true stories from false tales. Cheng's works should help readers understand the precise meanings of the passages in *A New Account of Tales of the World* and discern Liu Xiaobiao's intention of *yinjiuqimiu* 隱糾其謬 (tacit correction of falsehoods) in his annotation.

Keywords: Cheng Yanzheng, biographical studies, *A New Account of Tales of the World*, dating events, annotation

徵引書目

1. 方光禄：《徽州近代師範教育史》，蕪湖：安徽師範大學出版社，2013 年版。Fang Guanglu. *Huizhou Jindai Shifan Jiaoyu Shi*（*History of Modern Teacher Education in Huizhou*）Wuhu：Anhui shifan daxue chubanshe, 2013.
2. 朱鑄禹：《世説新語彙校集注》，上海，上海古籍出版社，2002 年版。Zhu Zhuyu. *Shishuo xinyu huijiao jizhu*（*Collation and Annotation on A New Account of the Tales of the World*）. Shanghai：Shanghai guji chubanshe, 2002.
3. 羊列榮：《世説新語評注輯存》，北京：文物出版社，2021 年版。Yang Lierong. *Shishuo xinyu pingzhu jicun*（*Collection of the Annotation on A New Account of the Tales of the World*）. Beijing：Wenwu chuban she, 2021.
4. 余嘉錫：《世説新語箋疏》，北京：中華書局，2007 年版。Yu Jiaxi. *Shishuo xinyu jianshu*（*Commentary on A New Account of Tales of the World*）. Beijing：zhonghua shuju, 2007.
5. 吴承仕《程炎震〈答吴檢齋〉題識》，《中大季刊》1926 年第 1 卷第 1 期，第 4 頁。Wu chengshi. Cheng Yanzzhen da wu jianzhai tishi（Identification on Cheng Yanzhen's Letter in Reply to Wu Jianzhai）. *Zhongda jikan*（*Sun Yat-Sen University Quarterly*）1.1（1926）：p.4.
6. 李東來：《倫明研究》，廣州：廣東人民出版社，2020 年版。Li Donglai. *Lun-Ming yanjiu*（*Study on Lun-Ming*）. Guangzhou：Guangdong renmin chubanshe, 2020.
7. 沈劍知：《世説新語校箋》，《學海》1944 年第 1 卷第 3 期，第 77—85 頁。Shen Jianzhi. Shishuo xinyu jiaojian（Proofread on *A New Account of Tales of the World*）. *Xuehai*（*Journal of Xuehai*）1.3（1944）：pp.77–85.
8. 周一良：《魏晉南北朝史札記》，北京：中華書局，1985 年版。Zhou Yiliang. *Weijin nanbeichao zhaji*（*Notes on History of Wei，Jin，Southern and Northern Dynasties*）. Beijing：Zhonghua shuju, 1985.
9. 周興陸：《元刻本〈世説新語〉補刻劉辰翁評點真偽考》，《文藝研究》2011 年第 11 期，第 54—62 頁。Zhou Xinglu.Yuan keben shishuo xinyu buke Liu Chenweng pingdian zhenwei kao（Verification of Authenticity on Liu Chenweng's Comments on *A New Account of Tales of the World*）. *Wenyi yanjiu*（*Literature and Art Study*）11（2011）：pp.54–62.
10. 周興陸：《世説新語彙校彙注彙評》，南京：鳳凰出版社，2017 年版。Zhou Xinglu. *Shishuo xinyu huijiao huizhu huiping*（*Collations，Annotations and Comments on A New Account of the Tales of the World*）. Nanjing：Fenghuang chubanshe, 2017.
11. 周濟：《晉略》，北京：北京出版社，2000 年版。Zhou Ji. *Jin Lue*（*A Brief History of Jin*）. Beijing：Beijing chubanshe, 2000.
12. 房玄齡：《晉書》，北京：中華書局，1974 年版。Fang Xuanling. *Jinshu*（*Book of Jin*）. Beijing：Zhonghua shuju, 1974.
13. 南江濤：《清末民國舊體詩詞結社文獻彙編》，北京：國家圖書館出版社，2013 年版。Nan Liangttao. Qingmo minguo jiuti shici jieshe wenxian huibian（*Compilation of*

Documents of Old Style Poetry Association in the Late Qing Dynasty and the Republic of China). Beijing: Guojia tushuguan chubanshe, 2013.

14. 姚鼐:《惜抱軒全集》,北京:中國書店,1991 年版。Yao Nai. *Xibaoxuan quanji* (*Complete Works of Xibaoxuan*). Beijing: Zhongguo shudian, 1991.

15. 洪汝怡:《程篤原傳》,北京:國家圖書館藏,1923 年稿本。Hong Ruyi. *Cheng Duyuan zhuan* (*Biography of Cheng Duyuan*). Beijing: Guojia tushuguan cang, 1923.

16. 徐震堮:《世説新語校箋》,北京:中華書局,1984 年版。Xu Zhen-e. *Shishuo xinyu jiaojian* (*Proofread on A New Account of Tales of the World*). Beijing, Zhonghua shuju, 1984.

17. 班固:《漢書》,北京:中華書局,1962 年版。Ban Gu. *Hanshu* (*Book of Han*). Beijing: Zhonghua shuju, 1962.

18. 程炎震:《程篤原遺詩》,北京:國家圖書館藏,1924 年抄本。Cheng Yanzhen. *Cheng Duyuan yishi* (*Cheng Duyuan's Manuscript of Poems*). Beijing: Guojia tushuguan cang, 1924.

19. 趙西陸:《世説新語校釋》,北京:北京圖書館出版社,2005 年版。Zhao Xilu. *Shishuo xinyu jiaoshi* (*Collation and Annotation on A New Account of Tales of the World*). Beijing: Beijing tushugguan chubanshe, 2005.

20. 劉盼遂:《世説新語校箋》,《國學論叢》1928 年第 1 卷第 4 期,第 65—110 頁。Liu Pansui. Shuoshuo xinyu jiaojian (Collation and Annotation on A New Account of the Tales of the World). *Guoxue luncong* (*Symposium of sinology*) 1.4(1928): pp.65-110.

21. 劉強:《程炎震的〈世説新語箋證〉》,《古典文學知識》,2016 年第 1 期。Liu Qiang. Cheng Yanzhen de shishuo xinyu jianzheng (Cheng Yanzhen's Collation and Annotation on *A New Account of Tales of the World*). *Gudian Wenxue Zhishi* (*Knowledge of Classical Literature*) 1 (2016): pp.135-140.

22. 龔斌:《世説新語校釋》,上海:上海古籍出版社,2011 年版。Gong Bin. *Shishuo xinyu jiaoshi* (*Collation and Explanation on A New Account of Tales of the World*). Shanghai: Shanghai jiaoyu chubanshe, 2011.

"説""語"結合與《世説新語》的文體學考察

吴中勝

【摘　要】關於《世説新語》的文體特質,歷來爭論不休。實際上,《世説新語》既有"説"的傳統特質,又有"語"的固有品格,是"説""語"的結合體。從"説"體來説,《世説新語》既傳承了經傳文字的奇巧,又繼承了史傳文字的故事性,還有論述文字的"斷辭"之美;從"語"體來説,《世説新語》具有語録、口語化、簡潔性等特徵。"説""語"結合,使《世説新語》在文體特徵上,語奇顯機鋒、問答出辯才、對答有斷辭、對比出雅趣、言簡有情節,給人耳目一新之感。

【關鍵詞】説體　語體　世説新語　文體學　文章規制

關於《世説新語》的文體特質,目前學界尚無定論。主要有以下幾種看法:一、小説,《隋書·經籍志》著録《世説新語》入《子部》"小説家"類。清代《四庫全書》列入子部小説家第二部。近代王存善稱之爲"小説家之祖"(《題識二則》)[①]。當代大部分文學史也是視之爲六朝志人小説的代表。二、史書,劉知幾《史通》稱《世説新語》爲"雜書",並納入史傳雜説系統,不過又認爲其內容頗不信實,跟正統史傳有差距。三、類書,南宋潘自牧把

---

* 本文爲國家社會科學基金西部項目"《文心雕龍》與中國文章學體系建構研究"(批准號:20XZW005)、國家社會科學基金重大項目《中國文論關鍵字研究的歷史流變及其理論範式構建》(批准號:22&ZD258)子課題、江西省高校人文社科規劃項目"《文心雕龍》文章學體系的當代價值研究"(ZGW22110)階段性成果。

① 劉强《世説新語資料彙編》中册,南京:鳳凰出版社2020年版,第562頁。

《世説新語》當作"類書濫觴"(《記纂淵海》序)①。四、散文,錢穆説:"再説到《世説新語》,那一書裏所收,有些都是散文小品中上乘之作。"(《中國文學中的散文小品》)②翻譯家傅雷也把《世説新語》當作"散文",他在給遠在歐洲學習音樂的兒子傅聰寫信時説:"你手頭没有散文的書,《世説新語》大可一讀。"(《傅雷家書》)③五、道德語録,饒宗頤説:"《世説新語》者,蓋人倫之淵鑒,而言談之林藪也。"(《楊勇〈世説新語校箋〉序》)④可見,無論是歷史上還是當前學術界,對於《世説新語》文體的界定極爲混亂,衆説紛紜,莫衷一是。這種混亂的局面不利於加深對其思想内涵和藝術特色的認識,有必要作一些趨同性的努力。其實,《世説新語》的書名已經給出了明確答案,那就是"説"體和"語"體的結合體。這種結合體式,決定了《世説新語》的文本樣式、話語方式和文章藝術特色。

一、"説"體的源流和《世説新語》的"説"體質素

據《隋志》,宋臨川王劉義慶有《世説》八卷,梁劉孝標注之爲十卷。如此,最早此書的名字只有"説"字。關於"説"體,學界已有學者作了一些探討。如廖群就針對"説"體的名稱、内涵及早期形態作了探究。他説:"'説體'是對先秦源自講説、記録成文、具有一定情節性的叙述體故事文本的統稱。'説'字取自《説林》《儲説》《説苑》等篇題書名之'説',含義並非説理、辯説,而是述説,用爲名詞即所説之事。"又認爲:"'説'這種叙事文本在先秦有時又被稱爲'傳'和'語'。""説"體既不同於"傳説",也不同於"小説"⑤。廖群把"説"體限定爲叙事性文體,又與傳説、小説區别開來,有兩點值得商榷:一是,廖先生僅僅看到的是"説"體的一個分支,而不是"説"體的全部;二是,廖先生僅僅看到的是"説"的流,而不是"説"體的根源。

要説清楚"説"體的源流和總分關係,可以用關鍵詞的理論作些分析。英國文化學家雷蒙·威廉斯《關鍵詞:文化與社會的詞彙》使用"歷史語義

---

① 劉强《世説新語資料彙編》上册,第 141 頁。
② 劉强《世説新語資料彙編》中册,第 831 頁。
③ 劉强《世説新語資料彙編》中册,第 927 頁。
④ 劉强《世説新語資料彙編》中册,第 988 頁。
⑤ 廖群《"説體":考察先秦叙事文本的新範疇》,載於《中國社會科學報》2017 年 6 月 28 日。

學"(historical semantics)方法研究文化關鍵詞。其中有一些重要的觀點對我們的研究很有啓示意義。雷蒙·威廉斯認爲,關鍵詞也不是一成不變的,一如任何生命體,有一個萌生、成長、演變、衰老或新生的過程:"我們可以發現意義轉變的歷史、複雜性與不同用法,及創新、過時、限定、延伸、重複、轉移等過程。我們也可發現,詞義的變化有時候爲我們所忽略,以至於它們似乎幾世紀以來都是長久不變,但其實詞義本身及其引申的意涵會隨時代而有相當的不同與變化。"①如果我們把"説"當作一個關鍵詞,以上觀點或者可以爲我們的研究方法打開思路。也就是說,"説"這個關鍵詞也有一個萌生、成長、演變、衰老或新生的過程。我們要理清"説"這個生命體,我們先來看"説"這個字。《釋名》:"説,述也,宣述人意也。"②《説文解字》:"説,釋也。從言兑。一曰談説。""説"最初就是説話、言説的意思。在這個意義來說,凡是費口舌來言説的文體都是"説"體。所以劉勰說"説者,悦也,兑爲口舌"(《文心雕龍·論説篇》)。以此爲總根源,"説"體逐步演變分化。根據說話的人說什麽、怎麽說,"説"體逐步演變分化成各種分支體式。演繹經義,是爲經傳;論辯説理,是爲論説;小道故事,是爲小説。在《世説新語》之前,這些"説"體分支都先後出現過。章學誠說:"傳志之文,古無定體。《左傳》所引《軍志》《周志》諸文,即傳也。孟子所對湯武苑囿之問,皆曰'於傳有之',即志也。六藝爲經,則《論語》《禮記》之文謂之傳。卦爻爲經,則《彖》《象》《文言》謂之傳。自《左氏春秋》依經起義,兼史爲裁。"(《和州志列傳總論》)③章學誠實際上說到了"説"體的分支"經傳"和"史傳"的源流關係。

《漢書·藝文志》對漢代以前各類文獻有比較全面的梳理,我們從中可以看到"説"體的分支流變情況。其中以"説"命名的著作有五鹿充宗《略説》三篇、《歐陽説義》二篇、《魯説》二十八卷、《韓説》四十一卷、《中庸説》二篇、《明堂陰陽説》五篇、《齊説》二十九篇、《魯夏侯説》二十一篇、《魯安昌侯説》二十一篇、《燕傳説》三卷、《長孫氏説》二篇、《江氏説》一篇、《翼氏説》一篇、《安昌侯説》一篇、《説》三篇,以上屬於"六藝",是經傳,是用來演繹經典的。劉勰說:"論説辭序,則《易》統其首。"(《文心雕龍·宗經篇》)

---

① 雷蒙·威廉斯著,劉建基譯《關鍵詞:文化與社會的詞彙》,北京:三聯書店 2005 年版,第 9 頁。
② 劉熙撰,畢沅疏證,王先謙補,祝敏徹、孫玉文點校《釋名疏證補》,北京:中華書局 2008 年版,第 113 頁。
③ 章學誠撰,葉瑛校注《文史通義校注》中册,北京:中華書局 2014 年版,第 774 頁。

也就説，"説"體源于《易》傳系統，南宋陳騤就指出："自孔子爲《易》説卦，文遂有説。"①經典是不變的，是所謂"五常之道""言與天地爲終始也"（《漢書·藝文志》）②。正如劉勰所説："經也者，恒久之至道，不刊之鴻教也。"（《文心雕龍·宗經篇》）③而演繹經典的言辭則是多變的："至於五學，世有變故，猶五行之更用事焉。"是"存其大體，玩經文而已"，"後世經傳既已乖離，博學者又不思多聞闕疑之義，而務碎義逃難，便辭巧説，破壞形體；説五字之文，至於二三萬言。"（《漢書·藝文志》）④演説經典的經傳文字内容上"乖離"經典，言辭上是"便辭巧説"。後世緯書就是這類文字，劉勰就專門評價緯書説："經正緯奇"，"事豐奇偉，辭富膏腴，無益經典，而有助文章。"（《文心雕龍·正緯篇》）⑤演説經典的緯書内容上"無益經典"，文辭方面卻"有助文章"，劉勰特別用"奇"字來形容緯書言辭。《世説新語》當然不是演説經典的經傳緯書，但它卻實實在在地傳承"説"體言辭奇巧的特點。

"説"又可以用來給人講故事，道聽途説，是爲小説。《漢書·藝文志》又收有《虞丘説》一篇、《老子傅氏經説》三十七篇、《老子徐氏經説》六篇、劉向《説老子》四篇、《伊尹説》二十七篇、《鬻子説》十九篇、《黄帝説》四十篇、《封禪方説》十八篇、《虞初周説》九百四十三篇，其中有儒家、道家，也有小説家。可見，"説"體不僅可以用來演説儒家經典，也可以用來演説道家經典。魏晋以後，"説"體還用於演説佛經，可見，"説"體的運用範圍是很廣泛的。從這些書名來説，"是以歷史人物爲中心的解説或叙事文，亦當有史傳的成分"。但"説"體跟經傳、史傳既有聯繫又有明顯不同。韓高年指出："首先，從形式上來看，'説'與經獨立單行，'傳'則是故事與經文合在一起；其次，'説'涉及'六藝''諸子'，而'史傳'只涉及'六藝'中的'書'類、'春秋'類。"⑥《世説新語》既傳承了經傳文字的奇巧，又繼承了史傳文字的故事性。《隋書·經籍志》把《世説新語》歸爲"小説家"類，大概也是由"説體"的叙事性特點決定的。劉知幾《史通·内篇·雜述》："爰及近古，斯道漸煩。史氏流别，殊途並騖。權而爲論，其流有十焉：一曰偏記，二曰小録，

---

① 陳騤著，王利器校點《文則》，北京：人民文學出版社 1960 年版，第 10 頁。
② 班固撰，顔師古注《漢書》第 6 册，北京：中華書局 1962 年版，第 1723 頁。
③ 范文瀾《文心雕龍注》上册，北京：人民文學出版社 1958 年版，第 21 頁。
④ 班固撰，顔師古注《漢書》第 6 册，第 1723 頁。
⑤ 范文瀾《文心雕龍注》上册，第 30—31 頁。
⑥ 韓高年《禮樂制度變遷與春秋文體演變研究》，北京：商務印書館 2021 年版，第 284 頁。

三曰逸事,四曰瑣言,五曰郡書,六曰家史,七曰別傳,八曰雜記,九曰地理書,十曰都邑簿。"①又論"瑣言"曰:

> 街談巷議,時有可觀,小説卮言,猶賢於己。故好事君子,無所棄諸,若劉義慶《世説》、裴榮期《語林》、孔思尚《語録》、陽玠松《談藪》。此之謂瑣言者也。(《史通·内篇·雜述》)②

又曰:

> 瑣言者,多載當時辯對,流俗嘲謔,俾夫樞機者藉爲舌端,談話者將爲口實。及蔽者爲之,則有詆訐相戲,施諸祖宗,褻狎鄙言,出自床笫,莫不升之紀録,用爲雅言,固以無益風規,有傷名教者矣。(《史通·内篇·雜述》)③

劉知幾認爲,正史與小説有嚴格區別,不能混爲一談:"是知偏紀、小説,自成一家。而能與正史參行,其所由來尚矣。"(《史通·内篇·雜述》)④劉知幾是站在歷史學家的角度來看待《世說新語》的,認爲《世說新語》是道聽途說的小說類文字,正史不應採信其事。他說:"近見皇家所撰《晋史》,其所採亦多是短部小書,省功易閲者,若《語林》《世説》《搜神記》《幽明録》之類是也。"(《史通·外篇·雜説》)⑤又曰:"近者,宋臨川王義慶著《世說新語》,上叙兩漢、三國及晋中朝、江左事。劉峻注釋,摘其瑕疵,僞蹟昭然,理難文飾。而皇家撰《晋史》,多取此書。遂采康王之安言,違孝標之正説。以此書事,奚其厚顔!"(《史通·外篇·雜説》)⑥《世說新語》是小說文字,多"瑕疵""僞蹟",不足爲正史採信,《晋史》卻"多取此書",所以劉知幾多有批評。但從文體傳承角度來說,《世說新語》傳承了史傳文字的説事功能。有不少地方就直接明言在"說事",如"有人向張華説此事"(《世

---

① 劉知幾撰,白雲譯注《史通》上册,北京:中華書局2014年版,第456頁。
② 劉知幾撰,白雲譯注《史通》上册,第459頁。
③ 劉知幾撰,白雲譯注《史通》上册,第465頁。
④ 劉知幾撰,白雲譯注《史通》上册,第455頁。
⑤ 劉知幾撰,白雲譯注《史通》下册,第706頁。
⑥ 劉知幾撰,白雲譯注《史通》下册,第735頁。

説新語・德行》）、"後向謝仁祖説此事"（《世説新語・紕漏》）等。

"説"還可以用來與人辯説，講道理，是爲論説。這跟"説"體産生之時，正處先秦諸子百家爭鳴、論辯之風盛行有關。劉勰説："暨戰國爭雄，辯士雲湧；從橫參謀，長短角勢；轉丸騁其巧辭，飛鉗伏其精術；一人之辯，重於九鼎之寶，三寸之舌，強於百萬之師。"（《文心雕龍・論説篇》）這一時期，出現了像蘇秦、張儀、陳軫、犀首這樣的"事口舌"（《史記・蘇秦列傳》）的"遊説之士"（《史記・張儀列傳》）。憑著一張嘴巴就"可以説當世之君""遊説諸侯以顯名"（《史記・蘇秦列傳》）①。馮友蘭説："自春秋迄漢初，在中國歷史中，爲一大解放之時代。"②時代風氣之下，論説體盛行。天下辯者混戰，人人皆言其理，以致士人不知誰言爲是，不知唯誰是從。各家各執其辭，各言其是，正所謂"九家之術，蜂出並作，各引一端，崇其所善，以此馳説，取合諸侯。"（《漢書・藝文志》）③諸子百家敢於堅持自己的觀點，敢於懷疑他人、無視權威的精神，奠定了中國文化的理性品格，對後世文化包括文論的批判精神産生深遠影響。《世説新語》的出現，傳承了先秦百家爭鳴的諸子精神，與當時玄學清談也有密切關係。劉師培説："建安以後，群雄分立，遊説風行。"（《漢魏六朝專家文研究》）④魏晉時期，"説"體流行，與當時文壇辯論之風盛行有關。劉師培説：

　　自晉代人士均擅清言，用是言語、文章雖分二途，而出口成章，悉饒詞藻。晉、宋之際，宗炳之倫，承其流風，亦以施於講學。宋則謝靈運、瞻之屬，並以才辯辭義相高，王惠精言清理。齊承宋緒，華辯益昌。《齊書》稱張緒言精理奧，見宗一時，吐納風流，聽者皆忘饑疲；又稱周顒音辭辯麗，辭韻如流，太學諸生慕其風，爭事華辯；又謂張融言辭辯捷，周顒彌爲清綺，劉繪音采不贍，麗雅有風則。迄于梁代，世主尤崇講學，國學諸生，惟以辯論儒玄爲務，或發題申難，往復循環，具詳《南史》各傳。用是講論之詞，自成條貫，及筆之於書，則爲講疏、口義、筆對，大抵辯析名理，既極精微，而屬詞有序，質而有文，爲魏、晉以來所未有。當時人士，既習其風，故析理之文，議禮之作，迄于陳季，多有可

---

① 司馬遷撰《史記》第 7 册，北京：中華書局 1975 年版，第 2241—2304 頁。
② 馮友蘭《中國哲學史》，北京：商務印書館 1976 年版，第 14 頁。
③ 班固撰，顏師古注《漢書》第 6 册，第 1746 頁。
④ 劉師培《中國中古文學史講義》，北京：中國人民大學出版社 2004 年 9 月版，第 140 頁。

觀,則亦士崇講論之效也。①

這裏講的"講論之詞""析理之文",即是論述體文章。這方面,已有學者撰文作了深入研究②。對於魏晉時期士人的言談論辯情景,《世説新語》就有記載。如"諸名士共至洛水戲。還,樂令問王夷甫曰:'今日戲,樂乎?'王曰:'裴僕射善談名理,混混有雅致;張茂先論《史》《漢》,靡靡可聽;我與王安豐説延陵、子房,亦超超玄箸。'"(《世説新語·言語》)對於這段話,後人多關注其修禊事,如李贄評曰:"快活,真快活!"張端木關注其中的"洛水之勝"③。但整個過程其實是各位名士盡興玄談而已,"洛水之勝"倒在其次。"混混""靡靡""超超"三全疊詞的運用,更加强了其口語對話的特色。又如:"王丞相過江左,止道聲無哀樂、養生、言盡意三理而已。然宛轉關生,無所不入。"(《世説新語·文學》)又如:"支道林、許掾諸人共在會稽王齋頭,支爲法師,許爲都講。支通一義,四坐莫不厭心。許送一難,衆人莫不抃舞。但共嗟歎二家之美,不辯其理之所在。"(《世説新語·文學》)可見,魏晉士人的確多"以談論爲英華"(《世説新語·賞譽》)。《世説新語》傳承論説言談之風的當然不是什麽"辯析名理",也不是什麽長篇大論、高臺講章,而是一種思想的領悟和語言智慧。其中許多片言隻語就能激發某種思想領悟,三言兩語甚至一兩個字的變化就讓人會心一笑,尤其是一些智巧的對話,顯示人物的語言智慧和對話藝術。這是劉勰所説的"斷辭"之美!這些"斷辭"往往是論述體文章的結論性話語(《文心雕龍·徵聖篇》)。如:"太傅府有三才:劉慶孫長才,潘陽仲大才,裴景聲清才。"(《世説新語·賞譽》)"長""大""清"三個字變换,用語極爲精準,把東海王劉越家"三才濟美"的特點呈現出來了④。

二、"語"體的源流和《世説新語》的"語"體質素

魯迅説:"今存三卷曰《世説新語》,爲宋人晏殊所刪除,於注亦小有剪

---

① 劉師培《中國中古文學史講義》,第96頁。
② 張海明《〈世説新語〉的文體特徵及與清談之關係》,載於《文學遺産》1997年第1期,第25—36頁。
③ 周興陸《世説新語彙校彙注彙評》上册,南京:鳳凰出版社2017年6月版,第152頁。
④ 周興陸《世説新語彙校彙注彙評》中册,第739頁。

裁,然不知何人又加'新語'二字,唐時則曰'新書',殆以《漢志》儒家類録劉向所序六十七篇中,已有《世説》,因增字以别之也。"(《〈世説新語〉與其前後》)①關於"語"體,前人也有探討。錢穆説:"語,談説義,如《國語》《家語》《新語》之類。"②張政烺撰文指出:"這在春秋時期的書籍中是一種固定的體裁,稱爲'語'。語,就是講話。語之爲書既是文獻記録,也是教學課本。"③韓高年指出:"'語'在形式上是講話,在内容上則既有嘉言善語,也有講述歷史故事的'事語',也包括爲印證解説嘉言善語而同時附有故事的'語'。"④看來,"語"體也如前面的"説"體,就像一個生命,也有一個萌生、成長、演變、衰老或新生的過程。

我們先來看"語"這個字的意思。《釋名》:"語,叙也,叙己所欲説也。"⑤《説文解字》:"語,論也。從言吾聲。""語"這個字初文最早見於春秋金文,一般認爲,其本義指談論。作名詞時,表示説的話、表達的言論、寫的文字。作動詞時,則指代替語言表達思想的方式或動作。"語"作爲一種文體,實即"辭"。爲什麽這麽説呢? 我們知道,孔子弟子收集孔子言辭而成《論語》,此"語"即言辭的意思。劉勰説:"至夫子繼聖,獨秀前哲,熔鈞六經,必金聲而玉振;雕琢情性,組織辭令,木鐸起而千里應,席珍流而萬世響,寫天地之輝光,曉生民之耳目矣。"(《文心雕龍·原道篇》)所謂"論語"即"組織辭令"是也。劉勰又説:"夫子文章,可得而聞,則聖人之情,見乎文辭矣。"(《文心雕龍·徵聖篇》)換言之,《論語》體現了聖人之情。據《漢書·藝文志》,以"語"命名的著作有《國語》二十一篇、《新國語》五十四篇、《論語》古二十一篇、《孔子家語》二十七卷等,專門收集帝王聖人之言。"語"體最初是收入聖人語録,如《論語》,往往有勸誡世人的作用。《世説新語》在"語"字前面加了一個"新"字,似乎是告訴世人,裏面的"語"已不再是聖人之語録,而是收入世人種種言行舉止。"語"體逐漸世俗化,如兩漢時期也有"語"體文,所謂"陸賈新語"。到《世説新語》這裏,"語"體已經從聖人之語録下降到普通士人的言説了。本來是專門收録聖人語録的,怎麽能收集世俗人士的語録呢? 語録對象的下降,自然招致學人批評。桓範

---

① 劉强《世説新語資料彙編》中册,第 796 頁。
② 錢穆《論語新解》,北京:三聯書店 2002 年版,第 1 頁。
③ 張政烺《〈春秋〉事語解題》,載於《文物》1977 年第 1 期,第 36—39 頁。
④ 韓高年《禮樂制度變遷與春秋文體演變研究》,北京:商務印書館 2021 年版,第 286 頁。
⑤ 劉熙撰,畢沅疏證,王先謙補,祝敏徹、孫玉文點校《釋名疏證補》,第 113 頁。

说:"夫著作書論者,乃欲闡弘大道,述明聖教……故作者不尚其辭麗,而貴其存道也;不好其巧慧,而惡其傷義也。故夫小辯破道,狂簡之徒,斐然成文,皆聖人之所疾矣。"(《世要論·序作》)①劉勰也説:"至夫子繼聖,獨秀前哲,熔鈞六經,必金聲而玉振;雕琢情性,組織辭令,木鐸起而千里應,席珍流而萬世響,寫天地之輝光,曉生民之耳目矣。"(《文心雕龍·原道篇》)②所以聖人的話纔值得語録,一般士人的話哪怕是雅士的話也不值得專門語録,何況是一些游談無根的話語。史學家劉知幾就從史學角度來看,他對《世説新語》也頗爲不滿:"晋世雜書,諒非一族,若《語林》《世説》《幽明録》《搜神記》之徒,其所載或恢諧小辯,或神鬼怪物。其事非聖,揚雄所不觀;其言亂神,宣尼所不語。"(《史通·内篇·采撰》)③劉知幾認爲,聖賢是不會像《世説新語》那樣,充滿"恢諧小辯"的。

從"語"體方面來説,《世説新語》的文體更接近《文心雕龍》中所説的"書"體,所以關於《世説新語》的書名,也有稱作《世説新書》的。這也透露出其"書"體特質。"書"體體式衆多,我們認爲,更接近其中的"辭"體:"辭者,舌端之文,通己於人。子産有辭,諸侯所賴,不可已也。"(《文心雕龍·書記篇》)④"語"也是"舌端之文","語"的目的也是"通己於人",就是把自己的所思所想通過口頭告知别人。這當然要儘量説得生動好玩,這明顯受到兩晋清言風氣的影響。南宋張縯説:"兩晋衣冠,每以清言相高,不在能言之列者,輒下其品。……江左諸人雖不能進此,然至於理到神會,超然遐舉,亦有非後世所能及者。《世説》所著是也。"(《跋》)就點出其中資訊。

具體來説,《世説新語》哪些方面呈現出"語"體的文章特徵呢?

《世説新語》中不少用詞,已透露出其語録特質,幾乎每段就有"某某曰"等字樣,類似《論語》中的"子曰"。又有"話言""常談"等用詞,如:"陶公話言"(《世説新語·言語》)、"請其話言"(《世説新語·方正》)、"此老生之常談"(《世説新語·規箴》),這些都是"語"體的標誌性用語。《世説新語》又收許多口語入文,如胡應麟認爲,"'大破賊',大字是晋唐口語,如'寧奇大解事''萬徹大健兒'之類。"⑤《世説新語》有不少詞語加上"阿"字

---

① 嚴可均《全三國文》卷三十七,北京:商務印書館1999年版,第389—390頁。
② 范文瀾《文心雕龍注》上册,第2頁。
③ 劉知幾撰,白雲譯注《史通》上册,第192頁。
④ 范文瀾《文心雕龍注》下册,第460頁。
⑤ 周興陸《世説新語彙校彙注彙評》中册,第643頁。

襯語，如"阿睹"，這顯然是口語。又如喫飯爲"喫"，也是口語的顯例。集録口語是語録體的固有特點。王世懋評《世説新語》説"語近方言"（《指點〈世説新語〉》序）①，也指出其口語化的特點。

《世説新語》特别注重集録嘉言妙語，通過一句呈現人物性格特點、思想品格和世道人生的獨特領悟，如"名教中自有樂地"（《世説新語·德行》）、"木猶如此，人何以堪"（《世説新語·言語》）等，這是"語"體的固有文體品格。一般來説，篇幅短小，但片言隻語饒有趣味。《世説新語》這方面的文體特徵也是一望而知的。管大勛説《世説新語》："雖片句單詞，厥有攸趣。"（《重刻〈世説新語〉》序）②正是這個道理。南宋高似孫説："宋臨川王義慶採擷漢晋以來佳事佳話爲《世説新語》，極爲精絶。"（《劉孝標〈世説〉》）③就明確其語録成文的特點。

三、"説""語"結合與《世説新語》的文章規制

既然《世説新語》是"説""語"結合體，自然地，它就本然地具有"説""語"兩種文體的結合性特徵。

（一）片言顯機鋒

魯迅説："漢末士流，已重品目，聲名成毀，決於片言，魏晋以來，乃彌以標格語言相尚。""世之所尚，因有撰集，或者掇拾舊聞，或者記述近事，雖不過叢殘小語，而俱爲人間語動，遂脱志怪之牢籠也。"（《〈世説新語〉與其前後》）④此風所向，自然在《世説新語》中人物對話上有所體現，對編著劉義慶的材料選録自然都有影響。"説"體産生的背景，是百家争鳴和魏晋玄談，爲了説服對方，語多奇巧，時顯機鋒。正如劉勰所説："凡説之樞要，必使時利而義貞；進有契于成務，退無阻于榮身。自非譎敵，則唯忠與信。披肝膽以獻主，飛文敏以濟辭，此説之本也。"（《文心雕龍·論説篇》）⑤《世説

---

① 周興陸《世説新語彙校彙注彙評》下册，第1642頁。
② 周興陸《世説新語彙校彙注彙評》下册，第1640頁。
③ 劉强《世説新語資料彙編》上册，第158頁。
④ 劉强《世説新語資料彙編》中册，第795頁。
⑤ 范文瀾《文心雕龍注》上册，第329頁。

新語》就傳承了這種語奇機鋒的特質,如:"太中大夫陳韙後至,韙曰:'小時了了,大未必佳!'文舉曰:'想君小時,必當了了。'韙大踧踖。"(《世說新語·言語》)田中評曰:"愈出愈奇。"凌濛初評曰:"機鋒太迅,大自佳,大不免禍耳。"① 又如:"鍾毓、鍾會少有令譽。年十三,魏文帝聞之,語其父鍾繇曰:'可令二子來。'於是敕見。毓面有汗,帝曰:'卿面何以汗?'毓對曰:'戰戰惶惶,汗出如漿。'復問會:'卿何以不汗?'對曰:'戰戰慄慄,汗不敢出。'"(《世說新語·言語》)言語對答,智巧近乎滑稽可笑,所以劉辰翁評曰:"可附滑稽。"②

(二) 對答出辯才

《世說新語》經常通過人物對話顯示語言智慧和辯論藝術。問答形式是"語"體的重要形式,辯論則是"說"體的重要分支體式,兩者結合出現在《世說新語》之中。如:"蔡洪赴洛,洛中人問曰:'幕府初開,群公辟命,求英奇於仄陋,采賢俊於岩穴。君吳楚之士,亡國之餘,有何異才而應斯舉?'蔡答曰:'夜光之珠,不必出於孟津之河;盈握之璧,不必採於昆侖之山。大禹生於東夷,文王生於西羌,聖賢所出,何必常處。昔武王伐紂,遷頑民於洛邑,得無諸君是其苗裔乎?'"(《世說新語·言語》)田中評曰:"辯駁反嘲。"凌濛初:"末便是'排調''輕詆'。"③

(三) 言語有斷辭

對答是"語"體的一種重要形式,朱自清說《世說新語》就是一部"接近說話的語言"的記錄(《日常生活的詩》)④。"斷辭"則是"說"體分支論述體的結論性話語。劉勰說:"易稱辯物正言,斷辭則備;書云辭尚體要,弗惟好異。故知正言所以立辯,體要所以成辭,辭成無好異之尤,辯立有斷辭之義。"(《文心雕龍·徵聖篇》)《世說新語》許多語段通過對答呈現"斷辭",結合了論辯和語錄的雙重特點,既有思想機鋒,又言簡意豐。如"王武子、孫子荊各言其土地人物之美。王云:'其地坦而平,其水淡而清,其人廉且貞。'孫云:'其山嶵巍以嵯峨,其水㳌渫而揚波,其人磊砢而英多。'"(《世

---

① 周興陸《世說新語彙校彙注彙評》上冊,第107頁。
② 周興陸《世說新語彙校彙注彙評》上冊,第127頁。
③ 周興陸《世說新語彙校彙注彙評》上冊,第149頁。
④ 劉強《世說新語資料彙編》中冊,第890頁。

說新語·言語》）三言兩語就把人傑地靈、人土兩美的特點概括出來了。又如：＂撫軍問孫興公：'劉真長何如？'曰：'清蔚簡令。''王仲祖何如？'曰：'溫潤恬和。''桓溫何如？'曰：'高爽邁出。''謝仁祖何如？'曰：'清易令達。''阮思曠何如？'曰：'弘潤通長。''袁羊何如？'曰：'洮洮清便。''殷洪遠何如？'曰：'遠有致思。''卿自謂何如？'曰：'下官才能所經，悉不如諸賢；至於斟酌時宜，籠罩當世，亦多所不及。然以不才，時復託懷玄勝，遠詠老、莊，蕭條高寄，不與時務經懷，自謂此心無所與讓也。'"（《世說新語·品藻》）一問一答，語式機械重複且呆板，所以劉辰翁評此段話"語煩。"[1]是有道理的。答語均爲"斷辭"，卻也輕靈精準，幾字就斷定對一個人的品藻。張程評《世說新語》"品騭斷述，咸歸沖雅"（《〈世說新語〉序》）[2]，正道出這一層意思。

（四）對比出雅趣

　　《世說新語》許多地方通過兩兩對比的言說，顯出某種價值觀念和審美意趣。《宋書》本傳評劉義慶"才詞雖不多，然足爲宗室之表"。已暗示劉義慶著述有倫理教化之目的。饒宗頤稱《世說新語》爲"人倫之淵鑒"（《楊勇〈世說新語校箋〉序》）[3]，或許是受到《宋書》本傳的啓示。周興陸指出："《世說新語》36類首以'孔門四科'德行、言語、政事、文學立目，其他32目也有以儒家道德人格論爲衡量準繩的，都體現出重建儒家人倫價值觀的思想。"[4]這是很有見地的。如果說，道德標杆是"雅"，體現儒家倫理價值觀，那麼，生動的言說就是"趣"，通過有趣之言說呈現道德之雅正。在《世說新語》中，有趣的言說方法有很多，其中，對比是較常見的一種，對比既是"語"體的話語方式，也是"說"體分支論體的言說手法。如："蒲柳之姿，望秋而落；松柏之質，經霜彌茂。"（《世說新語·言語》）田中評曰："分異有趣。"[5]又如"北人看書，如顯處視月；南人學問，如牖中窺日。"（《世說新語·文學》）對比見風格特色，對比見品行高下，既有趣，又雅正。

---

[1] 周興陸《世說新語彙校彙注彙評》中册，第889頁。
[2] 周興陸《世說新語彙校彙注彙評》下册，第1641頁。
[3] 劉强《世說新語資料彙編》中册，第988頁。
[4] 周興陸《世說新語彙校彙注彙評》前言，第5頁。
[5] 周興陸《世說新語彙校彙注彙評》上册，第209頁。

（五）言簡有情節

　　故事情節性是"說"體分支傳體的特點，言簡則是"語"體的本色。兩者結合，《世說新語》常常通過幾句話就把一個時間段內人物的情狀描述出來了。劉知幾評之曰："短部小書，省功易閱者。"（《史通·外篇·雜說》）[1]就說出了《世說新語》言簡有情節的特點。王世貞評《世說新語》"造微於單辭"（《〈世說新語〉舊序》）[2]也點出其中奧妙。如："謝公與人圍棋，俄而謝玄淮上信至。看書竟，默然無言，徐向局。客問淮上利害？答曰：'小兒輩大破賊。'意色舉止，不異於常。"（《世說新語·雅量》）轉瞬間形勢大變，謝安則意色如常，幾句話就勾勒出一個穩如泰山的大將軍形象。又如："王藍田性急。嘗食雞子，以筯刺之，不得，便大怒，舉以擲地。雞子於地圓轉未止，仍下地以屐齒踐之，又不得，瞋甚，復於地取內口中，齧破即吐之。"（《世說新語·忿狷》）通過一系列緊湊的動作，把王藍田性急的形象活靈活現地塑造出來了。

　　劉熙載說："文章蹊徑好尚，自《莊》《列》出而一變，佛書入中國又一變，《世說新語》成書又一變。此諸書，人鮮不讀，讀鮮不嗜，往往與之俱化。惟涉而不溺，役之而不為所役，是在卓爾之大雅矣。"（《藝概·文概》）[3]是什麽促成《世說新語》的這"又一變"呢？文體之變，應是重要因素。"說""語"結合，讓《世說新語》感覺耳目一新、愛不釋手。對於《世說新語》的文體特點，前人也是有所認識的。如高似孫認為，《世說新語》"採擷漢晉以來佳事佳話為《世說新語》，極為精絕"（《題〈世說新語〉》）[4]，所謂"佳事佳話"就有"說""語"兩體的重要因素。魯迅評《世說新語》："記言則玄遠冷雋，記行則高簡瑰奇。"（《世說新語》及其前後）[5]也有"說""語"結合體的意思。

（作者單位：贛南師範大學文學院）

---

[1] 劉知幾撰，白雲譯注《史通》下冊，第706頁。
[2] 周興陸《世說新語彙校彙注彙評》下冊，第1639頁。
[3] 劉熙載撰，袁津琥校注《藝概注稿》上冊，北京：中華書局2009年版，第47頁。
[4] 周興陸《世說新語彙校彙注彙評》下冊，第1634頁。
[5] 劉強《世說新語資料彙編》中冊，第796頁。

The Combination of *shuo* and *yu* and the Stylistic Studies on *A New Account of Tales of the World*

Wu Zhongsheng

Ceaseless debates have been conducted over the stylistic features of *A New Account of Tales of the World*, which combines the characteristics of *shuo* 説 (telling) and *yu* 語 (language). In terms of *shuo*, *A New Account of Tales of the World* inherited the ingenuity of Confucian classics, the narrative characterof historical writings, and the rhetoric of argumentative essays. Concerning *yu*, it has the characteristics of quotation, colloquialism, and conciseness. The combination of *shuo* and *yu* infused *A New Account of Tales of the World* with refreshing stylistic features such as sharp and witty speeches, eloquence and rhetoric in dialogues, elegance in comparisons, and emotion expressed through brief words.

Keywords: telling, language, *A New Account of Tales of the World*, stylistics, rules of essay writing

徵引書目

1. 司馬遷:《史記》,北京:中華書局,1975 年版。Sima Qian. *Shiji* (*Records of the Grand Historian*). Beijing: Zhonghua Shuju, 1975.
2. 周興陸:《世說新語彙校彙注彙評》,南京:鳳凰出版社,2017 年版。Zhou Xinglu. *Shishuo Xinyu huijiao huizhu huiping* (*Collection of Annotation of Shi Shuo Xin Yu*). Nanjing: Fenghuang chubanshe, 2017.
3. 范文瀾:《文心雕龍注》,北京:人民文學出版社,1958 年版。Fan Wenlan. *Wenxin diaolong zhu* (*Commentaries on The Literary Mind and the Carving of Dragons Notes*). Beijing: Renmin wenxue chubanshe, 1958.
4. 班固撰,顏師古注:《漢書》,北京:中華書局,1962 年版。Ban Gu. *Hanshu* (*Book of Han*). Annotated by Yan Shigu. Beijing: Zhonghua Shuju, 1962.
5. 張政烺:《〈春秋〉事語解題》,《文物》1977 年第 1 期 (1977 年 1 月),頁 36—39。Zhang Zhenglang. Chunqiu shiyu (Resolving Questions Concerning Chunqiu shiyu). *Wenwu* (*Cultural Relics*) 1 (Jan. 1977): pp.36 – 39.
6. 張海明:《〈世說新語〉的文體特徵及與清談之關係》,《文學遺產》1997 年第 1 期,頁 25—36。Zhang Haiming. Shishuoxinyu de wenti tezheng yu qingtan zhi guanxi (The Stylistic Features of 'Shi Shuo Xin Yu' and Its Relationship with Conversation). *Wenxue yichan* (*Literary Heritage*) 1(1997): pp.25 – 36.
7. 章學誠撰,葉瑛校注:《文史通義校注》,北京:中華書局,2014 年版。Zhang Xuecheng. *Wenshi tongyi jiaozhu* (*Complete Explanation of Literature and History with Annotations*). Annotated by Ye Ying. Beijing: Zhonghua Shuju, 2014.
8. 陳騤著,王利器校點:《文則》,北京:人民文學出版社,1960 年版。Chen Kui. *Wenze* (*Rules of Writing*). Punctuated by Wang Liqi. Beijing: Renmin wenxue chubanshe, 1960.
9. 馮友蘭:《中國哲學史》,北京:商務印書館,1976 年版。Feng Youlan. *Zhongguo zhexue shi* (*History of Chinese Philosophy*). Beijing: Shangwu yinshuguan, 1976.
10. 雷蒙·威廉斯著,劉建基譯:《關鍵詞:文化與社會的詞彙》,北京:三聯書店,2005 年版。Raymond Williams. *Guanjianci: wenhua yu shehui de cihui* (*Keywords: A Vocabulary of Culture and Society*). Translated by Liu Jianji. Beijing: Sanlian Shudian, 2005.
11. 廖群:《"説體":考察先秦叙事文本的新範疇》,《中國社會科學報》,2017 年 6 月 28 日。Liao Qun. Shuoti: kaocha xianqin xushi wenben de xin fanchou ("Shuo Ti": Examining the New Category of Pre-Qin Narrative Texts). *Zhongguo shehui kexue bao* (*Chinese Social Sciences Today*) (28 Jun 2017).
12. 劉知幾撰,白雲譯注:《史通》,北京:中華書局,2014 年版。Liu Zhiji. *Shitong* (*Generality of Historiography*). Annotated by Bai Yun. Beijing: Zhonghua Shuju, 2014.
13. 劉師培:《中國中古文學史講義》,北京:中國人民大學出版社,2004 年版。Liu Shipei. *Zhongguo zhonggu wenxueshi jiangyi* (*Lecture Notes on the History of Chinese*

Medieval Literature). Beijing: Zhongguo renmin daxue chubanshe, 2004.
14. 劉強:《世説新語資料彙編》,南京:鳳凰出版社,2020 年版。Liu Qiang. *Shishuo Xinyu ziliao huibian* (*Compilation of Materials about Shishuo Xinyu*). Nanjing: Fenghuang chubanshe, 2020.
15. 劉熙載撰,袁津琥校注:《藝概注稿》,北京:中華書局,2009 年版。Liu Xizai. *Yigai zhugao* (*The Annotation of Essentials of the Arts*). Annotated by Yuan Jinhu. Beijing: Zhonghua Shuju, 2009.
16. 劉熙撰,畢沅疏證,王先謙補,祝敏徹、孫玉文點校:《釋名疏證補》,北京:中華書局,2008 年版。Liu Xi. *Shiming shuzheng bu* (*Supplement to the Evidential Commentary to the Shiming*). Annotated by Bi Yuan and Wang Xianqian, Punctuated by Zhu Minchu and Sun Yuwen. Beijing: Zhonghua Shuju, 2008.
17. 錢穆:《論語新解》,北京:三聯書店,2002 年版。Qian Mu. *Lunyu xinjie* (*New Interpretation of the Analects*). Beijing: Sanlian Shudian, 2002.
18. 韓高年:《禮樂制度變遷與春秋文體演變研究》,北京:商務印書館,2021 年版。Han Gaonian. *Liyue zhidu bianqian yu chunqiu wenti yanbian yanjiu* (*Research on the Change of Ritual System and the Evolution of Writing Style in Spring and Autumn Dynasties*). Beijing: Shangwu yinshuguan, 2021.
19. 嚴可均:《全三國文》,北京:商務印書館,1999 年版。Yan Kejun. *Quan sanguo wen* (*Complete Three Kingdoms Prose*). Beijing: Shangwu yinshuguan, 1999.

玄學與才藻:《世説新語》
"空洞無物"事義詳説

羅 寧

【摘 要】《世説新語·排調》有一則記載王導與周顗的問答,周顗使用了"空洞無物"一語,今人受現代成語的影響,對此語原有的玄學意藴缺少感受和認識,僅簡單將其理解爲空無所有,這是不夠準確的。空同或空洞的本意爲渾然一體、混沌未分,早期道家和宇宙論常用來形容大道的窈冥茫昧之狀,以及天地未分時混然一氣之狀,而到魏晋之時,空洞演變成爲一個頗具玄學色彩的詞彙。王弼注《老子》使用空洞一詞,一方面延續了該詞的混沌一氣的意思,一方面也賦予了它空虛無物的意思。"無物"和"容"也是來自老莊和玄學的思想。知道這些詞彙和概念的玄學背景以及魏晋的政治文化,結合周顗、王導等人的品性、行事以及其他故事就可以知道,周顗創造的"空洞無物"一語含有豐富的玄學意藴,正透露出他的玄學和才藻。

【關鍵詞】空洞無物 空同 玄學 《世説新語》 周顗

《世説新語·排調》中有一則有名的故事:"王丞相枕周伯仁䣛,指其腹曰:'卿此中何所有?'答曰:'此中空洞無物,然容卿輩數百人。'"[1]對發生在王導、周顗之間的這個故事和問答,今人似乎都没有注意到其思想和文化的背景,在《世説新語》各種注釋書裏,對"空洞無物"一般都不作解釋。

---

[1] 余嘉錫《世説新語箋疏》,上海:上海古籍出版社1993年版,第797頁。

張永言《世説新語辭典》收入"空洞"一詞,解爲"空虚,空空"①。張萬起《世説新語詞典》解釋説:"空無所有。……後用以形容講話或寫文章没有内容。"②實際上,空虚或空無所有只是周顗話的字面意義,或者説是其語義的一個部分,而其背後豐富的玄學意義和政治文化更值得挖掘和闡釋。

一、"空洞"釋義

空洞不能拆分爲"空"、"洞"兩個字,理解爲空虚、空無之意,它實際上是一個聯綿詞,同音近義的詞還有空同、倥侗、空桐、崆峒等③。至於其本來的意義,可通過一些早期文獻的使用來看。《漢書·揚雄傳》:"天降生民,倥侗顓蒙。"倥侗和顓蒙義近,顔師古注前者云"倥音空。侗音同",後者云"童蒙無所知也"④,可知倥侗也是形容蒙昧不明的樣子。《關尹子·九藥》云:"昔之論道者,或曰凝寂,或曰邃深,或曰澄澈,或曰空同,或曰晦冥。"⑤形容道的詞就有空同。道之空同是什麽呢?老莊有不少文字論道,著名的如《老子》第二十一章:"道之爲物,惟恍惟惚。惚兮恍兮,其中有象。恍兮惚兮,其中有物。窈兮冥兮,其中有精。"王弼注:"恍惚,無形不繫之歎。""窈冥,深遠之歎。"⑥又第二十五章:"有物混成,先天地生。寂兮寥兮,獨立不改。"王弼注:"寂寥,無形體也。"⑦道是混然而無形的。恍惚在《莊子·至樂》裏作"芒芴",有"芒乎芴乎""芴乎芒乎""雜乎芒芴之間"⑧。《淮南子·原道》裏形容道,也是"忽兮怳兮,不可爲象兮;怳兮忽兮,用不屈兮;幽兮冥兮,應無形兮;遂兮洞兮,不虚動兮",高誘注:"忽怳,無形貌也。"⑨芒(恍、怳)又有茫昧不清、暗昧不明的意思,而這就是道之空同。《莊子·齊物論》説"人之生也,固若是芒乎",陸德明《釋文》注"芒,芒昧

---

① 張永言《世説新語辭典》,成都:四川人民出版社1992年版,第241頁。
② 張萬起《世説新語詞典》,北京:商務印書館1993年版,第213—214頁。
③ 符定一《聯綿字典》,北京:中華書局1954年版,午集第326—327頁。
④ 班固《漢書》卷八十七下《揚雄傳》,北京:中華書局1962年版,第3580頁。
⑤ 張景、張松輝注《黄帝四經 關尹子 尸子》,北京:中華書局2020年版,第409頁。
⑥ 王弼注、樓宇烈校釋《老子道德經注校釋》,北京:中華書局2008年版,第52頁。
⑦ 王弼注、樓宇烈校釋《老子道德經注校釋》,第62—63頁。
⑧ 郭慶藩《莊子集釋》,北京:中華書局1998年版,第612、615頁。
⑨ 何寧《淮南子集釋》,北京:中華書局1998年版,第11頁。

也",成玄英疏"芒,暗昧也"①,這也是揚雄"天降生民,倥侗顓蒙"的思想來源。

　　空同一詞在先秦典籍中的出現,當以《莊子·在宥》的一則寓言最爲有名,黄帝"聞廣成子在於空同之上,故往見之",而廣成子告訴他至道是這樣子的:"至道之精,窈窈冥冥;至道之極,昏昏默默。"②這些形容詞透露出空同一詞的意藴。《莊子》中的空同,司馬彪、成玄英解作地名或山名,這是錯誤的。莊子將黄帝問道之地稱爲空同,顯然有其用意,這和他稱中央之帝爲渾沌一樣,都是將一個形容詞具象化爲一個專有名詞。陳鼓應即認爲空同是"杜撰的地名"③。不過,上古確有地名空桐者,一在今河南商丘虞城縣,見《左傳》哀公二十六年④;一在北,《逸周書》記正北方向有北狄十三國,其中有空同⑤;一在西,《史記·五帝本紀》記黄帝"西至于空桐,登雞頭",又記司馬遷自説"余嘗西至空桐",《漢書·武帝紀》記武帝元鼎五年冬十月"遂踰隴,登空同"⑥,即其地,約在隴山(六盤山)一帶。《爾雅·釋地》解釋"四極"云:"岠齊州以南,戴日爲丹穴;北,戴斗極爲空桐;東,至日所出爲大平;西,至日所入爲大蒙。"⑦空桐本是指北極之下的一片高山⑧。在西和在北的空桐,大概都由於其地在當時人看來遥遠而難以翻越,是茫然不明的大荒之地,故而得名⑨。

――――――

① 郭慶藩《莊子集釋》,北京:中華書局1961年版,第61頁。《莊子·繕性》亦云:"古之人,在混芒之中,與一世而得澹漠焉。"成玄英疏:"謂三皇之時,玄古無名號之君也。其時淳風未散,故處在混沌芒昧之中而與時世爲一,冥然無跡,君臣上下不相往來,俱得恬澹寂漠無爲之道也。"郭慶藩《莊子集釋》,第551頁。
② 郭慶藩《莊子集釋》,第379頁。
③ 陳鼓應《莊子今注今譯》,北京:中華書局2009年版,第305頁。不過陳鼓應認爲"'空'含有空虚、空明的意思,'同'含有混同、冥同的意思",則不準確。成玄英認爲《莊子·逍遥遊》的姑射之山"蓋寓言耳,亦何必有姑射之實乎?"(郭慶藩《莊子集釋》,第28頁)空同也應是如此。
④ 楊伯峻《春秋左傳注》,北京:中華書局1990年版,第1730頁。《史記·殷本紀》説契之後有"空桐氏",《趙世家》記趙襄子"娶空同氏",應即居於此地之人。
⑤ 《逸周書》卷七《王會解》,黄懷信等《逸周書彙校集注》,上海:上海古籍出版社2007年版,第919頁。
⑥ 班固《漢書》,第185頁。
⑦ 徐朝華《爾雅今注》,天津:天津古籍出版社版1994年版,第227頁。司馬彪注《莊子》空同説"當北斗下山也",同此。見郭慶藩《莊子集釋》引,第379頁。
⑧ 張夢如博士認爲"戴斗極"的空桐本是古人的天文概念,是想象中的位於斗極之下、地表之上凸起的圓錐山體。參見張夢如《上清經中"空洞"與"空山"的互文隱喻》(未刊)。
⑨ 至於今天甘肅平涼的崆峒山,屬於六盤山地區,後來因與《莊子》故事相附會,乃成爲道教名山。

與空同一詞音義相近的聯綿詞還有鴻洞（洪洞、虹洞）和混沌①。《世說新語》"空洞無物"的一段故事，六朝小説《俗説》也記載，"空洞"就寫作"洪洞"②。至於鴻洞，《淮南子·精神》云："古未有天地之時，惟像無形，窈窈冥冥，芒芠漠閔，澒濛鴻洞，莫知其門。"③可見鴻洞是形容天地初始時那種窈冥茫昧、渾然未分的狀態。《太平御覽》引《淮南子》此語，"窈窈冥冥，芒芠漠閔"作"幽幽冥冥，茫茫昧昧，幕幕閔閔"，粗略言之，窈冥（幽冥）、芒芠（茫昧）、澒濛和鴻洞，都可用於形容天地之始（太始）的混沌不明。鴻洞還被用來形容水。《淮南子·原道》描寫水的各種性狀，最後説道："翱翔忽區（芒）之上，邅回川谷之間，而滔騰大荒之野，有餘不足，與天地取與，〔稟〕授萬物而無所前後，是故無所私而無所公，靡濫振蕩，**與天地鴻洞**，無所左而無所右，蟠委錯紾，與萬物始終，是謂至德。"④這是説水當其有餘或不足時，則與、取於天地，"與天地鴻洞"，就是與天地渾然一體的意思。枚乘《七發》有"**虹洞**兮蒼天"，李善注："虹洞，相連貌也。"⑤馬融《廣成頌》有"天地**虹洞**，固無端涯"，李賢注："虹洞，相連也。"⑥是説天地綿延無盡的樣子。王褒《洞簫賦》云："風鴻洞而不絶兮，優嬈嬈以婆娑。"李善注："鴻洞，相連貌。"⑦是説吹簫之氣息相連而不止。

　　渾沌（混沌）也是指渾然一體、相混相連。《淮南子·要略》："《原道》者，盧牟六合，**混沌萬物**，象太一之容，測窈冥之深，以翔虛無之軫。"⑧又如《白虎通》卷九《天地·論天地之始》："始起先有太初，然後有太始，形兆既成，名曰太素。**混沌相連**，視之不見，聽之不聞。"⑨曹植《遷都賦》："覽乾元之兆域兮，本人物乎上世；**紛混沌而未分**，與禽獸乎無别。"⑩説上世（上古）

---

① 蘭佳麗在研究聯綿詞族時，也注意到混沌詞族包括鴻洞（澒洞）、崆峒（空同）等。參見蘭佳麗《聯綿詞族叢考》，北京：學林出版社2012年版，第234頁。
② 李昉《太平御覽》卷三百七十一《人事部·腹》引，北京：中華書局1960年版，第1710頁下。
③ 何寧《淮南子集釋》，第503頁。
④ 何寧《淮南子集釋》，第55—56頁。高誘注"鴻洞"："鴻，大也。洞，通也。"拆字爲解，是錯誤的。《文子·道原》有類似的表達："有餘不足，任天下取與，稟受萬物，而無所先後，無私無公，與天地洪同，是謂至德。"鴻洞寫作洪同。
⑤ 李善注《文選》卷三十四，北京：中華書局1977年版，第482頁上。
⑥ 范曄《後漢書》引，北京：中華書局1965年版，第1964、1966頁。
⑦ 李善注《文選》，第245頁上。
⑧ 何寧《淮南子集釋》，第1439—1440頁。
⑨ 陳立《白虎通疏證》，北京：中華書局1994年版，第421頁。
⑩ 《文選》卷九《東征賦》"諒不登樔而椓蠡兮"注引，見李善注《文選》，第144頁下。

之人混沌蒙昧。《莊子》虛構中央之帝名渾沌氏,日鑿一竅,七日而死①,正可見渾沌表示的渾然不分之意。和渾沌相近的詞還有渾淪。《列子·天瑞》云:"太易者,未見氣也;太初者,氣之始也;太始者,形之始也;太素者,質之始也。氣、形、質具而未相離,故曰**渾淪**。渾淪者,言萬物相渾淪而未相離也。"張湛注:"雖渾然一氣不相離散,而三才之道實潛兆乎其中。"②對天地宇宙之始的想象和描述,即是一氣不分的混沌之狀。

魏晋是玄學大盛的時期,帶有濃厚道家色彩的空洞/空同一詞,也成爲玄學家喜歡使用的字眼,並增衍出豐富的意義。王弼在其著名的《老子》注中就用了這個詞。《老子》第五章云:"天地之間,其猶橐籥乎? 虛而不屈,動而愈出。"王弼注云:"橐,排橐也。籥,樂籥也。橐籥之中**空洞**,無情無爲,故虛而不得窮屈,動而不可竭盡也。天地之中,蕩然任自然,故不可得而窮,猶若橐籥也。"③籥之所指前人爭論很多,王弼説是樂籥,一種似笛的管樂器,他説"橐籥之中空洞",有點類似王褒説簫"風鴻洞而不絶"。王弼的意思是,橐籥之中渾然一氣,即是一種"無情無爲"的狀態,正如天地之寥廓,不可窮盡。王弼的這個解釋,既是對《老子》"無之以爲用"思想的發揮,也反映了他的貴無論的哲學思想。王弼在談論有關道與天地的話題時,除了使用"無",還使用"虛"、"空"等概念,如他注《老子》第一章"故常無欲以觀其妙"説,"故常無欲空虛,可以觀其始物之妙"④,注第十六章"天乃道"曰,"與天合德,體道大通,則乃至於窮極虛無也"⑤。大約由於空洞的構詞中有"空"字的存在,加之王弼等人基於貴無論的對天地大道的闡釋,原本表達渾淪不分、混沌一氣意思的空同一詞,此時也具有了空虛、虛無之義。

東晋佛教界的清談大師支遁,很喜歡使用空洞/空同一詞。《詠禪思道人》云:"曾筌攀六净,**空洞**浪七住。"⑥説禪思道人以空寂渾然之體,隨意處

---

① 《莊子·應帝王》,見郭慶藩《莊子集釋》,第309頁。
② 楊伯峻《列子集釋》,北京:中華書局2013年版,第6—7頁。張湛注説"淪,語之助也",是不正確的。
③ 王弼注、樓宇烈校釋《老子道德經注校釋》,第14頁。
④ 王弼注、樓宇烈校釋《老子道德經注校釋》,第1頁。
⑤ 王弼注、樓宇烈校釋《老子道德經注校釋》,第36頁。
⑥ 張富春《支遁集校注》,成都:巴蜀書社2014年版,第172頁。張富春説:"空洞,當作空同,意爲虛無渾茫。"這是正確的。見該書第188頁。

世而達七住地（證佛）的境界。《四月八日讚佛詩》：" 慧澤融無外，**空同**忘化情。"①説佛祖之智慧與福澤溥及四方，但佛本是無心而與任化的。《座右銘》："**空同**五陰，豁虚四支。"②説應空虚其身心。《閒首菩薩讚》："何以絶塵迹，忘一歸**本無**。**空同**何所貴，所貴乃恬愉。"③説閒首菩薩忘卻齊一萬物，而歸於本無，此即空同之状。空同一詞兼有混然與空無雙重意義。支遁現存最重要的佛學（玄學）闡釋之作《大小品對比要抄序》云："夫般若波羅蜜者，衆妙之淵府，群智之玄宗，神王之所由，如來之照功。其爲經也，**至無空豁，廓然無物**者也。無物於物，故能齊於物；無智於智，故能運於智。是故夷三脱於重玄，**齊萬物於空同**，明諸佛之始有，盡群靈之本無，登十住之妙階，趣無生之徑路。何者？**賴其至無，故能爲用**。"④這一段寫佛法妙道。至無是真正的空無，原本是玄學概念，如王弼所説，"天地雖大，富有萬物，雷動風行，運化萬變：**寂然至无**，是其本矣"⑤。支遁的"至無空豁，廓然無物"可以轉譯爲"至無虚空，寂然無物"，只是支遁的至無又有佛家的"真空"之意。"齊萬物於空同"是説能與萬物齊同，而入空同之境，萬物一體，皆是虚空。這句話也即"忘一歸**本無**，**空同**何所貴"的意思。從哲學上説，支遁所持爲般若性空論、即色義的思想，受到玄學的影響很深⑥，故而屢用具有道家和玄學色彩的空同（空洞）一詞。值得一提的是，支遁與周顗大約是同時代的人，而且以"才藻新奇""才藻奇拔"聞名⑦，從他對空洞、空同的多次使用來看，可知周顗的"空洞"絶不是一個普通的詞語，而是帶有玄學

---

① 張富春《支遁集校注》，第 191 頁。此處之"化"應爲《莊子》的概念，"忘化情"是説聖人忘記化與不化。郭象注《莊子·知北遊》"安化安不化"云："化與不化，皆任彼耳，斯無心也。"成玄英疏："安，任也。夫聖人無心，隨物流轉，故化與不化，斯安任之，既無分别，曾不概意也。"見郭慶藩《莊子集釋》，第 766 頁。

② 張富春《支遁集校注》，第 299 頁。

③ 張富春《支遁集校注》，第 457 頁。"忘一"大概來自郭象"夫一之者，未若不一而自齊，斯又忘其一也"，而"一"就是《莊子·齊物論》的"恢恑憰怪，道通爲一"，"天地與我並生，而萬物與我爲一"。見郭慶藩《莊子集釋》第 80、70、79 頁。忘一就是忘記萬物。

④ 張富春《支遁集校注》，第 491 頁。"無物於物"就是王弼説的"聖人之情，應物而無累於物"，見陳壽《三國志》卷二十八《鍾會傳附王弼傳》注引何劭《王弼傳》，陳壽《三國志》，北京：中華書局 1959 年版，第 795 頁。

⑤ 王弼注，孔穎達《周易正義》，北京：北京大學出版社 2000 年版，第 132 頁。

⑥ 參見方立天《支遁的佛教思想》，收入其《魏晉南北朝佛教論叢》，北京：中華書局 1982 年版；彭自强《佛教與儒道的衝突與融合——以漢魏兩晉時期爲中心》，成都：巴蜀書社 2000 年版，第 112—129 頁。

⑦ 均見《世説新語·文學》，余嘉錫《世説新語箋疏》，第 223、237 頁。

意義的特別詞藻。

東晉另一位融合佛玄的高僧、號稱"解空第一"的僧肇,也常使用空洞一詞。其《答劉遺民書》云:"聖人**空洞其懷**,無識無知,然居動用之域,而止無爲之境,處有名之內,而宅絕言之鄉,**寂寥虛曠**,莫可以形名得。"[1]空洞其懷,就是空虛其胸懷,僧肇《注維摩詰經》中就說:"若能**空虛其懷**,冥心真境,妙存環中,有無一觀者,雖復智周萬物,未始爲有,幽鑑無照,未始爲無。故能齊天地爲一旨而不乖其實,鏡群有以玄通而物我俱一。"[2]兩處合起來看是說,聖人(佛祖)空洞其懷,無識無知,非無非有,其狀寂寥虛曠,無形無名,卻又能齊天地,鏡群有。在這裏,空虛其懷和空洞其懷幾乎等同,說明空洞一詞的部分意義正向空虛一詞靠近。唐僧元康注《答劉遺民書》(寫作《答劉隱士書》)的"空洞"便說:"《字林》云:洞字動音,疾流貌也。今謂洞徹。空虛懷抱,不分別也。"[3]《字林》是晉人呂忱的字書,洞字原意爲水急流,《說文解字·水部》:"洞,疾流也。"魏晉以後漸有貫穿、中空以及洞穴之意。"今謂洞徹"應是元康語,說洞字現在的意思是洞徹、貫通。元康拆開空洞來解字是不對的,但將空洞其懷解釋爲空虛懷抱,在僧肇的時代和語境裏則是不錯的,而"不分別"一語,表明此時的空洞一詞仍有早期的混沌不明的意思。僧肇《肇論·涅槃無名論·通古》云:"夫至人**空洞**無象,而萬物無非我造。會萬物以成已者,其唯聖人乎?"[4]和前面的兩段表述相近,前面說聖人"莫可以形名得",即無形無名,此處說至人無象。無形得到至人聖人是指佛,佛是空虛其懷、空洞無象的。元康於此注云:"《字林》云:洞音動,疾流也。比來學者,皆作同音。**空故無象**,故以萬物爲己體也。"[5]指出空洞在學者中都讀作空同。僧肇寫佛之空洞無象,近於老莊說大道之空同無形,窈冥無象(見後)。

本文無意考察支遁、僧肇等人的玄學和佛學思想,只是通過他們的用例可以看到,空洞一詞在東晉時一方面仍具原有的混沌不分的意思,同時也具有了空無、空寂之意。可以這樣理解,魏晉玄學貴無論和佛教般若性空學說在對早期道家思想利用發展之時,將原來形容大道或天地混沌之狀

---

[1] 僧肇《肇論》,《大正藏》,第45冊第157頁上。
[2] 僧肇《注維摩詰經》卷五,《大正藏》,第38冊第372頁下。
[3] 元康《肇論疏》卷中,《大正藏》,第45冊第189頁中。
[4] 僧肇《肇論》,《大正藏》,第45冊第161頁上。
[5] 元康《肇論疏》卷下,《大正藏》,第45冊第199頁中。

的空同（空洞）一詞，賦予了更強的虛無、空寂之意。僧肇"**空洞無象**"的表達則似乎表明，儘管空洞一詞在此時可以簡單理解爲空無，但在早期道家那裏的表示混沌不分、無形無象的意義仍未脱落。總之，原本是一個普通的上古漢語聯綿詞的空同/空洞，在魏晉時期具有了豐富而微妙的玄學意義，它不僅是一個描述大道、天地的帶有本體論和宇宙生成論色彩的術語①，也成爲對人（修道者）的一種要求和標準，如"空同五陰""空洞其懷"等，而這則與當時的人才論和政治哲學相適應。

二、"無物"和"容"的思想

再説玄學中的"無物"。《老子》中已出現"無物"，第十四章云："視之不見名曰夷，聽之不聞名曰希，搏之不得名曰微。此三者不可致詰，故混而爲一。其上不皦，其下不昧，繩繩不可名，復歸於**無物**。是謂**無狀之狀**，**無物之象**，是謂惚恍。"這一段描寫的是道，不可見，不可聞，繩繩（冥冥）而不可名。王弼注云："**無狀無象，無聲無響**，故能無所不通，無所不往。"②《莊子·至樂》云："芒乎芴乎，而無從出乎！芴乎芒乎，而**無有象**乎！"成玄英疏云："夫二儀造化，生物無心，恍惚芒昧，參差難測；尋其從出，**莫知所由**；視

---

① 魏晉以後道教漸興，空同/空洞一詞自然地進入道教話語系統之中。六朝道經《三天内解經》卷上説，"幽冥之中，生乎空洞。空洞之中，生乎太無，太無變化玄氣、元氣、始氣，三氣混沌相因，而化生玄妙玉女"，復生老子。這裏的空洞是大道孕化出老子中間的一個狀態。在詩人筆下空洞則多指大道或天上的神仙世界。如唐代道士吴筠《遊仙詩二十四首》其十六云："體混希微廣，神凝**空洞深**。"其二十四云："**空洞**凝真精，乃爲虛中實。"《真誥》抄録東晉楊羲所記仙真詩文，其中也多見**空洞**，如"雲輿浮空洞，儵忽風波間"，"憩靈空洞，存心淡泊"，"上可以策軒空洞，下可以反華燮黑矣"（陶弘景《真誥》，北京：中華書局 2011 年版，第 36、124、132 頁）。又見**空同**，如"君絳宮中〔渠〕〔詎〕能仰飛空同上、上雲玄之涯不"，"仰浮紫晨外，俯看絶落冥。玄心空同間，上下弗流停"，"擲輪空同津，總響儻緑軿"，"卓雲虛之駿，抗翩於空同之上"（《真誥》，第 40、47、54、65 頁），這些詩中的空洞或空同都指代天上。又按，薛愛華曾經注意到《酉陽雜俎》中的"空洞之小天"，提到空同與空洞的異寫，並懷疑該詞與昆侖也有關係，這是正確的，但他解釋空洞是大洞穴（vast subterranean caves）就望文生義了。見 Edward H. Schafer, *Pacing the Void: T'ang Approaches to the Stars*, Berkeley and Los Angeles: University of California Press, 1977, pp. 251 – 252.
② 王弼注、樓宇烈校釋《老子道德經注校釋》，第 31 頁。僧肇的"至人空洞無象，而萬物無非我造"與此句之意相通。

其形容,**竟無象貌**。"①説大道恍惚芒昧,不知其來由,無具體之形象。無象無物(没有具體之物)便是道之屬性。《老子》第二十一章又云:"孔德之容,惟道是從。道之爲物,惟恍惟惚。惚兮恍兮,其中**有象**。恍兮惚兮,其中**有物**。"王弼注:"孔,空也。惟**以空爲德**,然後乃能動作從道。"②同樣是描寫道,同樣是恍惚之狀,前面説無物,這裏説有物,《莊子》説無象,這裏説有象,這是爲什麽呢？原來,這裏的象乃是"無物之象",所説的物也是無形無象、無聲無響之物,樓宇烈注釋説:"此處所講'有物'、'有象'均爲'恍惚'之物象,亦即所謂'無狀之狀,無象之象'。"道是一種冥寂混茫、無形無象的狀態。《老子》關於"無"的論述又見第四十章:"天下萬物生於有,有生於無。"王弼注:"天下之物,皆以有爲生,有之所始,**以無爲本**,將欲全有,必反於無也。"③這可以説是王弼本無論的出發點。《老子》書裏關於有、無和道的表述,影響到魏晋玄學中何晏、王弼的貴無思想,以及般若學中道安的本無思想和支遁的性空思想。在當時玄學家和佛學家的話語裏,空和無是最時尚的話題和名詞,如王弼的"凡有皆始於無"④,道安的"無在萬化之前,空爲衆形之始"⑤,支遁的"至無空豁,廓然無物"(見前),鳩摩羅什譯《大智度論》的"諸法畢竟空,不生不滅,如虚空無物"⑥。而這就是周顗"空洞無物"的話語背景。

《周易・繫辭上》云:"易無思也,無爲也,**寂然不動,感而遂通天下之故**,非天下之至神,其孰能與於此？夫易,聖人之所以極深而研幾也。唯深也,故能通天下之志;唯幾也,故能成天下之務;唯神也,故不疾而速,不行而至。"⑦這一思想與"無"的玄學相結合,在魏晋時衍生出至人虚無空寂而能感通應化的思想。如向秀説:"至人一也,然**應世變**而**時動**。"⑧王弼説:"無狀無象,無聲無響,故能無所不通,無所不往。"(見前)支遁將這種思想表達得更清晰,《大小品對比要鈔序》云:"夫至人也,覽通群妙,凝神玄冥,**靈虚響應**,感通無方。建同德以接化,設玄教以悟神,述往跡以搜滯,演成

---

① 郭慶藩《莊子集釋》,第613頁。
② 王弼注、樓宇烈校釋《老子道德經注校釋》,第52頁。
③ 王弼注、樓宇烈校釋《老子道德經注校釋》,第110頁。
④ 王弼注、樓宇烈校釋《老子道德經注校釋》,第1頁。
⑤ 參見彭自强《佛教與儒道的衝突與融合——以漢魏兩晋時期爲中心》,第97頁。
⑥ 鳩摩羅什譯《大智度論》卷四十七《釋摩訶衍品》,《大正藏》第25册第402頁中。
⑦ 《周易正義》,第334頁。
⑧ 《列子・黄帝》注引,見楊伯峻《列子集釋》,第79頁。

規以啓源。……以之不動,故**應變無窮**。""**萬物感聖,聖亦寂以應之**。"①至人以其靈虛空寂,便可以感通萬物,應變無窮。同時期的僧人支愍度,也講"種智之體,豁如太虛,**虛而能知,無而能應**"②,種智指佛之智慧,其形體虛空(無實體),卻能感知世界,應化萬物。這些表達背後的哲學思想雖然不完全一樣,在佛學上支愍度爲"心無義",支遁爲"即色義"③,但都像是加上了精緻包裝和佛教點綴的玄學。這種虛無而能感應的思想,正是周顗"容卿輩數百人"的觀念前提和思想背景。

"容卿輩數百人"的核心字眼是"容",即包容、容受之意。老莊本來就講"容",《莊子·天道》云:"夫道,於大不終,於小不遺,故萬物備,廣廣乎其**無所不容**也,淵乎其不可測也。"④道於大小萬物,無所不容。老莊還講過"寬容"(該詞的最早出處),見《莊子·天下》裏引老聃的話,"常寬容於物,不削於人"⑤,是説寬容待物,不侵削他人。道家之容也見於《管子·形勢解》:"天之裁大,故能兼覆萬物。地之裁大,故能兼載萬物。人主之裁大,故**容物**多而衆人得比焉。"⑥"容"還有其他先秦思想的來源。如《易經·咸卦》的"君子以虛受人"⑦,《論語》的"君子尊賢而容衆"⑧,《荀子·非相》云:"君子之度己則以繩,接人則用抴。度己以繩,故足以爲天下法則矣;**接人用抴,故能寬容**,因求(衆多)以成天下之大事矣。故**君子賢而能容罷,知而能容愚,博而能容淺,粹而能容雜**,夫是之謂兼術。"⑨此外《尚書》裏多次講到寬,如"敬敷五教,在寬","臨下以簡,御衆以寬","克寬克仁","撫民以寬","寬綽厥心"等⑩,《論語》有"居上不寬……吾

---

① 張富春《支遁集校注》,第513—514頁,第538頁。成玄英注《莊子·天道》"極物之真,能守其本"也有類似表達:"夫聖人**靈鑒洞徹**,窮理盡性,斯極物之真者也,而**應感無方**,動不傷寂,能守其本。"見郭慶藩《莊子集釋》,第488頁。
② 《世説新語·假譎》注引,見余嘉錫《世説新語箋疏》,第859頁。
③ 參見彭自强《佛教與儒道的衝突與融合——以漢魏兩晋時期爲中心》,第106—112頁。
④ 郭慶藩《莊子集釋》,第486頁。
⑤ 郭慶藩《莊子集釋》,第1095頁。
⑥ 《管子》,上海:上海古籍出版社1989年版,第181頁下。
⑦ 《周易正義》,第164頁。正義云:"君子法此咸卦,下山上澤,故能空虛其懷,不自有實,受納於物,无所棄遺,以此感人。莫不皆應。"
⑧ 《論語·子張》,皇侃《論語義疏》,北京:中華書局2013年版,第497頁。
⑨ 王先謙《荀子集解》,北京:中華書局1988年版,第85—86頁。
⑩ 分別見《尚書》之《舜典》《大禹謨》《仲虺之誥》《微子之命》《無逸》,蔡沈注《尚書》,上海:上海古籍出版社,1987年,第8、12、44、85、107頁。

何以觀之哉"①的訓誡。至於儒家的重要概念"恕",人所熟知,不待多言。在上述思想和漢魏政治實踐的影響之下,魏晉政治中發展出一套包容和寬容的理論,"容"被視爲是君主或上位者的美德,也是一種良好的政治文化。陸機《辯亡論》説孫權"披懷虛己,以納謨士之算"②,干寶《晉紀·總論》説宣帝司馬懿"能寬綽以容納"③,《晉書·元帝紀》説元帝"沈敏有度量","性簡儉沖素,容納直言,虛己待物"④,皆以寬容之度量作爲帝王應有之美德。而對大臣乃至一般的士人,史籍中也常見類似的品評與讚許,如嵇康"寬簡有大量"⑤,諸葛融"性寬容"⑥,魏舒"以弘量寬簡爲稱"⑦等。

　　魏晉時期"容"的思想的流行,也和王弼等發揮《老子》"無之以爲用"的説法頗有關係。《老子》第十一章云:"三十輻共一轂,當其無,有車之用。埏埴以爲器,當其無,有器之用。鑿户牖以爲室,當其無,有室之用。故有之以爲利,無之以爲用。"王弼注:"轂所以能統三十輻者,無也,**以其無能受物之故,故能以寡統衆**也。""言無者,有之所以爲利,皆**賴無以爲用**也。"⑧因爲其空無,所以能容受物,能以寡統衆。河上公注"當其無有車之用"云:"無爲(謂)空虛。轂中空虛,輪得轉行,轝中空虛,人得載其上也。"因爲空虛,故能承載。注"無之以爲用"云:"**言虛空者乃可用盛受萬物**,故曰**虛無能制有形**。道者空也。"⑨空虛者即道,可容受萬物。王弼注《老子》第三十八章又云:"**以無爲用**,則莫不載也。"⑩以"無"用之於世,則可以承載萬物。反過來,如果是"有"就不能如此,"有形之極,未足以府萬物"⑪。對於《老

---

① 《論語·八佾》,何晏注:"爲君居上者,寬以得衆。"見《論語義疏》,第80頁。《漢書·五行志》由此又發揮出"上不寬大包容臣下,則不能居聖位"的思想,《晉書·五行志》復引《漢書》之説,見房玄齡等《晉書》,北京:中華書局1974年版,第884頁。
② 《文選》卷五十三《辯亡論》,第739頁下。
③ 《文選》卷四十九《晉紀總論》,李善注《文選》,第687頁下。
④ 《晉書》,第143、157頁。唐太宗爲《晉書》中宣帝、武帝作論,一曰"情深阻而莫測,性寬綽而能容。和光同塵,與時舒卷",一曰"仁以御物,寬而得衆,宏略大度,有帝王之量"。見房玄齡等《晉書》,第21、81頁。
⑤ 《三國志》卷二十一《王粲傳》引嵇喜《嵇康傳》,陳壽《三國志》,第605頁。此語亦見《晉書·嵇康傳》。
⑥ 《三國志》卷五十二《諸葛瑾傳附諸葛融》引《吳書》,陳壽《三國志》,第1236頁。
⑦ 《晉書》卷四十五《任愷傳》,房玄齡等《晉書》,第1287頁。
⑧ 王弼注、樓宇烈校釋《老子道德經注校釋》,第26—27頁。
⑨ 王卡點校《老子道德經河上公章句》,北京:中華書局,1997年,第42頁。
⑩ 王弼注、樓宇烈校釋《老子道德經注校釋》,第93頁。
⑪ 王弼《老子指略》,見王弼注、樓宇烈校釋《老子道德經注校釋》,第196頁。

子》這一思想，宋人范應元說得更明白："**器中虛通，則能容受**，室中虛通，則能居處。當其無處，乃有器與室之用也。"①成玄英注《莊子》也說過："同於太初，心乃虛豁，**心既虛空，故能包容廣大**。"②又云："聖人**無心**，與至樂同體，立志弘敞，接物無偏，**包容萬有**，與虛空而合德。"③成玄英這些話準確反映了魏晉玄學中的虛空而能包容思想。

《老子》中另一處"容"的重要表達見第十六章："夫物芸芸，各復歸其根。歸根曰靜，是謂復命；復命曰常，知常曰明。不知常，妄作，凶。**知常容，容乃公**，公乃王，王乃天，天乃道，道乃久。"按照王弼的解釋，物之歸根復命，就是萬物各返其所始，得性命之常，"常之爲物，不偏不彰，無皦昧之狀"④。不皦不昧本是《老子》描述"道"的話（見前），王弼用來描述"常"，可見"常"就是常道。《韓非子·解老》云："夫物之一存一亡，乍死乍生，初盛而後衰者，不可謂常。唯夫**與天地之剖判也俱生，至天地之消散也不死不衰者謂常**。……聖人觀其玄虛，用其周行，強字之曰道，然而可論。故曰：'道之可道，非常道也。'"⑤明確指出"常"就是道。若能復此並知此常道，便如王弼注所說，能"**包通萬物，無所不容**"，"**無所不包通也**"⑥。河上公也從容受的角度闡發"知常容容乃公"："能知道之所常行，〔則〕去情忘欲，**無所不包容也**。""無所不包容，則公正無私，衆邪莫當"⑦。《老子》和玄學中的"無"，與"容"的思想相結合，發展出一種虛空容受萬物的理論，運用和延伸於人才論和政治哲學上，便會認爲聖人或至人應空虛其懷，容納萬物。實際上，"虛懷"也是魏晉時出現的一個新詞。鄒湛（潤甫）《爲諸葛穆答晉王命》："雖曰博納，虛懷下開。"⑧說晉王司馬昭能虛懷廣納。《晉書》載東晉孝武帝徵召隱士戴逵等，有詔曰："譙國戴逵，武陵龔玄之，並高尚其

---

① 范應元《老子道德經古本集注》，北京：中國國家圖書館出版社 2017 年版，第 43—44 頁。
② 成玄英注《莊子·天地》"同乃虛，虛乃大"，見郭慶藩《莊子集釋》，第 426 頁。
③ 成玄英注《莊子·天運》"立於四虛之道"，見郭慶藩《莊子集釋》，第 506 頁。
④ 王弼注、樓宇烈校釋《老子道德經注校釋》，第 35—36 頁。
⑤ 王先慎《韓非子集解》，北京：中華書局 1998 年版，第 148—149 頁。
⑥ 王弼注、樓宇烈校釋《老子道德經注校釋》，第 35 頁。
⑦ 王卡點校《老子道德經河上公章句》，第 63 頁。"〔則〕去情忘欲"，范應元《老子道德經古本集注》引作"則能去情欲"。范應元注此句與河上公相近，云："知長久自然之道，則虛通而無不包容也。無不包容，乃無私也。"見范應元《老子道德經古本集注》，第 66 頁。
⑧ 《文選》卷五十九沈約《齊故安陸昭王碑文》"虛懷博約（納）"句注引，李善注《文選》，第 823 頁上。

操,依仁游藝,潔己貞鮮,學弘儒業,朕**虛懷**久矣。"①又記慕容廆"刑政修明,虛懷引納,流亡士庶多襁負歸之"②,河間王司馬顒見繆播、繆胤來游説,"**虛懷從之**"③,都是王侯之事。虛懷也適用於高位之人,如西晉王渾破吳之後,轉征東大將軍,鎮壽陽,"撫循羈旅,**虛懷**綏納,座無空席,門不停賓"④。帝王和高位者應有"虛懷"的品性⑤,正如他們需要"容"的美德一樣。僧肇"聖人**空洞其懷**""**空虛其懷**"的説法(見前),便與這種政治哲學相通。

《論語·先進》云:"回也其庶乎!屢空。賜不受命,而貨殖焉,億則屢中。"顏回"屢空"這個有名的典故,在魏晉玄學裏也被作了虛懷的解釋。何晏注:"屢猶每也,**空猶虛中也**,以聖人之善道,教數子之庶幾,猶不至於知道者,各内有此害。其於庶幾每能**虛中**者,唯回懷道深遠。不**虛心**,不能知道。子貢雖無數子之病,然亦不知道者,雖不窮理而幸中,雖非天命而偶富,亦所以不虛心也。"⑥意思是説,聖人(孔子)教育學生中的賢才,能"虛中"者是顏回。何晏在此又抛出一個命題,"不虛心,不能知道",子貢就是不知道、不虛心之人,他致富只是偶然而已。《論語義疏》引用某家之説(稱"又一通云"),發揮更加明白:"**空猶虛也,言聖人體寂,而心恒虛無累,故幾動即見**。而賢人不能**體無**,故不見幾,但庶幾慕聖,而心或時而虛,故曰屢空,其虛非一,故屢名生焉。"⑦意思是聖人體寂,而心常空虛,無有所累,所以能察見一幾之動,而賢人如顏回,也不能體無,故不能見幾(只是"慕於幾"),但因追慕聖人,其心有時可達虛空之境,因不止一次,故稱爲屢(次)。這應該是魏晉時某位學者寫的,其表達和至人虛無空寂而能感通應化的思想相通。"聖人體寂""幾動即見"的説法,和《易》"感而遂通天下"、聖人"極深而研幾"(見前)的思想也有淵源。可以説,虛空而能容受的思想和虛

---

① 《晉書》卷九十四《龔玄之》,房玄齡等《晉書》,第2459頁。
② 《晉書》卷一百八《慕容廆載記》,房玄齡等《晉書》,第2806頁。
③ 《晉書》卷六十《繆播傳》,房玄齡等《晉書》,第1636頁。
④ 《晉書》卷四十二《王渾傳》,房玄齡等《晉書》,第1202頁。
⑤ 一般來説,虛懷應是上對下或對衆而言,普通人之間談不上虛懷,但也許是因爲此語頗符合魏晉思想和風尚,當時文獻中普通人或朋輩之間也會應用此詞。如《語林》記殷浩於佛經有所不解,派人迎接支遁(支道林),"林乃虛懷欲往"(《世説新語·文學》引,余嘉錫《世説新語箋疏》,第229頁),《世説新語·簡傲》記桓温爲徐州刺史,謝奕爲晉陵太守,"先粗經虛懷"(余嘉錫《世説新語箋疏》,第771頁)。細味其意,這裏的虛懷似指交往、結交的意思。
⑥ 何晏注、邢昺疏《論語注疏》,北京:北京大學出版社2000年版,第167頁。又見《論語義疏》,第281頁。
⑦ 余嘉錫《論語義疏》,第279頁。

無而能感應的思想，最終混合而爲一體，"無"不僅能"容"，還能"有"，也就是能感應而成就萬物。

上面這種思想，王弼在《老子》第三十八章注表達更爲明確：

> 是以天地雖廣，**以無爲心**。**聖王雖大，以虛爲主**。……故滅其私而**無其身**，則**四海莫不瞻，遠近莫不至**。殊其己而有其心，則一體不能自全，肌骨不能相容，是以**上德之人，唯道是用**，不德其德，無執無用，**故能有德而無不爲，不求而得，不爲而成**，故雖有德而無德名也。……**以無爲用**，則得其母，故能**己不勞焉而物無不理**。①

聖王只有虛其心，以無爲用，纔能不求而得，不爲而成。王弼注《老子》第二十三章又說："道以無形無爲**成濟萬物**，故從事於道者，以無爲爲君（居），不言爲教。"②不只是道能成濟萬物（也就是《老子》三十七章的"道常無爲而無不爲"③），"從事於道"的聖人也能如此，如《老子》第二章所説，"**聖人處無爲之事，行不言之教**。萬物作焉而不辭。生而不有，爲而不恃，功成而弗居"④，第四十八章説，"爲學日益，爲道日損，損之又損，以至於無爲。無爲而無不爲"⑤。這一套政治思想，就是《晉書·王衍傳》總括何晏、王弼等人的立論："天地萬物皆**以無爲本**。**無也者，開物成務，無往不存者也**。陰陽恃以化生，萬物恃以成形，賢者恃以成德，不肖恃以免身。故無之爲用，無爵而貴矣。"⑥"開物成務"出自《周易·繫辭上》："夫易，開物成務，冒天下之道，如斯而已者也。"⑦是説易之道能開通萬物，成就衆務，可以覆蓋天下。

---

① 王弼注、樓宇烈校釋《老子道德經注校釋》，第 93、94 頁。"得其母"就是得其道的意思，王弼注《老子》第一章"無名天地之始，有名萬物之母"云："凡有皆始於無，故未形無名之時，則爲萬物之始，及其有形有名之時，則長之、育之、亭之、毒之，爲其母也。言道以無形無名始成萬物。"見王弼注、樓宇烈校釋《老子道德經注校釋》，第 1 頁。
② 王弼注、樓宇烈校釋《老子道德經注校釋》，第 59 頁。
③ 王弼注、樓宇烈校釋《老子道德經注校釋》，第 90 頁。
④ 范應元注："處无爲之事者，體道也。**道常无爲而无不爲，聖人則虛心而應物**也。行不言之教者，配天也，天何言哉，四時行焉，百物生焉，聖人則循理而利物，无有不當。斯不言之教也。""蓋寂然不動，感而遂通者，道也。聖人體道而立物，感而後應，故不爲始也。"見范應元《老子道德經古本集注》，第 15—16 頁。
⑤ 王弼注、樓宇烈校釋《老子道德經注校釋》，第 127 頁。
⑥ 《晉書》卷四十三《王衍傳》，房玄齡等《晉書》，第 1236 頁。
⑦ 王弼注："冒，覆也。言易通萬物之志，成天下之務，其道可以覆冒天下也。"見《周易正義》，第 337 頁。

道安也表達過類似的意思:"**無爲**故無形而不因,**無欲**故無事而不適。無形而不因,故能**開物**;無事而不適,故能**成務**。成務者,即萬有而自彼;開物者,使天下兼忘我也。"①這是東晉佛學家的玄學表達。

總之,"無"不只能包容,能感應,還有開物成務之效。這樣一來,不僅君主被要求無爲無慾和虛懷包容,名士們也爲自己不問俗事和庶務找到了理論依據。此即《晉書·裴頠傳》所云:"何晏、阮籍素有高名於世,**口談浮虛,不遵禮法,尸禄耽寵,仕不事事**;至王衍之徒,聲譽太盛,位高勢重,**不以物務自嬰**,遂相放效,風教陵遲。"②口談虛無,不問政事,不理俗務,成爲名士們普遍的做派。裴頠著《崇有論》,從理論和實踐兩方面對玄學之貴無論做了批判。他批評那些講談之徒,"闡貴無之議,而建賤有之論","盛稱空無之美","遂薄綜世之務,賤功烈之用",表現於具體的言行之中,便是"**立言藉於虛無**,謂之玄妙;處官不親所司,謂之雅遠;奉身散其廉操,謂之曠達",言談虛無玄妙,爲官不問所治之事,立身不廉而無操,竟成爲他們的處世行爲。像劉惔那樣"居官無官官之事,處事無事事之心"③,並不是個别的人。陳頵在給王導的信中談到晉室傾覆的原因,除"取才失所"外,"加有莊老之俗傾惑朝廷,養望者爲弘雅,政事者爲俗人"④,在名士們心目中,操持政事便是俗人。裴頠和陳頵所批評的人,可以包括周顗在内,他本就是一位清談名士,"空洞無物"正是當時玄談的一個例子。

三、周顗的清談

王導和周顗二人在西晉時已是清談場上的名士,渡江後又成爲東晉初建時的股肱大臣。不過與周顗任誕縱飲不同的是,王導積極地在新地方建立秩序和政權,輔翼元帝,中興晉室。著名的新亭對泣,就發生在二人之間,當周顗感歎"風景不殊,正自有山河之異",衆人相對哭泣的時候,王導發出了"當共戮力王室,克復神州"的勉勵之語⑤,可見其意在有所作爲,不

---

① 僧祐《出三藏記集》卷六《安般注序》,北京:中華書局1995年版,第245頁。
② 《晉書》卷三十五《裴頠傳》,房玄齡等《晉書》,第1044頁。
③ 《晉書》卷七十五《劉惔傳》,房玄齡等《晉書》,第1992頁。
④ 《晉書》卷七十一《陳頵傳》,房玄齡等《晉書》,第1893頁。
⑤ 《世說新語·言語》,余嘉錫《世說新語箋疏》,第92頁。

能像過去那樣沉溺於浮虛之談。王導的堂侄王羲之曾對謝安説，"虛談廢務，浮文妨要，恐非當今所宜"①，這恐怕也是王導的想法。相對來説，周顗的清談習氣更重，從《世説新語》所載另外三事即可見其一斑：

  顧和始爲楊州從事。月旦當朝，未入頃，停車州門外。周侯詣丞相，歷和車邊。和覓蝨，夷然不動。周既過，反還，指顧心曰："此中何所有？"顧搏蝨如故，徐應曰："此中最是難測地。"周侯既入，語丞相曰："卿州吏中有一令僕才。"（《雅量》）②
  王公與朝士共飲酒，舉琉璃盌謂伯仁曰："此盌腹殊空，謂之寶器，何邪？"答曰："此盌英英，誠爲清徹，所以爲寶耳！"（《排調》）③
  庾公造周伯仁。伯仁曰："君何所欣説而忽肥？"庾曰："君復何所憂慘而忽瘦？"伯仁曰："吾無所憂，直是清虛日來，滓穢日去耳。"（《言語》）④

  在第一則故事中，周顗問顧和"此中何所有"，顧回答"此中最是難測地"，深具意味，謝肇淛便稱"顧語玄著"⑤。"心"自孟子、荀子以來就是一個重要的概念，在魏晉玄學中也時有所見，如嵇康説"無爲自得，體妙心玄"⑥，河上公説"心居玄冥之處，覽知萬事，故謂之玄覽也"⑦。而顧和之説也有其來源，《禮記‧禮運》："人藏其心，不可測度也。"《吕氏春秋‧恃君覽‧觀表》云："人之心隱匿難見，淵深難測，故聖人於事〔觀〕志焉。"⑧王導曾評價其從事顧和"珪璋特達，機警有鋒"⑨，如周、顧之問答，也可謂是"機警有鋒"了。
  第二則故事與"空洞無物"的問答有近似之處，也發生在王導與周顗之間。劉峻於王導語後注"以戲周之無能"，意其嘲諷周顗如空碗一般，腹中

---

① 《世説新語‧言語》，余嘉錫《世説新語箋疏》，第 129 頁。
② 余嘉錫《世説新語箋疏》，第 364 頁。
③ 余嘉錫《世説新語箋疏》，第 795 頁。
④ 余嘉錫《世説新語箋疏》，第 92 頁。此本"何所欣説"脱一"所"字。
⑤ 轉引自周興陸《世説新語彙校彙注彙評》，南京：鳳凰出版社 2017 年版，第 1354 頁。
⑥ 嵇康《養生論》，見戴明揚《嵇康集校注》，北京：中華書局 2014 年版，第 255 頁。
⑦ 《老子》第十章注，王卡點校《老子道德經河上公章句》，第 35 頁。
⑧ 陳奇猷《吕氏春秋校釋》，上海：學林出版社 1984 年版，第 1413 頁。
⑨ 《世説新語‧言語》，余嘉錫《世説新語箋疏》，第 129 頁。

無識無能（周顗的弟弟周嵩就曾評價他"名重而識闇"①），於天下之事皆昏然不知。但周顗的回答卻振振有詞，說此盌鮮明美麗（英英），清澈透明，所以是寶物。爲什麽這樣的琉璃盌就是寶物呢②？除了它很可能是一種來自遥遠西方的珍罕的之物外，周顗還暗中以它來比擬自然和人（自己）。此前潘尼曾有《琉璃盌賦》，其中云："纂元儀以取象，准三辰以定容。光映日曜，圓成月盈。纖瑕罔麗，飛塵靡停。灼爥旁燭，表裏相形。凝霜不足方其潔，澄水不能喻其清。剛過金石，勁勵瓊玉。磨之不磷，涅之不濁。"③就已經按照賦的寫作傳統進行各種角度的比擬了。而"英英"和"清澈"在魏晉時便常用來形容人的英俊秀傑和清静澄澈。如潘岳《夏侯常侍誄》寫夏侯湛，"英英夫子，灼灼其儁"④，虞預《晉書》記温嶠"少摽俊清澈，英穎顯名"⑤，裴徽説何晏"神明清澈"⑥。周顗説琉璃盌之英英和清澈，實有自比的意思。東晉袁宏贊荀彧："英英文若，靈鑒洞照。應變知微，探賾賞要。"⑦支遁贊于道邃："英英上人，識通理清。朗質玉瑩，德音蘭馨。"⑧"靈鑒洞照"和"朗質玉瑩"也符合琉璃盌的性質，周顗應該會喜歡這樣的句子⑨。

　　第三則故事發生在周顗和庾亮之間，兩位名士上演了一次當時常見的玄談交鋒。周顗挑釁似地問："君何所欣説而忽肥？"庾亮機智地反問："君復何所憂慘而忽瘦？"這一問一答，可能用了《韓非子》裏的一個故事。《韓非子·喻老》云："子夏見曾子，曾子曰：'何肥也？'對曰：'戰勝，故肥也。'曾子曰：'何謂也？'子夏曰：'吾入見先王之義則榮之，出見富貴之樂又榮

---

① 《世説新語·識鑒》，余嘉錫《世説新語箋疏》，第 397 頁。劉强評《世説新語》"空洞無物"條説，"腹中空遥承前言琉璃盌空，伯仁或有空疏無能之目耶？"所疑正是。見劉强《世説新語新評》，桂林：廣西師範大學出版社 2022 年版，第 387 頁。
② 鳩摩羅什譯《大智度論》，寫到摩尼寶珠時也説，"此寶珠名如意，無有定色，清澈輕妙，四天下物，皆悉照現"（卷五十九，《大正藏》第 25 册第 478 頁上）。可見清澈被認爲是寶物的一種重要屬性。
③ 歐陽詢《藝文類聚》卷八十四《寶玉·琉璃》引，上海：上海古籍出版社 1982 年版，第 1442 頁。
④ 《文選》卷五十七《夏侯常侍誄》，李善注《文選》，第 784 頁上。
⑤ 《世説新語·言語》注引，余嘉錫《世説新語箋疏》，第 97 頁。
⑥ 《世説新語·規箴》注引《管輅别傳》，余嘉錫《世説新語箋疏》，第 553 頁。
⑦ 《文選》卷四十七《三國名臣序贊》，李善注《文選》，第 672 頁上。
⑧ 支遁《于道邃像贊》，張富春《支遁集校注》，第 587 頁。
⑨ 順便指出，王導問"此盌腹殊空"，和他指周顗腹而問"此中何所有"，兩事相似，而且它們在《世説新語》中同屬"排調"門，排序相近（第 14 條與 18 條），這不得不讓人懷疑它們原本可能就是同一件事，大約某次王導"與朝士共飲酒"，當時王周二人的巧妙對答讓與會者讚歎不已，後來各自記下故事和對話，形成有所差異的兩個文本。

之,兩者戰於胸中,未知勝負,故臞。今先王之義勝,故肥。'"①如果是這樣,那麼庾亮的反問則在暗示周顗於先王之義尚未能領悟,也就是未能達道。周顗没有掉入庾亮的圈套,而是自然轉移到"吾無所憂"和"清虚日來,滓穢日去"兩個話題上。前者是借老莊的話。《老子》第二十章説"**絕學無憂**"②,《莊子·刻意》云:"其寢不夢,其覺無憂,其神純粹,其魂不罷。虚無恬惔,乃合天德。……故**心不憂樂**,德之至也。"③周顗説自己無憂,意在説自己是恬淡虚静的至德之人,所以接著便説自己"清虚日來,滓穢日去"。清虚一詞最早見於《漢書·藝文志·諸子略》説道家,"清虚以自守,卑弱以自持",及放者爲之,則"獨任清虚可以爲治"④。班嗣也曾説莊子"絶聖棄智,修生保真,清虚澹泊,歸之自然"⑤。魏晉之時,清虚一詞被養生家用來形容清静無欲(著名例子是嵇康在《養生論》説善養生者"清虚静泰,少私寡欲"⑥),更常見的是被用來形容和品鑒人的品性,如盧欽"不顧財利,清虚淡泊"⑦,張敦"德量淵懿,清虚淡泊"⑧,王衍"以清虚通理稱"⑨,阮渾"清虚寡欲"⑩,鄭沖"清虚寡欲"⑪,甚至遼東的慕容廆也説王導"清虚寡欲"⑫,可見清虚一詞是多麽地爲當時人所喜好。至於滓穢,意指污穢,《世説新語》記司馬道子説謝重,"卿居心不浄,乃復强欲滓穢太清邪?"⑬太清(清虚)與滓穢的意義正相反。周顗用"清虚日來,滓穢日去"説自己養性保真,清静虚無,可謂反映機敏,且具才藻。劉孝標注此條引《晉陽秋》,説周顗"有風流才氣",這代表了當時的普遍看法。

---

① 王先慎《韓非子集解》,第 169—170 頁。按,這個故事是用來闡釋《老子》第三十三章"自勝者强"的。此事亦見《淮南子·精神》,何寧《淮南子集釋》,第 550 頁。
② 河上公注:"除浮華則無憂患也。"見王卡點校《老子道德經河上公章句》,第 79 頁。
③ 成玄英疏:"不喜不怒,無憂無樂,恬惔虚夷,至德之人也。"見郭慶藩《莊子集釋》,第 539、542 頁。按,"其寢不夢,其覺無憂"的説法又見於《莊子·大宗師》,見郭慶藩《莊子集釋》,第 228 頁。
④ 班固《漢書》,第 1732 頁。
⑤ 《漢書·叙傳》,班固《漢書》,第 4204 頁。
⑥ 戴明揚《嵇康集校注》第 255 頁。
⑦ 《三國志》卷二十二《盧毓傳》注引虞預《晉書》,陳壽《三國志》,第 653 頁。
⑧ 《三國志》卷五十二《顧邵傳》注引《吴録》,陳壽《三國志》,第 1229 頁。
⑨ 《世説新語·言語》注引虞預《晉書》,見余嘉錫《世説新語箋疏》,第 85 頁。
⑩ 《世説新語·賞譽》注引《世語》,見余嘉錫《世説新語箋疏》,第 437 頁。
⑪ 《世説新語·政事》注引王隱《晉書》,見余嘉錫《世説新語箋疏》,第 169 頁。
⑫ 《晉書》卷一百八《慕容廆載記》,房玄齡等《晉書》,第 2809 頁。
⑬ 《世説新語·言語》注引,見余嘉錫《世説新語箋疏》,第 150 頁。

在東晉初的朝堂之上，王導代表了大臣中實幹的一派，而周顗繼續其名士派。晉元帝曾問周顗：卿自以爲何如庾亮？他説："蕭條方外，亮不如臣；從容廊廟，臣不如亮。"①在周顗心目中，王導應和庾亮一樣都是從容廊廟型的人物，而自己則是蕭條（逍遙）方外的人。實際上王導也是這樣看待他的。《世説新語·言語》云："周僕射雍容好儀形，詣王公，初下車，隱數人，王公含笑看之。既坐，傲然嘯詠。王公曰：卿欲希嵇阮邪？答曰：何敢近捨明公，遠希嵇阮！"②周顗表面上謙恭地表示自己崇敬仰慕王導，但心裏可能是不服氣的，因此他們二人對話中常常表現出一種緊張。《世説新語》"空洞無物"的上一條裏，周顗説王導是"捲角牸，有盤辟之好"，譏諷他動作遲緩，劉孝標注便説"以戲王也"③。下面這故事也可窺見周顗的心理。晉元帝有一陣打算捨明帝而立簡文帝爲太子，周、王二人都不同意。元帝便召二人入朝，欲直接宣佈改立太子的詔書，交給刁協，二人"始至階頭，帝逆遣傳詔，遏使就東廂。周侯未悟，即卻略下階。丞相披撥傳詔，逕至御牀前曰：'不審陛下何以見臣。'帝默然無言，乃探懷中黃紙詔裂擲之。由此皇儲始定。周侯方慨然愧歎曰：'我常自言勝茂弘，今始知不如也！'"④王導以其沉著勇毅，化解了元帝廢立的圖謀，這令周顗對王導心生敬佩。清人李慈銘曾指出此事虛妄，但周顗對王導的爭勝與敬佩的雙重心理，二人之間微妙的關係，應該是存在的⑤，而這恰好可以解釋後來的事情：王敦起兵時，王導等在宮門前對經過的周顗哀求説"百口委卿"，周顗表面毫不理會，進宮後卻在元帝面前"苦相存救"，事成後他飲酒大醉，出來遇到王家諸人還在門外待罪，卻故意説"今年殺諸賊奴，當取金印如斗大繫肘後"的話來

---

① 《世説新語·品藻》，余嘉錫《世説新語箋疏》，第515頁。謝鯤也説過自己和庾亮的比較："端委廟堂，使百僚準則，臣不如亮。一丘一壑，自謂過之。"見《世説新語·品藻》，余嘉錫《世説新語箋疏》，第512頁。劉峻注周顗語云："諸書皆以謝鯤比亮，不聞周顗。"余嘉錫説："此條語意，全同謝鯤，必傳聞之誤也。"不論如何，謝鯤與周顗同屬當時的名士派，所以《晉書·謝鯤傳》記載當他聽説周顗被殺時説"鯤與顗素相親重，聞之愕然，若喪諸己"（房玄齡等《晉書》，第1378頁）。
② 《世説新語·言語》，余嘉錫《世説新語箋疏》，第101頁。
③ 《世説新語·排調》，余嘉錫《世説新語箋疏》，第797頁。
④ 《世説新語·方正》，余嘉錫《世説新語箋疏》，第305頁。
⑤ 王導未見類似的爭勝之事，不過他的堂兄，即後來殺害周顗的王敦，在過江後曾説"不知我進，伯仁退？"可見他們過去是清談的朋友，過江後王敦自覺可與周顗抗衡了。事見《世説新語·品藻》，余嘉錫《世説新語箋疏》，第509頁。

刺激王導。也正是由於周顗這樣的性格和行事,纔導致"伯仁由我而死"的悲劇①。

周顗"容卿輩數百人"的説法,其核心的思想是"容",這也是當時迫切的政治需要和治國策略。東晋建立之後,王導必須處理好容納北方士人和籠絡江南士人,爲政中需要這樣的智慧。王導的從事顧和曾經對他説:"明公作輔,寧使綱漏吞舟,何緣采聽風聞,以爲察察之政?"王導聽後,"咨嗟稱佳"②。察察來自《老子》第五十八章:"其政悶悶,其民淳淳;其政**察察**,其民缺缺。"③悶悶是"昏昧不分別"的意思④,察察是"叢脞爲明",就是瑣碎苛細的意思⑤。《老子》第二十章有"俗人昭昭,我獨昏昏;俗人察察,我獨悶悶"之句,察察和悶悶由上下文連起來看便較易理解了。王導實際上是認同"悶悶"之政的,所以他晚年説:"人言我憒憒,後人當思此憒憒。"⑥憒憒是昏瞶之意,也就是王弼注《老子》第二十章所云:"悶悶昏昏,若無所識。"⑦徐廣《歷紀》説王導"政務寬恕,事從簡易"⑧,顯然他在執政中採取了一種包容無爲的做法。後來謝安執政之時,"容"仍是重要的爲政之道。有一陣有兵士僕役逃亡,很多藏在南塘下的船中,有人提出突擊搜捕,謝安不許,説:"若不容置此輩,何以爲京都?"⑨謝安的"容置此輩"和周顗的"容卿輩數百人",在思想觀念上是一致的,在表達上也是相似的。《晉書》説謝安

---

① 《世説新語・尤悔》,余嘉錫《世説新語箋疏》,第899頁。事又見《晋書》卷六十九《周顗傳》,房玄齡等《晋書》,第1853頁。明人王世貞評此事,"夫以元老故交,哀呼求救,了之不之眄。而顧左右云'今年殺諸賊奴,取金印如斗大繫肘',寧能不使之飲恨横發耶? 伯仁、若思,即始興(王導)救之,久亦必殺,但小緩耳。"(《讀書後》卷二《書周顗傳後》)這是深入人性的評論,不過王世貞没有注意到周顗那樣做是其來有自的。
② 《世説新語・規箴》,余嘉錫《世説新語箋疏》,第565頁。
③ 王弼注:"言善治政者,無形、無名、無事、無政可舉,悶悶然,卒至於大治。……立刑名,明賞罰,以檢姦僞,故曰〔其政〕察察也。"見王弼注、樓宇烈校釋《老子道德經注校釋》,第151頁。河上公注"其政悶悶"云:"其政教寬大,悶悶昧昧,似若不明也。"見王卡點校《老子道德經河上公章句》,第225頁。
④ 范應元《老子道德經古本集注》,第86頁。"悶悶"在此本寫作"閔閔",其實和《老子》裏的"繩繩"、《莊子》裏的"冥冥"同義。
⑤ 范應元《老子道德經古本集注》,第233頁。叢脞出《書・益稷》"元首叢脞哉",孔傳:"叢脞,細碎無大略。"
⑥ 《世説新語・規箴》,余嘉錫《世説新語箋疏》,第178頁。
⑦ 王弼注、樓宇烈校釋《老子道德經注校釋》,第48頁。
⑧ 《世説新語・規箴》注引,余嘉錫《世説新語箋疏》,第178頁。
⑨ 《世説新語・政事》,余嘉錫《世説新語箋疏》,第185頁。

"**不存小察,弘以大綱**,威懷外著,人皆比之王導"①,可見在當時人心目中,王導和謝安都是"不存小察,弘以大綱"的。周顗説的"容",實際上是這些大臣們共同的爲政理念,王導對此自然也無話可説。

而就周顗本人而言,他的"容"還有更特別的表現。周顗出身士族,本有高名雅望,但他性格寬和平易,《晋書》本傳即稱"性寬裕而友愛過人"。前引故事中他酒後去見王導,在州門外見到顧和,走過了又返回來問話,即是一例。另一件有名的事情,是他在尚書紀瞻的宴會中"欲通其妾",所以有人譏諷他"與親友言戲,穢雜無檢節"②。這些都頗能説明他行事不拘常禮的一面。名士謝鯤嘲笑過他:"卿類社樹,遠望之,峨峨拂青天;就而視之,其根則群狐所託,下聚溷而已!"説他遠望高雅,如出塵外(也因爲周顗體格高大魁偉而有此説)③,近看纔發現周圍聚有群狐,污穢不堪。《晋陽秋》記載周顗"舉寒素"④,謝鯤説的狐大約就是指那些和周顗交往密切的寒素士人,更進一步來説,很可能就指劉隗、刁協,謝鯤便説過劉隗是"城狐社鼠"⑤。劉、刁二人是晋元帝依賴的兩個非士族的大臣,與周顗的關係比較親近。有一次周顗在省內夜疾危急,刁協盡力營救,次日周顗弟周嵩前往探視,刁協哭著訴説昨夜之狀。周嵩不但不領情,還揮手打他。周嵩走到周顗面前,不問病情,説:"君在中朝,與和長輿齊名,那與佞人刁協有情?"你以前在西晋時與名士和嶠齊名,現在怎麼和刁協這樣的佞人有交情⑥?可見連周顗的弟弟也看不慣他與刁協等人交往。劉峻注"聚溷而已"下云"顗好媟瀆",可見周顗和寒素之士交往,是士族難以接受的事情,因而纔有謝鯤的譏嘲,也可以説是一種勸告。而周顗對此的回答是:"枝條拂青天,不以爲高;群狐亂其下,不以爲濁。聚溷之穢,卿之所保,何足自稱!"⑦

---

① 房玄齡等《晋書》卷七十九《謝安傳》,第 2074 頁。
② 《世説新語·任誕》,余嘉錫《世説新語箋疏》,第 741 頁。
③ 鄧粲《晋紀》説"伯仁儀容弘偉",見《世説新語·言語》注引,余嘉錫《世説新語箋疏》,第 101 頁。
④ 《世説新語·言語》注引,《世説新語箋疏》,第 92 頁。
⑤ 《晋書》卷四十九《謝鯤傳》,房玄齡等《晋書》,第 1378 頁。後來沈約《宋書·恩倖傳》記當時出身寒素而得皇帝寵幸之人,序中還説"鼠憑社貴,狐藉虎威",恐怕便和謝鯤此語有關。
⑥ 《世説新語·方正》,余嘉錫《世説新語箋疏》,第 310 頁。
⑦ 《世説新語·排調》,余嘉錫《世説新語箋疏》,第 796 頁。劉峻注"顗好媟瀆故",是從周顗性格平易的角度來説的,但《晋書·周顗傳》説"雖時輩親狎,莫能媟也",《世説新語·言語》注引《晋陽秋》説"正體嶷然,儕輩不敢媟也",這是其性格的另一面,也是他最終不容於王敦的根本原因。

他並不在意自己是高（高大，雙關高潔、清高），還是濁（污濁，雙關俗濁）①，把"聚漚之穢"送還謝鯤，並不接受這頂帽子。

最後再來看"空洞無物"的問答，這實際上是王導、周顗之間的一次玄談的較量。面對王導的提問，周顗出人意料地使用了"空洞"一詞，在這裏，它同時具有早期道家意味的混沌之義和玄學家的虛無之義，再加上"無物"二字，進一步增添了其中的玄學意味，顯示出説話者的玄談底蘊。而"容卿輩數百人"，不僅暗藏著空無可以容受和感應萬物的思想，也表示自己具有開物成務、成濟萬物的才性，足可抵王導之輩（實幹派）數百人的功業。在周顗的回答之中，暗含對王導的譏嘲，也透出爭勝的心理。鄧粲《晉紀》説周顗"善於俛仰應答"②，他與王導關於琉璃盌的問答，與庾亮關於肥瘦的問答，與謝鯤關於社樹的問答，均可體現這一點，而"空洞無物"之答，更能表現出他的才藻，或者説玄學才華和清談藝術。《高僧傳》記載王導和康僧淵的一段對答："瑯琊王茂弘以鼻高眼深戲之，淵曰：'鼻者面之山，眼者面之淵，山不高則不靈，淵不深則不清。'時人以爲名答。"③如周顗之對王導以及庾亮、謝鯤諸人之問，也可謂是"名答"了。

四、餘　　論

由上述討論我們便可以理解，周顗所説的"空洞無物"，是將玄學家和清談家的"空洞""無物"兩個詞語組合在了一起，而這樣説不只是爲了形容腹部中空之狀，也是表明自己能如聖人"空同其懷"（僧肇語），"容卿輩數百人"也不只是説肚子大（儘管他可能是大腹便便的），實際上也是在説自己能"包通萬物"（王弼語），"盛受萬物"（河上公語），於天下與百姓之事最終也能"開物成務"（《周易》語）。《魏氏春秋》記載何晏評價夏侯玄和司馬

---

① 周顗本來是有"清"名的。《晉陽秋》記載，汝南賁泰（《晉書·周顗傳》作賁嵩）是清操之士，見到周顗時説，"伯仁將袪舊風，清我邦族矣"，就是對其"清"的讚許。見《世説新語·言語》注引，余嘉錫《世説新語箋疏》，第92頁。鄧粲《晉紀》也説周顗"清正巋然"。見《世説新語·品藻》注引，余嘉錫《世説新語箋疏》，第511頁。
② 《世説新語·言語》注引，余嘉錫《世説新語箋疏》，第101頁。
③ 慧皎《高僧傳》卷四《晉豫章山康僧淵》，北京：中華書局1992年版，第151頁。此對答亦見《世説新語·排調》，余嘉錫《世説新語箋疏》，第799頁。

师:"唯深也,故能通天下之志,夏侯泰初是也;唯幾也,故能成天下之務,司馬子元是也;惟神也,不疾而速,不行而至,吾聞其語,未見其人。"①何晏巧妙地使用了《周易》"聖人之所以極深而研幾"的一段文字(見前),一方面稱讚了夏侯玄和司馬師,一方面又暗中自誇,正如《魏氏春秋》所說,"以神況諸己"。比起何晏簡單地引用經典成句,周顗可謂更加巧妙,如果用《周易》或何晏的句式來表述,周顗的回答也許可以改寫成:唯空洞無物也,故能容天下之物,故能成天下之務。周顗沒有獨到的玄學理論和著作,但他的名言"空洞無物"所蘊含的玄學思想,以及由此顯示出的清談才華,理應被我們發現和讚歎。

有趣的是,"空洞無物"的巧妙問答,在唐初還上演過一次。在唐高宗顯慶五年(660)的一次佛道論衡上,道士李榮和僧人靜泰論議:

> 李榮云:"大道空同,何佛何道?"靜泰奏言:"李榮體中無物,固是空同。"李榮自云:"可無糞屎耶?"靜泰奏言:"聖人之側,帝者之前,用鄙俚爲樞機,將委巷爲雅論。古人請尚方馬劍,今時可拂彼驢頭,刑於可刑,仁固仁矣。"李榮云:"我莊子曰:道在糞屎。"靜泰曰:"汝道在糞屎,此據縱下而言,汝道本清虛,何不據極上而說。"②

後面還有很多內容,不煩更引。在佛道二教辯論日趨娛樂化的風氣下,嚴肅的話題稍稍延續,便轉入到無聊的爭辯上去了。

"空洞無物"在今天是一個平常的成語,今人很難感受到周顗創造和使用它時的意蘊,它的意義變化是何時發生,是怎麼發生的呢?據我初步的研究,關鍵節點是王安石、蘇軾、蘇轍等人對《世說新語》這個典故的使用和推廣③。宋人在文學作品中使用這個故事,一方面令此事及空洞和空洞無物之語廣爲人知,一方面又造成其玄學意義的淡化,最終成爲近代以來直至今天人們所熟悉並常用的詞彙和成語,而後人的簡單理解反過來又遮蔽了其原有的玄學意蘊。甚至明代人即已不能看清其中的奧妙,謝肇淛說

---

① 《三國志》卷九《曹爽傳附何晏》注引《魏氏春秋》,陳壽《三國志》,第293頁。
② 道宣《集古今佛道論衡》卷丁《上在東都有洛邑僧靜泰勅對道士李榮叙道事》,《大正藏》,第52冊第392頁上。
③ 蘇軾等人從《世說新語》發現和改造了很多典故,參見羅寧《〈世說新語〉在宋代的經典化——以詩歌用典爲中心》,《新國學》第16卷,成都:四川大學出版社2018年版。

"周語近誇",陳師説"顗之應語,矢口誇大"[1],都是不知周顗語的玄學背景而産生的誤解。更進一步説,空洞及空洞無物的意義變化,也反映了中國文化和文學從中古到近古的嬗變。其詳細情況,或待將來再撰文討論。

（作者單位：西南交通大學人文學院）

---

[1] 轉引自周興陸《世説新語彙校彙注彙評》,第1354頁。

Metaphysics and Literary Ingenuity:
A Philological Study of *kongdong wuwu* in *A New Account of Tales of the World*

Luo Ning

In the "Taunting and Teasing" chapter of *A New Account of Tales of the World*, there is a record about the conversation between Wang Dao 王導 and Zhou Yi 周顗, in which the latter uses the expression — *kongdong wuwu* 空洞無物. With the influence of modern Chinese idioms, contemporary readers lack the perception and understanding of *kongdong wuwu*'s metaphysical connotation and simply interpret it as hollowness, which is inaccurate. *Kongtong* 空同 or *kongdong* 空洞 meant unity in the undivided state of primal chaos, as used in early Daoist cosmology to describe the dimness and obscurity of the great Dao and the original vapoury matter of chaos before the separation of heaven and earth. In the Wei and Jin dynasties, *kongdong* evolved to become a term with metaphysical connotations. Wang Bi 王弼 using *kongdong* in his annotation of *Laozi* extended the term's meaning of the original vapoury matter of chaos on the one hand and attributed the meaning of hollowness to it on the other. The ideas of *wuwu* 無物 (thinglessness) and *rong* 容 (tolerance) came from *Laozi*, *Zhuangzi*, and metaphysics. By reading the metaphysical nuances of these terms and concepts with the political culture of the Wei and Jin dynasties and Wang Dao's and Zhou Yi's characters, behaviors, and anecdotes, this article reveals Zhou Yi's neologism *kongdong wuwu* has rich metaphysical connotations and his literary ingenuity.

Keywords: *kongdong wuwu*, *kongtong*, metaphysics, *A New Account of Tales of the World*, Zhou Yi

徵引書目

1. 王卡點校：《老子道德經河上公章句》，北京：中華書局，1998 年版。Wang Ka. *Laozi Daodejing Heshanggong zhangju* (*Heshanggong's Commentary on the Daodejing*). Beijing: Zhonghua shuju, 1997.
2. 王先慎：《韓非子集解》，北京：中華書局，1998 年版。Wang Xianshen. *Hanfeizi jijie* (*Collected Interpretations of the Hanfeizi*). Beijing: Zhonghua shuju, 1998.
3. 王先謙：《荀子集解》，北京：中華書局，1988 年版。Wang Xianqian. *Xunzi jijie* (*Collected Interpretations of the Xunzi*). Beijing: Zhonghua shuju, 1988.
4. 王弼注、孔穎達疏：《周易正義》，北京：北京大學出版社，2000 年版。Wang Bi. *Zhouyi zhengyi* (*The Correct Meaning of the Zhouyi*). Annotated by Kong Yingda. Beijing: Beijing daxue chubanshe, 2000.
5. 王弼注、樓宇烈校釋：《老子道德經注校釋》，北京：中華書局，2008 年版。Wang Bi. *Laozi daode jing zhu jiaoshi*. (*The Commentary to Laozi Daode jing*, *Collated and Explicated*). Edited by Lou Yulie. Beijing: Zhonghua shuju, 2008.
6. 方立天：《魏晉南北朝佛教論叢》，北京：中華書局，1982 年版。Fang Litian. *weijin nanbei chao fojiao luncong* (*Collected Articles of Buddhism in Wei-Jin and South-North Dynasties*) Beijing: Zhonghua shuju, 1982.
7. 李昉：《太平御覽》，北京：中華書局，1960 年版。Li Fang. *Taiping yulan* (*Imperially Inspected Anthology of the Taiping Era*). Beijing: Zhonghua shuju, 1960.
8. 李善：《文選注》，北京：中華書局，1977 年版。Li Shan. *Wenxuan Zhu* (*Commentary on the Selections of Refined Literature*). Beijing: Zhonghua shuju, 1977.
9. 何晏注、邢昺疏：《論語注疏》，北京：北京大學出版社，2000 年版。He Yan. *Lunyu zhushu* (*The Analects with Annotations and Commentaries*). Annotated by Xing Bing. Beijing: Beijing daxue chubanshe, 2000.
10. 何寧：《淮南子集釋》，北京：中華書局，1998 年版。He Ning. *Huainanzi jishi* (*Collected Explanations on the Huainanzi*). Beijing: Zhonghua shuju, 1998.
11. 佚名：《管子》，上海：上海古籍出版社，1989 年版。Anonymous. *Guanzi*. Shanghai: Shanghai guji chubanshe, 1989.
12. 余嘉錫：《世說新語箋疏》，上海：上海古籍出版社，1993 年版。Yu Jiaxi. *Shihuo Xinyu Jianshu* (*Notes and Commentaries to the New Account of Tales of the World*). Shanghai: Shanghai guji chubanshe, 1993.
13. 房玄齡等：《晉書》，北京：中華書局，1974 年版。Fang Xuanling et al. *Jin shu* (*Book of Jin*). Beijing: Zhonghua shuju, 1974.
14. 范曄：《後漢書》，北京：中華書局，1965 年版。Fan Ye. *Houhan shu* (*History of the Later Han*). Beijing: Zhonghua shuju, 1965.
15. 范應元：《老子道德經古本集注》，北京：中國國家圖書館出版社，2017 年版。Fan Yingyuan. *Laozi Daodejing guben jizhu* (*A Collection of Explanations on Laozi Daode Jing's Early Version*). Beijing: Guojia tushuguan chubanshe, 2017.

16. 周興陸：《世說新語彙校彙注彙評》，南京：鳳凰出版社，2017年版。Zhou Xinglu. *Shishuo xinyu huijiao huiping* (*A Collection of Emendations and Annotations on Shishuo Xinyu*). Shanghai: Shanghai guji chubanshe, 2017.

17. 皇侃：《論語義疏》，北京：中華書局，2013年版。Huang Kan. *Lunyu yishu* (*A Collection of Explanations on Lunyu*). Beijing: Zhonghua shuju, 2013.

18. 徐朝華：《爾雅今注》，天津：天津古籍出版社，1994年版。Xu Chaohua. *Erya jinzhu* (*An Annotations on Erya*). Tianjin: Tianjin guji chubanshe, 1994.

19. 班固：《漢書》，北京：中華書局，1962年版。Ban Gu. *Han shu* (*History of the [Former] Han Dynasty*). Beijing: Zhonghua shuju, 1962.

20. 陳立：《白虎通疏證》，北京：中華書局，1994年版。Chen Li. *Baihutong shuzheng* (*An Annotation on Baihutong*). Beijing: Zhonghua shuju, 1994.

21. 陳奇猷：《呂氏春秋校釋》，上海：學林出版社，1984年版。Chen Qiyou. *Lüshi chunqiu jiaoshi* (*Lüshi Chunqiu with Emendation and Annotation*). Shanghai: Xuelin chubanshe, 1984.

22. 陳鼓應：《莊子今注今譯》，北京：中華書局，2009年版。Chen Guying. *Zhuangzi jinzhu jinyi* (*Zhuangzi with an Annotation and Explanation*). Beijing: Zhonghua shuju, 2009.

23. 陳壽：《三國志》，北京：中華書局，1959年版。Chen Shou. *Sanguo zhi* (*The Records of the Three Kingdoms*). Beijing: Zhonghua shuju, 1959.

24. 郭慶藩：《莊子集釋》，北京：中華書局，1998年版。Guo Qingfan. *Zhuangzi jishi* (*Collected Explanations on the Zhuangzi*). Beijing: Zhonghua shuju, 1998.

25. 符定一：《聯綿字典》，北京：中華書局，1954年版。Fu Dingyi. *Lianmian zidian* (*Dictionary of Disyllable Morpheme Characters*). Beijing: Zhonghua shuju, 1954.

26. 張永言：《世說新語辭典》，成都：四川人民出版社，1992年版。Zhang Yongyan. *Shishuo xinyu cidian* (*Dictionary of Shishuo Xinyu*). Chengdu: Sichuan renmin chuban she, 1992.

27. 張景、張松輝：《黃帝四經　關尹子　尸子》，北京：中華書局，2020年版。Zhang Jing and Zhang Songhui. *Huangdi sijing Guanyinzi Shizi* (*Yellow Emperor's Four Classics, Guanyinzi, Shizi*). Beijing: Zhonghua shuju, 2020.

28. 張富春：《支遁集校注》，成都：巴蜀書社，2014年版。Zhang Fuchun. *Zhidun Ji jiaozhu* (*An Annotation on Collected works of Zhi Dun*). Chengdu: Bashu shushe, 2014.

29. 張萬起：《世說新語詞典》，北京：商務印書館，1993年版。Zhang Wanqi. *Shishuo xinyu cidian* (*A Dictionary of Shishuo Xinyu*). Beijing: Shangwu yinshu guan, 1993.

30. 彭自強：《佛教與儒道的衝突與融合——以漢魏兩晋時期爲中心》，成都：巴蜀書社，2000年版。Peng Ziqiang. *Fojiao yu ru-dao de chongtu yu ronghe: yi hanwei liangjin shiqi wei zhongxin* (*Collision and Fusion Between Buddhism and Confucian and Daoism: Focus on Wei-Jin and Southern-Northern Dynasties*). Chengdu: Bashu shushe, 2000.

31. 黃懷信：《逸周書彙校集注》，上海：上海古籍出版社，2007年版。Huang Huaixin. *Yi zhoushu huijiao jizhu* (*A Collection of Emendations and Annotations on Yi zhoushu*).

Shanghai：Shanghai guji chuban she，2007.

32. 楊伯峻：《春秋左傳注》,北京：中華書局,1990 年版。Yang Bojun. *Chunqiu Zuozhuan zhu（Annotated Zuo's Commentary of the Spring and Autumn Annals）*. Beijing：Zhonghua shuju，1990.

33. 楊伯峻：《列子集釋》,北京：中華書局,2013 年版。Yang Bojun. *Liezi jishi（Collected Explanations on the Liezi）*. Beijing：Zhonghua shuju，2013.

34. 僧祐：《出三藏記集》,北京：中華書局,1995 年版。Sengyou. *Chu sanzang ji ji（Collection of Prefaces and Notes of the Translation of the Tripitakas）*. Beijing：Zhonghua shuju，1995.

35. 歐陽詢：《藝文類聚》,上海：上海古籍出版社,1982 年版。Ouyang Xun. *Yiwen leiju（Classified Collection based on the Classics and other literature）*. Shanghai：Shanghai guji chubanshe，1982.

36. 慧皎：《高僧傳》,北京：中華書局,1992 年版。Huijiao. *Gaoseng Zhuan（Biographies of Eminent Monks）*. Beijing：Zhonghua shuju，1992.

37. 劉強：《世説新語新評》,桂林：廣西師範大學出版社,2022 年版。Liu Qiang. *Shishuo xinyu xin ping（A New commentary on Shishuo Xinyu）*. Guilin：guangxi shifan daxue chubanshe，2022.

38. 戴明揚：《嵇康集校注》,北京：中華書局,2014 年版。Dai Mingyang. *Ji Kang ji jiaozhu（Collation and Commentary on the Collected Works of Ji Kang）*. Beijing：Zhonghua shuju，2014.

39. 羅寧：《〈世説新語〉在宋代的經典化——以詩歌用典爲中心》,《新國學》第 16 卷,成都：四川大學出版社,2018 年版。Luo Ning. "Shishuo Xinyu zai songdai de jingdian hua：yi shige yongdian wei zhongxin（The Classicalization of Shishuo xinyu in Song Dynasty：Center Around Allusions in Poetry）". *Xin guoxue（New Chinese Studies）* Vol. 16. Chengdu：Sichuan daxue chubanshe，2018.

40. 蘭佳麗：《聯綿詞族叢考》,北京：學林出版社,2012 年版。Lan Jiali. *Lianmian cizu congkao（A Study of Words of Disyllabic Morpheme）*. Beijing：Xuelin chubanshe，2012.

41. Edward H. Schafer, *Pacing the Void: T'ang Approaches to the Stars*, Berkeley and Los Angeles：University of California Press，1977.

魏晋士人"樂喪"考論

羊列榮

【摘　要】《世説・任誕篇》載桓子野、袁山松、張湛等好挽歌,劉孝標注引《譙子法訓》,謂樂喪非古制,而孝標疑未能決。譙周之説是。《樂記》所謂"樂者樂也",表現以安樂之聲爲正的雅樂觀念,在制度上與此相應的是凶禮不用樂,因此在正禮上不存在樂喪。春秋以降,正禮漸衰,樂喪作爲俗禮興於民間,在此推動下,至漢武朝定爲官禮,古制遂廢。與此同時,雅樂衰而新聲興,尚悲之風行於上下,雅樂觀念逐漸被打破。在此趣味中,挽歌漸與喪禮相分,成爲表現哀情的形式,一方面是挽詩的産生,另一方面就是魏晉士人的"樂喪"。而漢末以來,世極迍邅,魏晉士人於深情之外,又別有一種感傷氣質,乃承春秋以來尚悲之風,將其憂生之嗟,一寓於挽歌。劉義慶録其事於"任誕"之門,以名士風流視之,則不免以"樂喪"爲曠達,僅得其迹耳。魏晉"樂喪"之風緣於雅樂觀念的突破,對於以悲爲美的文學傳統的形成也是有推進之功的。

【關鍵詞】《世説新語》　魏晉　樂喪　挽歌　雅樂觀念

一

"樂喪"也就是喪禮用樂,包括娱賓之樂、挽歌等。段成式《酉陽雜俎》卷十三云:"世人死者有作伎樂,名爲樂喪。"[①]"作伎樂"是歌舞表演,所以

---
① 許逸民《酉陽雜俎校箋》,北京:中華書局 2015 年版,第 940 頁。

只是娛賓之樂。魏晉士人的"樂喪"是指唱挽歌。好"樂喪"的名士,載於《世説·任誕篇》的有三人。

桓子野每聞清歌,輒喚"奈何"!謝公聞之曰:"子野可謂一往有深情。"①

"喚奈何"屬魏晉孝子"叫窮"之俗,蓋由漢代挽歌的和聲演變而來,故知桓伊所聞之"清歌"應是挽歌。蓋其和聲愴然悽怨,謝安亦爲之動容,稱子野"有深情",是知其性情者。其實子野更以能挽歌而著稱,時人以爲"三絕"之一②。

袁崧歌《行路難》,也是"三絕"之一。他也好唱挽歌。

袁山松出遊,每好令左右作挽歌。③

因爲挽歌是倡和體,所以要有左右人一起唱。時人戲稱之曰"道上行殯"④,視爲怪癖,誠未識山松性情。孝標注引《續晉陽秋》載舊歌有《行路難曲》,山松文其章句,婉其音節,"酒酣從而歌之,聽者莫不流涕"⑤,可知他是好悲音者。《御覽》卷四百九十七引《俗記》載山松爲琅琊太守時,每醉輒上宋褘冢,唱《行路難歌》⑥,又可知他是情之所鍾者。山松唱《行路難》,如同"樂喪",比桓伊的"奈何"之喚似乎更加一往情深。還有一"絕"是羊曇的歌。謝安去世之後,羊曇醉歌西州門⑦,可謂長歌當哭,非"樂喪"而何?以迹言,"三絕"不同;以情言,三人皆尚悲音。所以"三絕"與"樂喪"之風是相通的。

張湛齋前種松柏,事非尋常,宜其被視爲"屋下陳屍"的怪癖,但他也是善於唱挽歌的名士。

---

① 余嘉錫《世説新語箋疏》,北京:中華書局 1993 年版,第 756 頁。
② 《世説新語·任誕篇》"張湛好於齋前種松柏"條劉孝標注引《續晉陽秋》曰:"羊曇善唱樂,桓伊能挽歌,及山松以《行路難》繼之,時人謂之三絕。"余嘉錫《世説新語箋疏》第 757 頁。
③ 余嘉錫《世説新語箋疏》,第 757 頁。
④ 余嘉錫《世説新語箋疏》,第 757 頁。
⑤ 余嘉錫《世説新語箋疏》,第 757 頁。
⑥ 李昉編《太平御覽》,北京:中華書局 1960 年版,第 2275 頁。
⑦ 房玄齡《晉書》,北京:中華書局 1974 年版,第 2077 頁。

張驎酒後挽歌甚悽苦,桓車騎曰:"卿非田横門人,何乃頓爾至致?"①

驎是張湛的小字。桓沖問"何乃頓爾至致",似爲戲謔之語,實乃讚歎之辭,與謝安稱桓伊一往情深,用意相似。説他"非田横門人",實則亦以田横門人之倫許之也。山松唱《行路難》使聽者悲,而張驎竟唱得自己頓悴至極,直以"樂喪"盡己之悲。其實悲人何嘗不悲己。

《黜免篇》"桓宣武既廢太宰父子"條劉孝標注引《司馬晞傳》云:

（司馬晞）喜爲挽歌,自摇大鈴,使左右習和之。又燕會,使人作新安人歌舞離别之辭,其聲甚悲。②

《世説》中好"樂喪"的名士,加上司馬晞,就有四例了。武陵於宴會時使新安伎唱離别辭,樂事而作悲音,是意在悲音,不關樂事也。其與左右唱和挽歌,亦意在悲音,不關喪事也。所以這兩件事,用心是一樣的。桓、袁、張三人的"樂喪",也都如此。他們都是借"樂喪"作悲音,而士人之好悲音,在當時已成風氣,所以劉義慶將桓、袁、張之好"樂喪"錄於"任誕"之門,視爲三四名士自爲放曠任達之舉,恐未得其情。

挽歌本爲喪事而作,今無喪而歌,固非常行,然以"任誕"稱之,即與禮相涉,有"越名教"的意味。禮以古爲正,蓋禮家之通誼。"樂喪"於漢武朝始立爲官禮,其制非古,所以在禮家看來,挽歌本身就不屬正禮,更不用説名士們的不喪而歌了。《任誕篇》"張驎酒後挽歌"條注引《譙子法訓》曰:

有喪而歌者。或曰:"彼爲樂喪也,有不可乎?"譙子曰:"《書》云:'四海遏密八音。'何樂喪之有?"曰:"今喪有挽歌者,何以哉?"譙子曰:"周聞之:蓋高帝召齊田横至千户鄉亭,自刎奉首,從者挽至於宫,不敢哭而不勝哀,故爲歌以寄哀音。彼則一時之爲也。鄰有喪,舂不相,引挽人銜枚,孰樂喪者邪?"③

---

① 余嘉錫《世説新語箋疏》,第758頁。
② 余嘉錫《世説新語箋疏》,第870頁。
③ 余嘉錫《世説新語箋疏》,第758頁。

按《書·舜典》載帝堯殂落，"四海遏密八音"①，謂天下皆絕静八音，不復作樂。此雖傳聞，亦見喪不用樂，其制甚古。《曲禮》説鄰喪不相，《雜記》説執紼皆銜枚，皆古無"樂喪"之明證。所以譙周以爲"有喪而歌"不合禮義，田横門人之唱挽歌，特一時所爲之事，不可爲典要。從古制上説，魏晉士人的"樂喪"無疑是"越名教"的事。但假如古有其制，則另當別論。孝標引譙周之説，並按曰：

> 《莊子》曰："紼謳所生，必于斥苦。"司馬彪注曰："紼，引柩索也。斥，疏緩也。苦，用力也。引紼所以有謳歌者，爲人有用力不齊，故促急之也。"《春秋左氏傳》曰："魯哀公會吳伐齊，其將公孫夏命歌《虞殯》。"杜預曰："《虞殯》，送葬歌，示必死也。"《史記·絳侯世家》曰："周勃以吹簫樂喪。"然則挽歌之來久矣，非始起於田横也。然譙氏引禮之文，頗有明據，非固陋者所能詳聞。疑以傳疑，以俟通博。②

所引三説，下文再辨。根據《左傳》，孝標以爲挽歌可追溯到春秋魯哀公時，所以"樂喪"也是古制。但喪不用樂，亦可徵於經傳，是以孝標疑不能決。他留意的只是"樂喪"的起始，而不是"樂喪"合禮與否，但既有"挽歌之來久矣"之説，當有不以"樂喪"爲非禮之意。《世説》中，彦先逝而季鷹奏曲，子敬卒而子猷彈琴，以琴聲寄哀，近乎"樂喪"，而事入"傷逝"之門，不在"任誕"，則義慶似不以"樂喪"爲非禮，亦略可推知。當時喪禮已用"樂喪"，義慶與孝標非荀顗之流，自不必拘於古制。當然，"有喪而歌"的"樂喪"不算是非禮，但名士的無喪而歌，似乎還是有些亂禮，這大概就是義慶錄之於"任誕"的理由。然考察"樂喪"之源流，可知士人無喪而歌，未必以"越名教"爲意，則義慶以"任誕"之風視之，固不能無失。

魏晉之世，不惟"有喪而歌"已屬常禮，士人借"樂喪"作悲音，其風亦有所承，不得等同於裸袒箕踞。溯其源流，似不難而知。而譙周不知流，乃執古衡今，以爲"樂喪"非禮，誠未能變通。孝標又不知源，所以對於"樂喪"之非古，不能無疑，也就不能見出"樂喪"與雅樂觀念相衝突的實質。至於"樂喪"之變，從有喪而無喪，使挽歌哀調獨立成爲表現悲哀之情的形

---

① 《十三經注疏》，北京：中華書局 2009 年影清嘉慶阮刻本，第 272 頁。
② 余嘉錫《世説新語箋疏》，第 758 頁。

式,遂有挽詩之作,以及魏晉士人無喪之"樂喪",這是他們都未能留意而深知的。

二

考察喪禮古制及相應的禮樂觀念,可以確知,從喪不用樂轉爲"樂喪",實爲中古禮樂制度與觀念的一大變化。其次,挽歌又從喪禮中分離出來,是爲"樂喪"之變,此純爲中古趣味風尚由"樂"入"悲"的呈現,已無關乎禮。這兩次變化都是對雅樂觀念的背離。

《樂記》云:

> 樂也者,聖人之所樂也。①(《樂施章》)
> 樂者,樂也。②(《樂象章》)
> 夫樂者,先王之所以飾喜也。③(《樂化章》)

可以把"樂者樂也"看作雅樂觀念的經典表述。"樂(音岳)"者,雅樂也;"樂(音洛)也"者,以和樂爲正音也。安而樂,平而和,既是治世之音,也是雅正之音。此爲雅樂觀念之要義,也是儒家樂論之通説。在制度上與此相應的,就是嘉禮用樂而凶禮不用樂。嘉禮用樂,以示賓主相歡之情④。君臣和敬,長幼和順,父子和親,皆以和樂之聲達之,故曰"樂者樂也"。凶禮喪、荒、弔、禬、恤,皆主於哀,所以不用樂。譙周以爲"樂喪"非古制,致確。以禮之輕重言之,喪不用樂有"去樂""弛縣"之異。其重者"去樂",樂器藏於府庫,《舜典》曰"遏密八音"是也。其輕者,"弛縣"而已,下之而不藏。再輕者,懸之而不作。最輕的,是作之而樂不備,如"孔子既祥五日,彈琴而不成聲"是也⑤。大概有此四等。總之,喪不用樂,經傳常言之,鑿鑿可徵,若

---

① 《十三經注疏》,第3326頁。
② 《十三經注疏》,第3348頁。
③ 《十三經注疏》,第3349頁。
④ 按:嘉禮中婚冠或不用樂,兹不論。
⑤ 《十三經注疏》,第2784頁。

非疏於經史者，則不難而知之。《周禮·大宗伯》曰"大喪涖廞樂器"①，將樂器陳之府庫，示不用也。大喪"去樂"，康成不當不知，卻據《爾雅》訓"廞"作"興"，則大喪有作樂之事也，是殊不可解。周禮亂於春秋，故春秋之禮，不可當古制，孝標不當不知，卻因《左傳》載"歌虞殯"之事，而不能確定古喪制是否用樂，亦殊不可解。蓋"樂喪"之俗，孝武朝定爲官禮之前，已行於民間，至於漢末，歷時既久，世人對於古制，容有不知，然則康成、孝標亦爲今禮所亂，乃一時失於考證耶？

《樂記·樂施章》有言："先王有大事，必有禮以哀之；有大福，必有禮以樂之。"②知周禮謹於哀樂之分。樂以盡樂，喪以盡哀，各致其情，禮不相亂，所以在宗周禮樂制度下，以和樂爲正音，必不能有"樂喪"之禮，是無可疑者。但孝標引《左傳》爲證，以爲"樂喪"可追溯到春秋時代，也是古禮。按《左傳》哀公十一年曰：

> 公孫夏曰："二子必死。"將戰，公孫夏命其徒歌《虞殯》，陳子行命其徒具含玉。③

此言齊軍將與吳軍戰於艾陵，臨行以死相勵，故有"歌《虞殯》""具含玉"之事。孔疏引賈逵曰："《虞殯》，遣殯歌詩。"④以《虞殯》爲挽歌之説，蓋出於此。杜預注曰："《虞殯》，送葬歌曲，示必死。"⑤從賈説。孔疏申之曰："禮，啓殯而葬，葬則下棺，反日中而虞。蓋以啓殯將虞之歌，謂之'虞殯'。送葬得有歌者，蓋挽引之人爲歌聲以助哀，今之挽歌是也。舊説挽歌漢初田橫之臣爲之。據此挽歌之有久矣。"⑥孔氏據《虞殯》推知挽歌之來甚久，定非田橫之臣始作之，與孝標注相合。《虞殯》其辭未聞，賈、杜等以爲挽歌者，蓋《傳》以"歌虞殯""具含玉"上下對舉，以"含玉"當入斂飯含之禮，推知"虞殯"必是出殯送葬之曲。齊軍出發，先行喪禮，以"示必死"。孔氏又以"虞""殯"皆爲喪禮之名，證明《虞殯》是"啓殯將虞之歌"，似言之有據，所

---

① 《十三經注疏》，第1708頁。
② 《十三經注疏》，第3326頁。
③ 《十三經注疏》，第4705頁。
④ 《十三經注疏》，第4705頁。
⑤ 《十三經注疏》，第4705頁。
⑥ 《十三經注疏》，第4705頁。

以後來學者大都沿用此説。按："含玉"固爲喪禮之事，然《傳》下文又有東郭書"三戰必死，於此三矣"之語，有陳書"聞鼓不聞金"之語①，皆明"必死"之志，亦與"歌虞殯"之事相應，而不關喪禮，説者單截"公孫夏""陳子行"二句證《虞殯》爲挽歌，於義未安。孔氏謂"虞"指虞祭，"殯"指出殯，細究之，也是望文生義。以禮次言之，亦當先言"殯"，後言"虞"，以"殯虞"名之爲當。且上古歌詩，大抵取篇中首句之辭以爲題，今取"啓殯將虞"之義以爲歌名，恐非其例。蓋歌中有"虞殯"之辭，故以爲題，以有"殯"字，當與死事相涉，然未可遽斷言其爲挽歌也②。當其情景，衆將士懷赴死之心，宜以慷慨激昂之音爲之送行，豈可作挽歌哀哀慇慇之聲耶？荆軻將行，燕太子丹及衆賓客皆"白衣冠以送之"，爲荆軻服喪，示必死也，而歌曰"壯士一去兮不復還"，"士皆瞋目，髮盡上指冠"③，其聲何等悲壯。荆軻以《易水》之歌示必死也，然不得以《易水》之歌爲送葬之曲。今三軍赴敵，氣勢過之，必無唱挽歌之理。以此知《虞殯》當與《易水》之歌相類，乃送行激亢之調，非送終哀切之曲也。

《虞殯》姑置之不論，孝標還有其他的證據，來質疑譙氏的"田横"之説。其引《莊子》曰："紼謳所生，必于斥苦。"據司馬彪注，"紼"指引柩索，"紼謳"即挽歌，可證莊子以前已有挽歌，不待田横門人始作之也。但"紼"似不必專指引棺之繩。《小雅·采菽》"泛泛楊舟，紼纚維之"傳曰："紼，繂也。"④則凡衆人引繩牽物，以歌爲相，或亦皆可謂之"紼謳"。《莊子》其文已逸，"紼謳"本義無從考證。司馬彪必見其全文，則其以"紼謳"爲引柩者之歌，當非臆説。據之，莊子在世之時，"樂喪"之俗或已行於楚地。但這畢竟是從司馬彪注推知的，不是"樂喪"已產生的直接證據。

孝標又引周勃之事爲證。《史記·周勃世家》曰：

> 勃以織薄曲爲生，常爲人吹簫給喪事。⑤

---

① 《十三經注疏》，第 4705 頁。
② 訾丹潔、劉志偉《〈虞殯〉非送葬歌曲考》認爲《虞殯》是"虞祭時喪祝所歌祝辭"。載《青海師範大學學報》(哲學社會科學版) 2013 年 3 月，第 82 頁。按：此説非是。《儀禮·士虞禮》不言虞祭用樂。周制，祝辭不入樂。凡正禮用樂，皆樂工歌之。姑備之。
③ 司馬遷《史記》，北京：中華書局 1982 年版，第 2524 頁。
④ 《十三經注疏》，第 1052 頁。
⑤ 司馬遷《史記》，第 2065 頁。

按裴駰《集解》引如淳曰："以樂喪家，若俳優。"又引瓚曰："吹簫以樂喪賓，若樂人也。"①此以爲周勃替喪家"吹簫"屬娛賓之樂，即段成式所説的"作伎樂"。司馬貞《索隱》則曰："《左傳》'歌虞殯'，猶今挽歌類也。歌者或有簫管。"②則以"吹簫"爲挽歌。謂"歌者或有簫管"，未知所據，蓋以意説耳。周勃少時以"吹簫"爲生，必在其隨劉邦起兵反秦之前，則秦漢已上，當有專事"樂喪"之業者，是足以證田橫之前已經有"樂喪"之禮了。然孝標以此疑"田橫"之説，謂挽歌"非始起於田橫"，則又不可。依裴注，"吹簫"是喪家娛賓之樂，這就不能證明挽歌的起始。"樂喪"既然有娛賓之樂，有挽歌，那就不必一源。但是籠統地説，"樂喪"始於戰國之末，是可以確定的。

三

崔豹亦謂挽歌出於田橫門人。《古今注》卷中"音樂"曰：

《薤露》《蒿里》，並喪歌也。出田橫門人。橫自殺，門人傷之，爲之悲歌，言人命如薤上之露，易晞滅也。亦謂人死，魂魄歸乎蒿里，故有二章。……至孝武時，李延年乃分爲二曲，《薤露》送王公貴人，《蒿里》送士大夫庶人，使挽柩者歌之，世呼爲"挽歌"。③

譙、崔二家去漢不遠，並言田橫門人作挽歌事，當有所據。蓋漢制以《薤露》《蒿里》爲挽歌，崔氏遂牽合於田橫門人之事，乃謂二歌爲門人所作。而譙氏並無此意。按《後漢書·五行志》劉昭注引應劭《風俗通》曰："挽歌，執紼相偶和之者。"④《晉書·禮志中》載摯虞曰："挽歌因倡和而爲摧愴之聲。"⑤前言桓子野聞清歌，以"奈何"相和；司馬晞爲挽歌，使左右習和之。可知挽歌以唱和爲體，故《樂府詩集》入"相和歌辭"類。初，田橫自刎，從者二人奉其首級入朝，非引重物，無需"斥苦"，自不必以和聲爲相。故知漢禮

---

① 司馬遷《史記》，第 2065 頁。
② 司馬遷《史記》，第 2065 頁。
③ 崔豹《古今注》，北京：中華書局 1985 年版，第 10 頁。
④ 范曄《後漢書》，北京：中華書局 1965 年版，第 3273 頁。
⑤ 房玄齡《晉書》，第 626 頁。

之挽歌，定非田横門人所作。門人長歌以寄哀，果有其事，誠如譙氏所云，亦不過"一時之爲"，雖得"樂喪"之情，未必便爲"樂喪"之禮也。

《晉志》又云："《新禮》以爲挽歌出於漢武帝役人之勞歌，聲哀切，遂以爲送終之禮。"①此謂挽歌源於武帝時的勞歌。此又一説，孝標未言及。以唱和之體言之，挽歌以短促之聲爲和，於執紼者有齊力之用，正與勞歌相似，而挽歌定於武帝之時，傳者乃傅會之，故有此説。挽歌既出於勞歌，自與田横之死不相涉。《新禮》是晉朝初建時荀顗、應真等衆臣所撰定，則魏晉禮家不主"田横"之説的，應該有不少。後世主"勞歌"之説者不少，然以情言之，挽歌乃送葬之樂，歌之以寄哀情，音曲摧愴，與勞歌之意調固相迥異。吴兢《樂府古題要解·薤露歌》曰："有《泰山吟行》，亦言人死精魄歸於泰山，《薤露》《蒿里》之類也。"②漢代所傳挽歌，固不止《薤露》《蒿里》二章，而歌旨大抵以歌詠人死精魄有所歸爲主，皆不關役人之勞歌。勞歌以相其力，挽歌以寄哀音，二者用意不同，其出也必有所異，則謂勞歌爲挽歌之一源，可也；謂挽歌出於勞歌，則不可。且挽歌以唱和爲體，爲相力之用，是其末也；詠精魄有所歸，以寄哀情，是其本也；哀情之發，無待於唱和，則以勞歌爲挽歌之源，以相力爲挽歌之實，是不知本末。

今考之，秦漢之前，《薤露》《下里》已流行於世。《文選》宋玉《對楚王問》曰：

> 客有歌於郢中者。其始曰《下里》《巴人》，國中屬而和者數千人。其爲《陽阿》《薤露》，國中屬而和者數百人。其爲《陽春》《白雪》，國中有屬而和者，不過數十人。③

按《下里》蓋即《蒿里》，"下"匣母，"蒿"曉母，古相通。《漢書·武帝紀》"十二月禮高里"顔師古注曰："死人之里謂之蒿里，或呼爲下里者也。"④《韓延壽傳》"賣偶車馬下里偽物者棄之市道"注引張晏曰："下里，地下蒿里偽物也。"⑤又《田延年傳》"積貯炭葦諸下里物"注引孟康曰："死者歸蒿

---

① 房玄齡《晉書》，第626頁。
② 丁福保輯《歷代詩話續編》，北京：中華書局2006年版，第25頁。
③ 蕭統《文選》，上海：上海古籍出版社2019年版，第2035—2036頁。
④ 班固《漢書》，北京：中華書局1962年版，第199頁。
⑤ 班固《漢書》，第3211頁。

里，葬地下，故曰下里。"①然則漢人稱人死所歸處爲"下里"，又呼"蒿里"。其歌既以"薤露""蒿里"爲名，當與漢代定爲官禮的挽歌有關，但不必辭與音皆同。很可能當時已用作挽歌，故郢中之客歌之，即有千百人和之者。或本爲流行的歌謠，因涉死事，而後用於挽歌，亦未可知。何義門《讀書記》卷四十七曰："《薤露》，今之挽歌也。宋玉《對問》已有《陽阿》《薤露》矣。"②宋玉之時既有《薤露》《下里》，則其歌定非田橫門人所作，是可得證焉。但義門之意，蓋謂漢代挽歌《薤露》即郢客所歌者，恐未爲允。吴競《樂府古題要解・薤露歌》曰："《蒿里行》亦曰《泰山吟行》。"郭茂倩《樂府詩集》之相和曲《梁甫吟》解題曰："《梁甫吟》，蓋言人死葬此山，亦葬歌也。又有《泰山梁甫吟》，與此頗同。"③《泰山梁甫吟》疑即《泰山吟》《梁甫吟》相雜成章者，這應該是挽歌起於民間的緣故。挽歌各地不同，流行既久，彼此音調相混，辭義相雜，而名亦相亂。至孝武朝李延年審定挽樂，使《薤露》《蒿里》曲調分明，納於官禮，如崔氏所云。其曰"李延年乃分爲二曲"者，以民間挽歌音調相雜言之，非謂《薤露》《蒿里》本爲一曲，李氏分之也。漢世挽歌，既經樂官所定，自與各地流行的挽歌不同。但也不能説郢客所歌與漢世挽歌不相關。《對問》言《下里》和者千人，《薤露》和者百人，二者似以雅俗相分。或戰國末期，挽歌已有尊卑之分，尊者常用《薤露》，故和者少而爲雅；卑者用《下里》，故和者多而爲俗。李延年審定喪樂，以《薤露》送王公貴人，《蒿里》送士大夫庶人，與郢客所歌相合，則李氏定二曲尊卑，亦有所本。至於郢客所歌與漢世挽歌皆用唱和之體，亦見其前後相承之迹。

　　俗禮的産生，通常不能係於一時一事、一地一人，則"樂喪"定非興起於一時，挽歌尤非始作於一人，於理宜然。大概言之，最晚在戰國後期，"樂喪"俗禮已行於民間。若依司馬彪之説，或可上推至莊子在世之時。宋玉《對問》中郢客所歌《薤露》《下里》，或即楚地之挽歌，則此時"樂喪"已有貴賤之異。周勃少時以"樂喪"爲業，這是"樂喪"起始於秦漢之前，最確切的證據。田橫門人作挽歌，時在漢初，即有其事，蓋亦借"樂喪"之俗以寄哀音耳。武帝時，李延年定挽歌，官禮乃有"樂喪"之制。至此，古制被廢。以此觀之，喪禮從不用樂轉爲用樂，實因民間"樂喪"俗禮的推動而發生。也正

---

① 班固《漢書》，第 3666 頁。
② 何焯《義門讀書記》，北京：中華書局 1987 年版，第 926 頁。
③ 郭茂倩《樂府詩集》，北京：中華書局 1979 年版，第 605—606 頁。

是因爲"樂喪"產生於俗禮,所以喪禮用樂,雖説是漢魏故事,但荀顗等撰晉朝新禮,仍以爲挽歌非經典所制,已違禮設銜枚之古義,而方在號慕,尤不宜有"歌"。但作爲俗禮的"樂喪",自下而上實實在在地推動了正禮的變革,不僅如此,也完全地突破了基於宗周禮制而形成的雅樂觀念,與這一時期在另一方面所發生的變化相呼應。

四

宗周禮樂體系相對穩定,内則有"樂者樂也"的雅樂觀念,外則有凶不用樂的禮樂制度,大抵内外相合。春秋以降,正禮雅樂崩壞,外之制度,内之觀念,皆因俗禮新樂的興起而產生大的變化。外在的制度,正禮衰於上而俗禮興於下,此消彼長,古制爲新制所取代,成爲必然的趨勢。如上所述,喪不用樂轉爲漢世"樂喪",即是外在禮制變革之呈現。内在的觀念,從樂主樂(音洛),轉爲樂主哀,以安樂平和爲正聲的趣味逐漸消退。内在觀念與趣味的變化,與外在"樂喪"制度的形成,也是内外相合。起初,"悲音"與雅樂相對。《韓非子·十過篇》記晉平公欲聞"最悲"之音,固使師曠奏之,乃致國家大旱,是以悲音爲"凶聲",即建國所禁"四聲"之一。儒家所謂亂世亡國之音,大多是悲音。直到宋代的周敦頤,其《通書·樂上》還説"代變新聲,妖淫愁怨,導欲增悲"①,以"悲音"爲鄭衛之聲。總之,在雅樂的立場上説,雅正之聲安以樂,"以悲爲樂"(阮籍語)則是新聲俗樂的趣味,所以由"樂"入"悲"可以説是由"雅"入"俗"。但是漢武朝"樂喪"定爲官禮,"以悲爲樂"已合乎禮,差不多歸於"正"了。而魏晉士人好"樂喪",則表明"以悲爲樂"之趣的文人化,可謂由"俗"入"雅"。

盧文弨《龍城札記》卷二云:

> 魏晉以前,亦皆尚悲。……悲究非和平之音,其好尚當起於戰國時耳。②

---

① 周敦頤《周敦頤集》,北京:中華書局1990年版,第29頁。
② 盧文弨《龍城札記》,北京:中華書局2010版,第133—134頁。

蓋以西周春秋之世，皆尚和平之音，而雅樂之趣未失，故推知尚悲之趣"起於戰國時"。然而趣味之變，實起於春秋。平王東遷，禮樂壞，政教衰，"君子作歌，維以告哀"，則樂不主樂（音洛）而主哀矣。《列子·湯問》記韓娥過雍門，"曼聲哀哭，一里老幼悲愁，垂涕相對，三日不食"①，是以雍門之人至今善"歌哭"。《周禮·女巫》曰："凡邦之大災，歌哭而請。"②"歌哭"亦言"舞號"，女巫作法解禳，爲悲哀吁嗟之聲以感神靈，雖不屬雅樂，然亦用於正禮。"歌哭"主哀，又是歌，是周制中唯一合禮的"悲音"，最易於先開尚悲音之風。韓娥"歌哭"，即其例也。又《論衡·自紀篇》曰："師曠調音，曲無不悲。"③《説苑·善説篇》曰："雍門子周以琴見乎孟嘗君。孟嘗君曰：先生鼓琴，亦能令文悲乎？"④按《樂記·魏文侯章》曰"絲聲哀"⑤，是琴瑟主悲也。雅樂爲金石之音而文之以琴瑟，而新樂則以琴瑟爲重，所謂"煩手淫聲"者，然則由"金石"雅音轉爲"絲竹"新聲，亦必開尚悲音之風也。以上皆春秋尚悲音之例。《淮南子·主術訓》曰："鄒忌一徽而威王終夕悲，感于憂。"⑥此以琴瑟作悲音也。《列子·湯問》謂秦青"撫節悲歌，聲振林木，響遏行雲"⑦，此以琴瑟與歌哭並作悲音也。此戰國尚悲音之例。蓋歌者以善悲音爲清才，聽者以知悲音爲妙賞，春秋以來，風尚如斯。盧氏嘗舉數例，以證其説，而錢鍾書又以盧氏所舉未密，旁徵博引，所舉文士尚悲音之例甚多⑧，足以證明漢魏時期尚悲之趣，已有自"俗"向"雅"的轉變，使桓、袁、張等得承其風，而以"樂喪"爲雅趣也。阮籍《樂論》曰："當王莽居臣之時，奏新樂於廟中，聞之者皆爲之悲咽。桓帝聞楚琴，悽愴傷心，倚房而悲，慷慨長息曰：'善哉乎！爲琴若此，一而已足矣。'順帝上恭陵，過樊衢，聞鳥鳴而悲，泣下橫流，曰：'善哉鳥聲！'使左右吟之，曰：'使絲聲若是，豈不樂哉！'夫是謂以悲爲樂者也。誠以悲爲樂，則天下何樂之有！"⑨阮氏仍是基於雅樂的觀念，以和樂爲正，自雅視俗，則近世所尚，不過流涕感動，噓唏傷氣，

---

① 楊伯峻《列子集釋》，北京：中華書局1979年版，第178頁。
② 《十三經注疏》，第1763頁。
③ 黃暉《論衡校釋》，北京：中華書局1990年版，第1199頁。
④ 向宗魯《説苑校證》，北京：中華書局1987年版，第279頁。
⑤ 《十三經注疏》，第3341頁。
⑥ 何寧《淮南子集釋》，北京：中華書局1998年版，第618頁。
⑦ 楊伯峻《列子集釋》，第177頁。
⑧ 錢鍾書《管錐編》，北京：中華書局1979年版，第946頁。
⑨ 陳伯君《阮籍集校注》，北京：中華書局2012年版，第98—99頁。

不得謂之"樂"也。但是"樂"的意義,雅樂衰替之後,經過"以悲爲樂"的趣味之變,早就被重新界定。大勢所趨,阮氏豈不之知,蓋亦有感於漢末禮樂之不振也。

嘉禮用樂、凶禮不用樂,與主樂不主哀的雅樂觀念相表裏,而以"樂喪"爲制,既不能與雅樂觀念相兼容,則必當有主哀的觀念與之相應。但是"以悲爲樂"卻不必依於"樂喪"。古人之作悲音,固以鼓絃撫節爲常,而唱挽歌以寄哀音,特其一端耳。魏晉士人因好悲音而作"樂喪",意不在禮,故酒後歌哭,不關喪禮。於是"樂喪"自喪禮分離出來。然"樂喪"與禮相分,豈名士曠達之風所致哉?蓋亦有所承也。

郢客唱《薤露》《下里》,二曲果爲挽歌,則其事已近於魏晉士人的"樂喪",無喪而歌,"樂""喪"相分矣。戰國後期是否已有此風氣,不能確定,但"樂喪"定爲官禮之後,確實出現了泛濫的現象。《初學記·挽歌》引司馬彪《續漢書》曰:

> 大將軍梁商三月上巳日,會洛水。倡樂畢極,終以《薤露》之歌,坐中流淚。①

按上巳修禊,群賢嘉會於洛水,此時作《薤露》,以"樂喪"行樂事者也;使聞者流涕,"以悲爲樂"也。"樂喪"合禮化,加之尚悲音之風的驅動,遂泛濫於喪禮之外,致使"樂""喪"分離。又《後漢書·五行志》注引應劭《風俗通》云:

> (靈帝)時京師賓婚嘉會,皆作魁櫑,酒酣之後,續以挽歌。魁櫑,喪家之樂;挽歌,執紼相偶和之者。②

按"魁櫑",通"魁壘""傀儡"。《列子·湯問篇》載偃師能造木偶"倡者",其歌合律、舞應節,如真人也③。"魁櫑"蓋與此木偶"倡者"相似。喪家"作魁櫑",即以偶人爲歌舞,近於後世之傀儡戲。應劭稱"魁櫑"爲"喪家之

---

① 徐堅《初學記》,北京:中華書局2004年,第363頁。
② 范曄《後漢書》,第3273頁。
③ 楊伯峻《列子集釋》,第177頁。

樂",可知漢代喪家的娛賓之樂,常用偶人歌舞。"喪家之樂"不是哀樂,所以婚禮亦得通用之。"樂喪"本是喪禮,今則賓婚嘉會作喪家之樂,是無喪事也;酒酣之後續以挽歌,是無殯葬也。這就是"樂""喪"相分。

東漢之時,已有樂事而作悲音者,梁商於洛水之會使倡歌《薤露》是也;有嘉禮而用哀樂者,靈帝時京師賓婚作"樂喪"是也。雖曰"詭俗異禮",要亦好悲音而已。好悲音,所以"樂喪"進乎禮,而挽歌不必因喪事而作也。無喪而歌,其何所歸耶？一歸於詩也,一歸於情也。漢魏以來,詩人不爲喪事而作挽詩,或者用《薤露》《蒿里》舊題作擬樂府詩,已甚普遍。此歸於詩者也。士人無喪事而爲"樂喪",與詩人作挽詩而不爲喪事,其趣相通,所異者,無喪而歌,一往情深而已。此歸於情者也。然則"樂""喪"相分,其流變有二途,或開擬挽詩之風,發文苑之新調也;或唱挽歌以寄哀,標名士之風韻也。

"樂""喪"相分,所以有魏晉士人的"樂喪"之好。張湛酒後作挽歌,非承"酒酣之後續以挽歌"之風耶？司馬晞於燕會使人作歌舞離別之辭,非承"倡樂畢極終以《薤露》之歌""賓婚嘉會皆作魁檑"之風耶？魏晉士人之爲"樂喪",固有所承也,然又豈特好悲音而已哉？漢末以來,天下板蕩,世極迍邅,故士人常有憂生之嗟。觀《世說》之"傷逝",則知魏晉士人不惟一往有深情,又別有一種傷感之氣質。王戎過黃公酒壚下,曰"今日視此雖近,邈若山河"[1];戴逵於支遁墓前,曰"德音未遠,而拱木已積"[2];千載之下,猶可想象其神情之蕭索,然後張驎醉後挽歌必頓悴至極,袁崧醉唱《行路難歌》於宋褘冢前,皆可同情也。蓋魏晉玄學,理超象外,名士們浸染既深,對於人生之義,常作終極之領悟,不覺欣悲交集,是以季倫之序《金谷》也,始於"晝夜遊宴""鼓吹遞奏",而終於"感性命之不永,懼凋落之無期"[3];逸少之序《蘭亭》也,始於"流觴曲水"之樂事,而終於"後之視今亦猶今之視昔"之悲悵。挽歌詠魂魄之將往,適與憂生之嗟相感會,則士人以"樂喪"作悲音,又豈以放曠任達爲意哉？義慶以之入"任誕"之門,不知其更近"傷逝"之門也。

魏晉名士之好挽歌,其迹也;尚悲音,其趣也;悲生死,其情也。"以悲

---

[1] 余嘉錫《世說新語箋疏》,第636頁。
[2] 余嘉錫《世說新語箋疏》,第643頁。
[3] 余嘉錫《世說新語箋疏》,第529頁。

爲樂",又通乎"以悲爲美",於是品論詩文,亦靡被其風。劉勰論文重雅樂之趣,然極稱十九首"怊悵切情"①,以爲五言冠冕,又以"世積亂離,風衰俗怨"爲建安風骨之所由②,又有"蚌病成珠"之説③,是即以悲爲美之趣也。鍾嶸論詩,最得此趣,以爲"魂逐飛蓬""媚閨淚盡",所以長歌以騁情,則詩歌常出於怨④。評李陵詩曰:"文多悽愴,怨者之流。……生命不諧,聲頽身喪。使陵不遭辛苦,其文亦何能至此!"⑤評劉琨詩曰:"善叙喪亂,多感恨之詞。"⑥則不特詩人之情出於怨,詩之美亦在悲也。儒家傳統詩論,本於雅樂觀念,故以中和之聲爲正,而鍾嶸以悲音爲美,固已出其藩籬也。至於韓愈《荆潭唱和詩序》曰"窮苦之言易好"⑦,歐陽修《梅聖俞詩集序》曰"窮者而後工"⑧,則不惟以"怨以怒""哀以思"爲美,直以"安以樂"爲難工者也⑨。魏晋士人的"樂喪",緣於對雅樂觀念的突破,其事雖不關文學,但對於詩家突破"樂者樂也"這個雅樂觀念的限制,不能無推進之功。文學中以悲爲美的傳統的形成,魏晋士人的"樂喪"也是與有其功的。

(作者單位:復旦大學中文系、中國古代文學研究中心)

---

① 范文瀾《文心雕龍注》,北京:人民文學出版社 1058 年版,第 66 頁。
② 范文瀾《文心雕龍注》,第 674 頁。
③ 范文瀾《文心雕龍注》,第 699 頁。
④ 曹旭《詩品集注》,上海:上海古籍出版社 2011 年版,第 56 頁。
⑤ 曹旭《詩品集注》,第 106 頁。
⑥ 曹旭《詩品集注》,第 310 頁。
⑦ 郭紹虞《中國歷代文論選》第 2 册,上海:上海古籍出版社 1979 年版,第 129 頁。
⑧ 郭紹虞《中國歷代文論選》第 2 册,第 130 頁。
⑨ 按:關於劉勰、鍾嶸、韓愈等人觀點的分析,可參見錢鍾書《詩可以怨》,《七綴集》,上海:上海古籍出版社 1994 年版,第 119 頁。

On the Funerals with Music in the Wei and Jin Dynasties

Yang Lierong

In the "Free and Unrestrained" chapter of *A New Account of Tales of the World*, there is a record about Huang Ziye 桓子野, Yuan Shansong 袁山松, and Zhang Zhan 張湛 who were interested in elegies. In his annotation of *Qiaozi faxun* 譙子法訓 (The Principles of Qiaozi), Liu Xiaobiao 劉孝標 doubts Qiao Zhou's 譙周 assertion and notes elegiac funerals were not part of the ancient institution. The "Record of Music" of *Book of Rites* notes "the term 'music' is derived from the word 'joy,'" which expresses the concept of *yayue* 雅樂 (elegant music) that confirms the legitimacy of the sounds of peace and happiness. In contrast in the institution, inauspicious rites did not feature any music. Therefore, elegiac funerals were not part of orthodox rites. Orthodox rites gradually had been in the decline since the Spring and Autumn period. Elegiac funerals became favored in folk rituals insofar as it was institutionalized during Emperor Wu's reign in the Han dynasty, whereas the ancient rituals were abolished. With the decline of elegant music and the rise of *xinsheng* 新聲 (new sounds) and the prevalent preference for music that inspired sadness, the concept of elegant music was abandoned. In this process, elegies were separated from funerals and became a musical form for the expression of sorrow, resulting in the creation of elegiac poetry and the *yuesang* 樂喪 (funerals with music) in the Wei and Jin dynasties. The social turmoil in the late Han dynasty also lent Wei and Jin scholars' elegies a sentimental note which they also inherited from the prevalent preference for music that inspired sadness in the Spring and Autumn period. Liu Yiqing 劉義慶 categorized these stories under the "Free and Unrestrained" chapter and superficially considered funerals with music only as an unconventional fashion. The prevalence of funerals with music in the Wei and Jin dynasties originated in the break from elegant music and contributed to the formation of a literary aesthetic that inspired sadness.

Keywords: *A New Account of Tales of the World*, Wei and Jin dynasties, *yuesang*, elegy, *yayue*

徵引書目

1. 《十三經注疏》，北京：中華書局，2009 年影清嘉慶阮元刻本。*Shisanjing Zhushu*（*Annotated Thirteen Classics*）. Jiaqing Edition of Qing dynasty Printed by Ruan Yuan. Beijing：Zhonghua shuju，2009.
2. 丁福保輯：《歷代詩話續編》，北京：中華書局，2006 年版。Ding Fubao edited. *Lidai shihua xubian*（*A Sequel Collection of Remarks on Poetry from Various Dynasties*）. Beijing：Zhonghua shuju，2006.
3. 司馬遷：《史記》，北京：中華書局，1982 年版。Sima Qian. *Shiji*（*Records of the Grand Historian*）. Beijing：Zhonghuashuju，1982.
4. 向宗魯：《説苑校證》，北京：中華書局，1987 年版。Xiang Zonglu. *Shuoyuan Jiaozheng*（*Collations of the Garden of Persuasion*）. Beijing：Zhonghua shuju，1987.
5. 何焯：《義門讀書記》，北京：中華書局，1987 年版。He Zhuo. *Yimen dushu ji*（*Record of studies of Yimen*）. Beijing：Zhonghua shuju，1987.
6. 何寧：《淮南子集釋》，北京：中華書局，1998 年版。He Ning. *Huainanzi jishi*（*Collected Interpretations of the Huainanzi*）. Beijing：Zhonghua shuju，1998.
7. 余嘉錫：《世説新語箋疏》，北京：中華書局，1993 年版。Yu Jiaxi. *Shishuo Xinyu Jianshu*（*Commentary on A New Account of Tales of the World*）. Beijing：Zhonghua shuju，1993.
8. 李昉編：《太平御覽》，北京：中華書局，1960 年版。Li Fang edited. *Taiping yu lan*（*Readings of the Taiping Era*）. *Youyang zazu jiao jian*（*Collation of Miscellaneous Morsels from Youyang*）. Beijing：Zhonghua shuju，1960.
9. 周敦頤：《周敦頤集》，北京：中華書局，1990 年版。Zhou Dunyi. *Zhou Dunyi ji*（*Collected Works of Zhou Dunyi*）. Beijing：Zhonghua shuju，1990.
10. 房玄齡：《晋書》，北京：中華書局，1974 年版。Fang Xuanling. *Jinshu*（*Book of Jin*）. Beijing：Zhonghua shuju，1974.
11. 范曄：《後漢書》，北京：中華書局，1965 年版。Fan Ye. *Hou Hanshu*（*Book of the Later Han*）. Beijing：Zhonghua shuju，1965.
12. 孫詒讓：《周禮正義》，北京：中華書局，2013 年版。Sun Yirang. *Zhouli zhengyi*（*Exegesis of The Rites of Zhou*）. Beijing：Zhonghua shuju，2013.
13. 徐堅：《初學記》，北京：中華書局，2004 年版。Xu Jian. *Chu xueji*（*Notes to First Learning*）. Beijing：Zhonghua shuju，2004.
14. 崔豹：《古今注》，北京：中華書局，1985 年版。Cui Bao. *Gujin zhu*（*Notes to Things Old and New*）. Beijing：Zhonghua shuju，1985.
15. 許逸民：《酉陽雜俎校箋》，北京：中華書局，2015 年版。Xu Yimin. *Youyang zazu jiao jian*（*Collation of Miscellaneous Morsels from Youyang*）. Beijing：Zhonghua shuju，2015.
16. 郭茂倩：《樂府詩集》，北京：中華書局，1979 年版。Guo Maoqian. *Yuefu shiji*（*Collection of Yuefu poetry*）. Beijing：Zhonghua shuju，1979.
17. 郭紹虞主編：《中國歷代文論選》，上海：上海古籍出版社，1979 年版。Guo Shaoyu

edited. *Zhongguo Lidaiwenlunxuan* (*Selected literary theories of past dynasties in China*), Shanghai：Shanghai guji chubanshe, 1979.

18. 陳伯君：《阮籍集校注》,北京：中華書局,2012 年版。Chen Bojun. *Ruan Ji ji jiaozhu* (*Annotated Collection of Works by Ruan Ji*). Beijing：Zhonghua shuju, 2012.

19. 黄暉：《論衡校釋》,北京：中華書局,1990 年版。Huang Hui. *Lunheng jiaoshi* (*Explanations and Comments on Lunheng*). Beijing：Zhonghua shuju, 1990.

20. 楊伯峻：《列子集釋》,北京：中華書局,1979 年版。Yang Bojun. *Liezijishi* (*Collected Explanations of the Liezi*). Beijing：Zhonghua shuju, 1979.

21. 訾丹潔、劉志偉：《〈虞殯〉非送葬歌曲考》,載於《青海師範大學學報(哲學社會科學版)》第 35 卷第 2 期(2013 年 3 月),第 82—85 頁。Zi Danjie, Liu Zhiwei. "Yu bin fei songzang gequ kao" (Study on Yu-Bin is not a Funeral Song). *Qinghai shifan daxue xuebao* (*Zhexue shehui kexue ban*) *Journal of Qinghai Normal University* (*Philosophy and Social Sciences*) 35.2 (Mar. 2013)：pp. 43 – 48.

22. 盧文弨：《龍城札記》,北京：中華書局,2010 年版。Lu Wenchao. *Longchengzhaji* (*Notes by Longcheng*). Beijing：Zhonghua shuju, 2010.

23. 蕭統編,李善注：《文選》,上海：上海古籍出版社,2019 年版。Xiao Tong edited. *Wen Xuan* (*Selections of Refined Literature*). Annotated by Li Shan. Shanghai：Shanghai guji chubanshe, 2019.

24. 錢鍾書：《七綴集》,上海：上海古籍出版社,1994 年版。Qian Zhongshu. *Qi zhui ji* (*Patchwork: Seven Essays on Art and Literature*). Shanghai：Shanghai guji chubanshe, 1994.

25. 錢鍾書：《管錐編》,北京：中華書局,1979 年版。Qian Zhongshu. *Guanzhui bian* (*Limited Views*). Beijing：Zhonghua shuju, 1979.

26. 鍾嶸著,曹旭集注：《詩品集注》,上海：上海古籍出版社,2011 年版。Zhong Rong. *Shipin jizhu* (*Collected Annotations of the "Grading of Poets"*). Edited by Cao Xu. Shanghai：Shanghai guji chubanshe, 2011.

鍾會譖殺嵇康公案的再審視
——對《世說新語》史料的分梳

鍾書林

【摘　要】以鍾會爲個案,探討《世說新語》獨特的編撰體例、編撰思想及其對歷史人物的獨到品鑒與書寫,體現出不同於《三國志》《晉書》等史籍而自成一家之言的可貴價值。在以往研究中,鍾會被誤認爲進讒言而誅殺嵇康,成爲嵇康之死的直接推動者,被後世披以惡名,今以《世說新語》對鍾會的幾則記載爲例,參驗以其他典籍,可知鍾會之惡名實多爲誤解或誤讀。我們以"了解之同情",重回歷史現場,以《世說新語》文本記載爲基點,對鍾會生平及行事,細加考索,可以了解到鍾會才學過人,"不是什麽不知義理的武人"(吕思勉語),其行事舉止、社會聲譽、總體而言,皆有令名,《世說新語》所載大抵契合當時實況。而後世對鍾會所責之惡名,宜有所釐正。

【關鍵詞】《世說新語》　《晉書》　鍾會　嵇康　周邊人物

鍾會是三國時期重要歷史人物,《世說新語》對於其歷史記載,呈現出迥異於其他史籍的鮮明特色,值得傾心關注。《世說新語》雖然現代多被視作小說,但它一直是我們今天研究東漢末年、魏晉時期歷史、語言、文學、玄學等領域的重要參考資料。劉義慶廣集前代遺聞軼事,劉孝標注廣涉經史雜著等書籍,二者都較好地保存當時的歷史資料,爲後世所珍重。梁啓超先生說:"兩晉、六朝,百學蕪穢,而治史者獨盛,在晉尤著。""晉代玄學之外惟有史學,而我國史學界亦以晉爲全盛時代。"①此雖就兩晉而言,毗鄰兩晉

---

① 梁啓超:《過去之中國史學界》,《中國歷史研究法》,北京:東方出版社1996年版,第20頁。

的三國、劉宋時代，其史學史著亦爲興盛。《世説新語》所載雖然不盡符合史實，但就當時文體、史著風氣而論，又其編纂隊伍多被"引爲佐史國臣"，其編纂初衷，宜與其《徐州先賢傳》相類[1]，具有雜傳雜史的色彩[2]。

《世説新語》中記載鍾會（鍾士季）的史料，共有18條。其中劉義慶所撰正文11條，劉孝標所撰注文7條。其在全書的分佈情況，表格統計如下：

次數\篇名	德行	言語	文學	方正	雅量	賞譽	賢媛	巧藝	簡傲	排調
正文	0	2	1	1	0	3	1	1	1	1
注文	1	0	1	0	1	1	0	2	1	0

《世説新語》中記載鍾會史料的次數，雖然遠不及嵇康（66條），但相對而言，頻率也不算低，其大致與何晏、陶侃等人相當，而略高於魏文帝、魏明帝等人[3]。涉及10個篇章，其中8個篇章爲正主（正面描寫），涉及言語、文學、賞譽、巧藝、簡傲、排調等6個領域，集中展現了鍾會才思敏捷、談吐非凡、文采出衆、才藝超群的性格形象。又，其中《賞譽》次數最多（4條），從側面展現了當時社會特別是《世説新語》對鍾會的定位與評價，而《巧藝》《文學》《言語》分别次之，也真實再現了鍾會的才藝修養（書法、《四本論》、敏對）。整體合而觀之，《世説新語》對鍾會的記載，雖然在篇幅上不及《三國志》，但涉及視角的寬度、廣度，尤其是社會覆蓋面、社會聲譽評價以及對鍾會的褒貶情感等方面，均在《三國志》基礎上有所超越，並匡正後來唐修《晉書》之不足，這是以往所忽略的。

讒殺嵇康，是鍾會平生一大人格污點；蜀中造反，是鍾會平生一大政治

---

[1]《宋書》劉義慶本傳，稱他"招聚文學之士，近遠必至"，"並爲辭章之美，引爲佐史國臣"；又稱他"撰《徐州先賢傳》十卷，奏上之"。
[2] 南宋高似孫《緯略》稱劉義慶採擷漢、晉以來佳事佳話，劉孝標注引漢、魏、吴諸史及子書地理之書，其他如晉氏一朝史書及晉諸公列傳譜録，作爲正史之外的補充，詳閱余嘉錫《世説新語箋疏》附録，北京：中華書局1983年版，第933頁。又，明人袁褧《世説新語序目》稱譽《世説新語》"雖典雅不如左氏《國語》，馳騁不如《戰國策》，而清微簡遠，居然玄勝"，稱譽劉孝標所注"能收録諸家小史分釋其義"，參閱余嘉錫《世説新語箋疏》附録，第932頁。以上諸家所論，均將《世説新語》及劉孝標注，作史學觀，值得珍視。
[3] 上表及此處相關資料統計，參閱余嘉錫撰《世説新語箋疏》附録張忱石《〈世説新語〉人名索引》，中華書局1983年版。

污點。圍繞這兩大污點，後世争訟不息，卑污曲直，難有定論。囿於篇幅，本文僅探討鍾會讒殺嵇康公案，旨在清其眉目，還其本原，梳理史料堆積演進歷程，發掘鍾會逐漸被披以惡名的漸進歷程。

鍾會、嵇康交往的史跡，從三國時代開始，經兩晋文人著述到唐修《晋書》，其相關記載頗多乖違訛亂。例如，《三國志》裴松之注指出："臣松之案：本傳云（嵇）康以景元中坐事誅，而干寶、孫盛、習鑿齒諸書，皆云正元二年，司馬文王反自樂嘉，殺嵇康、吕安。蓋緣《世語》云康欲舉兵應毌丘儉，故謂破儉便應殺康也。其實不然。山濤爲選官，欲舉康自代，康書告絶，事之明審者也。案濤行狀，濤始以景元二年除吏部郎耳。景元與正元相較七八年，以濤行狀檢之，如本傳爲審。……干寶云吕安兄巽善於鍾會，巽爲相國掾，俱有寵於司馬文王，故遂抵安罪。尋文王以景元四年鍾、鄧平蜀後，始授相國位；若巽爲相國掾時陷安，焉得以破毌丘儉年殺嵇、吕？此又干寶疏謬，自相違伐也。"①可見當時有關嵇、鍾交往史實的一些增益、疏謬，加之唐修《晋書》審辨不精，並在後世影響深遠，導致鍾會讒殺嵇康事愈發訴訟難清。兹以《世説新語》爲中心，對若干史實試加辨考，理其脈絡。

一、《世説新語》對鍾會嵇康交往記載的史料分梳

有關鍾會與嵇康的直接交往，《世説新語》僅有兩則記載。《世説新語·簡傲》載：

> 鍾士季精有才理，先不識嵇康，鍾要于時賢儁者之士，俱往尋康。康方大樹下鍛，向子期爲佐鼓排。康揚槌不輟，傍若無人，移時不交一言。鍾起去，康曰："何所聞而來？何所見而去？"鍾曰："聞所聞而來，見所見而去。"②

---

① 陳壽撰、（南朝宋）裴松之注《三國志》卷二十一《王粲傳》附《嵇康傳》，北京：中華書局1959年版，第605頁。
② 余嘉錫撰《世説新語箋疏》，第767頁。

又，《世説新語·文學》記載："鍾會撰《四本論》，始畢，甚欲使嵇公一見，置懷中，既定，畏其難，懷不敢出，於户外遥擲，便回急走。"①後一則故事不見載於《晋書》，卻被後世視爲鍾、嵇交惡、進讒言的直接動因之一。有學者認爲，鍾會"户外遥擲"事件，當發生在鍾、嵇"鍛鐵對話"之前，二者疊加在一起，直接導致鍾會恨上加恨，最終置嵇康於死地。

　　事實上，我們倘若仔細考究《世説新語》中的兩則記載，就會發現，二者各自獨立，相互並無關聯，更無一前一後的因果關係，反而有些相互矛盾。具體表現爲：

　　一是"不識"與"識"的矛盾。在《簡傲》篇中，明確説鍾會"先不識嵇康"，是"俱往尋康"，且"尋"字與"不識"一詞，前後映照，反復凸顯其文意。但在《文學》篇中，則强調"始畢，甚欲使嵇公一見"，尤以"甚欲"二字刻畫出鍾會的迫切神態。"既定②"，有的版本作"既見""既詣宅③"；"便回急走"，有的版本作"便面急走"④。但這些異文，不影響整體文意。"既定"（"既見""既詣宅"），"於户外遥擲"，"便面急走"（隨即轉身而跑）⑤，前後語意連貫，傳達出"甚欲"見但又怕見的惶恐。其於"户外遥擲"，即擔憂嵇康看見自己。因此，鍾會"於户外遥擲""便面急走"等系列動作，傳達出一個共同的信息：擔憂被嵇康看見識出自己（擔憂嵇康因其人而輕視其《四本論》）。當然，鍾會不敢見嵇康面，也可能還有另外的原因，即畏難、不自信。這一點與下文所説的矛盾性相一致。

　　二是場面浩大從容與場面猥瑣卑下的矛盾。《簡傲》篇，描叙鍾會見嵇康時，場面華麗盛大、從容不迫："鍾要于時賢俊者之士，俱往尋康"，劉孝標注引《魏氏春秋》用"乘肥衣輕，賓從如雲"⑥，加以渲染。而《文學》篇："始畢，甚欲使嵇公一見，置懷中，既定，畏其難，懷不敢出，於户外遥擲，便回急

---

① 余嘉錫撰《世説新語箋疏》，第195頁。
② "定"，張萬起先生説："可能指完成。一説是'詣宅'的傳寫之誤。"張萬起《世説新語譯注》，北京：中華書局1998年版，第72頁。
③ 龔斌先生認爲："諸家謂'既定'當從《續談助》，作'既詣宅'，可從。"龔斌《世説新語校釋》，上海：上海古籍出版社2011年版，第376頁。
④ "便面急走"，余嘉錫引程炎震云："'便回'，《御覽》三百六十五'面門'，又三百九十四'走門'，均引作'面'字，是也。"余嘉錫撰《世説新語箋疏》，第195頁。
⑤ "便面急走"，諸家釋義有分歧，此從方一新《世説新語詞語校讀札記》（《杭州大學學報》1991年第4期）。
⑥ 余嘉錫撰《世説新語箋疏》，第769頁。

走。"通過一系列不斷變換的動作,表達鍾會忐忑、忸怩、不自信,甚至惶恐卑下的狼狽神態,與《簡傲》篇形成鮮明的反差。

一些學者甚至認爲《文學》篇中的鍾會之所以有如此表現,在於鍾會"身微名輕",與嵇康有較大差距,並認爲嵇康的社會聲望、學識遠高於鍾會。在一些研究中,甚至誤將嵇康視爲前輩。所有這些誤讀,大概主要源於鍾會的"户外遥擲""便面急走"等舉動。這些舉動,多被誤認爲鍾會"敬畏"嵇康,並希冀倚其聲名而隆身價。

其實,嵇康僅比鍾會大一歲(一説兩歲),兩人幾乎是平輩。鍾會身出名門,是鍾繇之子,並非"身微名輕"。其"敏慧夙成,少有才氣",年少得志,十九歲入仕,爲秘書郎,二十二歲升爲尚書郎,二十九歲進封爲關内侯。《三國志·鍾會傳》:"(會)及壯,有才數技藝,而博學精練名理,以夜續晝,由是獲聲譽。""初,會弱冠與山陽王弼並知名。"[1]俱是明證。《三國志·傅嘏傳》:"曹爽誅,爲河南尹,遷尚書。……嘏常論才性同異,鍾會集而論之。嘉平末,賜爵關内侯。"[2]有學者據此推斷《四本論》"始畢"於傅嘏任尚書之後、嘉平末(即嘉平六年)賜爵關内侯之前。即便如此,也不能就此認定《四本論》完成之時、賜爵關内侯之前,鍾會"身微名輕",欲借重嵇康以揚名。鍾會身出名門,自帶光環。所以《世説新語》開篇即説:"鍾士季精有才理",而《晋書·嵇康傳》在談及鍾會時,先介紹"潁川鍾會,貴公子也",然後纔説"精練有才辯"[3],劉孝標注引《魏氏春秋》開篇也先介紹"會名公子"。而相較之下,《世説新語》在鍾會開篇出場時,卻無須專門介紹鍾會名公子身份,因爲該書選録的人物俱是名士、貴公子,而鍾會本身就是名公子。因此,《世説新語》所載鍾會"户外遥擲""便面急走"等舉動,與身份、名氣無涉,亦非《世説新語》編撰者初衷。

鍾會之所以"户外遥擲""便面急走",其實《世説新語》前文已説明原因:"畏其難"。難,即辯難。互相辯駁問難,這是東漢以來經學家、名士思想交鋒的重要形式之一。例如,《後漢書·范升傳》記載,范升反對《左氏春秋》立博士,"與韓歆及太中大夫許淑等互相辯難,日中乃罷"[4]。《南齊書·王僧虔傳》載王僧虔《誡子書》云:"才性四本,聲無哀樂,皆言家口實。

---

[1] 陳壽撰、裴松之注《三國志》卷二十八《鍾會傳》,北京:中華書局1959年版,第784頁。
[2] 陳壽撰、裴松之注《三國志》卷二十一,第624—627頁。
[3] (唐)房玄齡等《晋書》卷四十九,北京:中華書局1974年版,第頁。
[4] (南朝宋)范曄撰、(唐)李賢等注《後漢書》卷三十六,北京:中華書局1965年版,第1228頁。

如客至之有設也，汝皆未經拂耳瞥目，豈有庖廚不脩，而欲延大賓者哉？"余嘉錫先生案語引此例，並强調說："清談之重《四本論》如此，殆如儒佛之經典矣。"①才性四本，乃鍾會之辯題，作《四本論》；聲無哀樂，爲嵇康辯題，作《聲無哀樂論》。兩種辯題，均作爲經典辯題，流傳於當世，王僧虔《誡子書》稱爲"皆言家口實"，余嘉錫先生比擬爲"儒佛之經典"，足見二者在當時旗鼓相當的地位。

不過，值得注意的是，上述《世說新語》的這兩則記載卻呈現出再次的矛盾，即善辯與懼辯的矛盾。在"簡傲"篇中，鍾會、嵇康俱以善辯見稱："康曰：'何所聞而來？何所見而去？'鍾曰：'聞所聞而來，見所見而去。'"兩人一問一答，可謂針尖對麥芒，頓顯鍾、嵇兩人"簡傲"的狂態本色，平分秋色，才思敏捷，均頗爲精彩。而在"文學"篇中，鍾會《四本論》"始畢"，"甚欲使嵇公一見"，卻逡巡不進，"畏其難，懷不敢出"，不敢與嵇康當面辯難，被刻畫爲懼辯形象。而事實上，善辯才是鍾會的本色。例如《三國志·鍾會傳》稱鍾會"弱冠與山陽王弼並知名"，"辭才逸辯"；《晉書·嵇康傳》也稱鍾會"精練有才辯"。《世說新語·言語》記載其"戰戰慄栗，汗不敢出""偷本非禮，所以不拜"等捷對②，俱見其才辯。

綜上，《世說新語》中有關鍾會與嵇康交往的兩則記載，原本各自獨立，相較於"簡傲"篇，"文學"篇似有矮化丑化鍾會而推尊嵇康之嫌，其史料源流應當不是出於同一系統。因此，二者之間不宜建立起因果關係，更不宜作爲鍾會讒殺嵇康的因果鏈。

二、《世說新語》《晉書》對鍾會嵇康交往記載的文本比對及辨析

相較於《世說新語》，《晉書·嵇康傳》敘述鍾會讒毀嵇康過程甚詳：

---

① 余嘉錫撰《世說新語箋疏》，第195頁。
② 《世說新語·言語》："鍾毓、鍾會少有令譽。年十三，魏文帝聞之，語其父鍾繇曰：'可令二子來。'於是敕見。毓面有汗，帝曰：'卿面何以汗？'毓對曰：'戰戰惶惶，汗出如漿。'復問會：'卿何以不汗？'對曰：'戰戰慄栗，汗不敢出。'"又，《世說新語·言語》："鍾毓兄弟小時，值父晝寢，因共偷服藥酒。其父時覺，且託寐以觀之。毓拜而後飲，會飲而不拜。既而問毓何以拜，毓曰：'酒以成禮，不敢不拜。'又問會何以不拜，會曰：'偷本非禮，所以不拜。'"余嘉錫撰《世說新語箋疏》，第71—72頁。

初，康居貧，嘗與向秀共鍛於大樹之下，以自贍給。潁川鍾會，貴公子也，精練有才辯，故往造焉。康不爲之禮，而鍛不輟。良久會去，康謂曰："何所聞而來？何所見而去？"會曰："聞所聞而來，見所見而去。"會以此憾之。及是，言於文帝曰："嵇康，臥龍也，不可起。公無憂天下，顧以康爲慮耳。"因譖"……康、安等言論放蕩，非毁典謨，帝王者所不宜容。宜因釁除之，以淳風俗"。帝既昵聽信會，遂並害之。①

細捋其文本，分前後兩節，"初……會以此憾之"爲前節，"及是……遂並害之"爲後節，前者是因，後者爲果，二者因果關聯，遂坐實鍾會讒殺之説，並成爲後世定案。但唐修《晋書》晚出，加之其史料來源蕪雜，宜詳加辨證，以考鏡源流，别其是非。

《晋書》"初……會以此憾之"鍾、嵇交惡一節，似據《世説新語·簡傲》而略加改寫，卻又有差別。《世説新語·簡傲》記載：

　　鍾士季精有才理，先不識嵇康，鍾要于時賢俊者之士，俱往尋康。康方大樹下鍛，向子期爲佐鼓排。康揚槌不輟，傍若無人，移時不交一言。鍾起去，康曰："何所聞而來？何所見而去？"鍾曰："聞所聞而來，見所見而去。"

對比兩則文字，除嵇康問語、鍾會答語相同外，其他細節，皆有所出入。

1. 嵇康家貧，鍛鐵"以自贍給"。《世説新語》僅説"康方大樹下鍛"，至於鍛鐵原因，並未叙説。《晋書·嵇康傳》卻分作兩處，細説嵇康鍛鐵。一處是"山濤將去選官，舉康自代。康乃與濤書告絶"之後，叙述嵇康"性絶巧而好鍛。宅中有一柳樹甚茂，乃激水圜之，每夏月，居其下以鍛"；另一處是追叙"初，康居貧，嘗與向秀共鍛於大樹之下，以自贍給"，置之於鍾會即將造訪嵇康之前。這兩處行文重複、矛盾。前者叙説嵇康"性好鍛"，即嵇康鍛鐵出自天性愛好、興趣，僅每逢夏月鍛鐵，並非謀生之資；後者叙説嵇康家貧，鍛鐵"以自贍給"，貼補家用，作爲謀生手段。有學者據此，稱道嵇康不願與權貴交接，尤其不願與鍾會這樣的權勢煊赫的人物來往。其實，這種解讀未得其實，且相互矛盾。因爲如前文所言，在《世説新語·文學》中，

---

① 房玄齡等《晋書》卷四十九，第1373頁。

鍾會"户外遥擲",被解讀爲鍾會"身微名輕",欲倚重嵇康以揚名;而在《世說新語·簡傲》《晉書·嵇康傳》中,嵇康鍛鐵,卻成爲他蔑視權貴、拒斥權勢烜赫者鍾會的象徵。在這種解讀之下,鍾會被解讀者撕裂爲兩種面孔、兩種身份。

與此同時,這種過度解讀,亦未細察《晉書》本傳兩段記載的前後矛盾處。《晉書》本傳兩段記載嵇康鍛鐵史料,似源自《文士傳》,而略有改動。《世說新語·簡傲》劉孝標注引《文士傳》:

> 康性絶巧,能鍛鐵。家有盛柳樹,乃激水以圍之,夏天甚清涼,恒居其下傲戲,乃身自鍛。家雖貧,有人説鍛者,康不受直。唯親舊以雞酒往與共飲噉,清言而已。①

比對文本可知,《晉書·嵇康傳》將《文士傳》攔腰截斷,分作兩處(如前所述):前者源自"康性絶巧……乃身自鍛",與《文士傳》相較,筆墨改動不大,僅删去"甚清涼""傲戲"五字,但這五個字恰恰著重渲染了嵇康夏日鍛鐵,並不爲謀生,而是遨游嬉戲自樂;後者改動較大,《晉書·嵇康傳》説"康居貧",鍛鐵"以自贍給",而《文士傳》"家雖貧""康不受直","唯親舊以雞酒往與共飲噉,清言而已",仍然強調嵇康鍛鐵並不爲謀生。所以,對於嵇康鍛鐵,《文士傳》雖分作兩段,文意前後是連貫的,相承的。但《晉書·嵇康傳》將這兩段肢解,分作兩處,並加以改寫,導致文意前後重複、矛盾。《晉書·嵇康傳》一方面説嵇康"性好鍛",鍛鐵出自天性愛好,並不爲謀生,但另一方面説嵇康家貧,鍛鐵"以自贍給",貼補家用。二者在叙事上重複,在語意上矛盾。這本是《晉書》的敗筆與疏漏之處,頗值得警醒。而後世學人據此,強作解人,並作爲鍾會讒殺嵇康的重要憑據,必然離事實本真愈遠。

2. "不爲之禮"與"傍若無人"。關於鍾會、嵇康會面的細節,《世說新語》《晉書》記載略有不同。《晉書》稱:"康不爲之禮,而鍛不輟。良久會去。"《世說新語》曰:"康揚槌不輟,傍若無人,移時不交一言。鍾起去。"乍看無分别,細看各有深意。

一是用語分寸不同。"不爲之禮",是一種刻意冷落,讓對方難堪;"傍

---

① 《世說新語·簡傲》,余嘉錫撰《世說新語箋疏》,第 767—768 頁。

若無人",是一種自我陶醉,癡迷於自我世界,而没有留意他人,多是無心之舉。相較之下,後者更契合嵇康名士風範,如前文所述,按《文士傳》記載,嵇康天性喜好鍛鐵,夏日"傲戲"自樂,沉浸其中。《晉書·向秀傳》:"康善鍛,秀爲之佐,相對欣然,傍若無人。"①可作爲上述注脚。此處用"相對欣然",以"兩人世界"的自我沉醉,更著意闡發"傍若無人"乃自我癡迷。

二是前文鋪墊不同。《晉書》的鋪墊是"初,康居貧,嘗與向秀共鍛於大樹之下,以自贍給",在作者筆下,鍾會以司馬昭佞寵的貴公子"往造"。往造,即前往拜訪,一般會提前預先告知或安排。所以嵇康"不爲之禮","以自贍給",有意拒斥、不迎合,以此加深了彼此怨恨。這些鋪墊,是《晉書》編撰者的有意剪輯,如前所述,其結果是導致前後錯亂,一則説嵇康鍛鐵是天性所好,一則又説是"以自贍給",等等。而《世説新語》先鋪墊以鍾會"先不識嵇康"(雖然有讀者質疑其記載的真實性),再鋪墊以"要于時賢俊者之士,俱往尋康",意謂鍾會拜會嵇康,乃一時興起,非刻意而爲。而"先不識""尋"疊加一處,強調鍾、嵇互不相識。之所以如此反覆強調,意在爲下文嵇康"傍若無人"張本、開脱,即唯恐讀者誤讀,誤會鍾、嵇由此生發嫌隙。作者通過鋪墊,著意強調:既然二人事先不相識,見面時自然也不相識,雖然鍾會尋訪而至,但至少此時嵇康仍是不識鍾會的。所以,他們之間接下來的對話,仿佛是置於真空之中,心無芥蒂,真情流露,才辯交鋒。

之所以有如此鋪墊的差異,在於執筆者"意在筆先"。《晉書》意在寫鍾、康的矛盾激化、升級,爲下文鍾會構陷嵇康、讒殺嵇康"造勢"。《世説新語》意在激賞鍾、嵇的名士風流,所以通過層層鋪墊,使之遠離政治風波,有意營造一種"乾净"的氛圍,著重描繪他們才辯敏捷、簡傲的個性特徵。這種鋪墊及其"筆意"的差異,體現了《世説新語》在史料抉捨、裁剪上的特色。而《晉書》在拼綴中,有意删改《文士傳》原有記載,其筆下這些鋪墊所帶來的刻意的、主觀的痕跡,與嵇、鍾交惡扯上聯繫,愈將一些歷史真相掩藏至更深處。

3. "會以此憾之"。《晉書》在嵇康與鍾會"何所聞而來?何所見而去""聞所聞而來,見所見而去"的問答之後,以"會以此憾之"收尾。而《世説新語》在嵇、鍾這一問一答後,戛然而止,至於兩人是否因此産生嫌隙,不是其所關注的。比對史料,《晉書》這一記載,與《魏氏春秋》相近。劉孝標注引孫盛《魏氏春秋》:

---

① 房玄齡等《晉書》卷四十九,第1374頁。

> 鍾會爲大將軍兄弟所昵，聞康名而造焉。會名公子，以才能貴幸，乘肥衣輕，賓從如雲。康方箕踞而鍛，會至不爲之禮，會深銜之。後因呂安事，而遂譖康焉。①

其中"會深銜之"，比《晋書》"會以此憾之"，措辭語氣更重。同時《魏氏春秋》更渲染出鍾會受司馬氏寵佞而跋扈的狀態："爲大將軍兄弟所昵"，"乘肥衣輕，賓從如雲"，而嵇康"箕踞而鍛""不爲之禮"，亦渲染嵇康的非禮之舉。這些渲染，意在誇大鍾、嵇交惡的積怨之深，而最終落脚於"會深銜之。後因呂安事，而遂譖康焉"，強化其因果關係，坐實鍾會讒殺嵇康。

綜上可見，《晋書》嵇康本傳材料，實際上將《世說新語》《文士傳》《魏氏春秋》等史料雜糅一起，再稍進行加工，形成了嵇康傳。而《晋書》的底色與《魏氏春秋》，頗爲相近，與《世說新語》《文士傳》不類。如前所引，在《世說新語》《文士傳》中，嵇、鍾交往及鍛鐵，並未與交惡相關聯起來，而在《魏氏春秋》《晋書》中，嵇、鍾的鍛鐵對話，卻成爲二人交惡的主因，鍾會並以此銜恨，讒殺嵇康。

《晋書》嵇康本傳後節："及是，言於文帝曰：'嵇康，臥龍也，不可起。公無憂天下，顧以康爲慮耳。'因譖'……康、安等言論放蕩，非毀典謨，帝王者所不宜容。宜因釁除之，以淳風俗'。帝既昵聽信會，遂並害之。"又，《世說新語·雅量》劉孝標注引《文士傳》曰："呂安罹事，康詣獄以明之。鍾會庭論康曰：'今皇道開明，四海風靡，邊鄙無詭隨之民，街巷無異口之議。而康上不臣天子，下不事王侯，輕時傲世，不爲物用，無益於今，有敗於俗。昔太公誅華士，孔子戮少正卯，以其負才亂群惑衆也。今不誅康，無以清潔王道。'於是錄康閉獄。"據《文士傳》鍾會"庭論"，《晋書》嵇康本傳"言於文帝""因譖"等語，亦當出於"庭論"，可惜劉孝標注引、《晋書》撮録，都不及《文士傳》全文，但據其文風與内容推論，不似鍾會口吻，當爲後世所擬撰②。

---

① 《世說新語·簡傲》，余嘉錫撰《世說新語箋疏》，第769頁。
② 鍾會作品今存不多，例如《移蜀將吏士民檄》《母夫人張氏傳》《與吳主書》《與蔣斌書》《與姜維書》《太極東堂夏少康、漢高祖論》等，言辭"渾厚得體"（孫鑛語），皆富有一定情義，並不氣焰囂張、咄咄逼人。張溥在《魏鍾司徒集》題詞評價說："覽其遺篇，彬彬儒雅，則猶魏文七子餘澤矣。"而《文士傳》鍾會庭論："今皇道開明，四海風靡，邊鄙無詭隨之民，街巷無異口之議。而康上不臣天子，下不事王侯，輕時傲世，不爲物用，無益於今，有敗於俗。"其語氣及言辭内容，不吻合當時鍾會身份及其政局。當時司馬氏雖權傾天下，但並未篡位，仍是曹家天下，嵇康作爲曹家的女婿，而鍾會指責其"不臣天子"，將嵇康作爲曹魏政權的對立面，簡直無從説起。又，鍾會一般被視爲司馬氏心腹，其"今皇道開明，四海風靡"，吹捧曹魏天子，似與其身份乖違。

又,孫綽《高僧傳》説:"帛祖釁起于管蕃,中散禍作于鍾會。二賢並以俊邁之氣,昧其圖身之慮。棲心事外,輕世招患,殆不異也。"也將嵇康之死歸咎鍾會。這或許是東晉以後文人大多沿襲類似的看法。

但值得特別提及的是,東晉以後文人著史熱忱較高,然而由於受玄談風氣的影響,野聞逸事自然興盛,其中那些多充作談資的小説家筆法的史書,無疑偏離了"其事核"的傳統軌道。以十八家《晉書》爲例,這種小説家的筆法可作爲它消亡的內在原因。梁啓超先生説:"自唐太宗以後而此風一變,太宗既以雄才大略削平天下,又以'右文'自命,思與學者爭席。因欲自作陸機、王羲之兩傳贊,乃命史臣別修《晉書》,書成而舊著十八家俱廢。"①但這部唐代官修《晉書》直接取材於十八家《晉書》,所以並未剷盡此前十八家《晉書》中小説家的本色。

而好編撰、獵取故事,正是唐修《晉書》的特色,這已成爲定評。今人評"該史編撰者只用臧榮緒《晉書》作爲藍本,並兼采筆記小説的記載,稍加增飾。對於其他各家的晉史和有關資料,雖然也曾參考過,卻沒有充分利用和認真加以選擇考核。因此成書之後,即受到當代人的指責,認爲它'好采詭謬碎事,以廣異聞。又所評論,竟爲綺豔,不求篤實。'"(《晉書·中華書局出版説明》)這些確實是它作爲正史很遺憾的地方。此中所稱"當代人的指責",即唐人劉知幾。劉知幾還批評説:"晉世雜書,諒非一族,若《語林》《世説新語》《幽明録》《搜神記》之徒,其所載或詼諧小辯,或神鬼怪物。其事非聖,揚雄所不觀;其言亂神,宣尼所不語。皇朝新撰晉史,多采以爲書。夫以干、鄧之所糞除,王、虞之所糠秕,持爲逸史,用補前傳。"②本篇上文所考辨的《晉書·嵇康傳》有關鍾會、嵇康交往的史料,即雜取、拼湊諸家而成一家,其記載前後矛盾處,經不起仔細推敲,即源於此。其作爲正史,"不求篤實",影響播及後世,令鍾會披惡名,千載爭訟難清。

事實上,在西晉陳壽《三國志》中,相較於東晉以後的文人雜史記述,相較於唐修《晉書》,對嵇康之死與鍾會關係的記載,卻審慎得多。鍾會因謀反,被陳壽置於《魏書》傳記之末,與王淩、毌丘儉、諸葛誕等人合傳,這樣的

---

① 梁啓超:《過去之中國史學界》,《中國歷史研究法》,北京:東方出版社1996年版,第21頁。同時請參閲(唐)劉知幾撰、(清)浦起龍釋《史通通釋》卷十二,上海古籍出版社1978年版,第352頁。
② (唐)劉知幾撰、(清)浦起龍釋《史通通釋》卷五"采撰",上海:上海古籍出版社1978年版,第116—117頁。

次序安排，本就體現出對鍾會等視爲叛臣的貶損。《三國志·王粲傳》附嵇康傳說："（嵇康）至景元中，坐事誅。"《三國志·鍾會傳》："壽春之破，會謀居多，親待日隆，時人謂之子房"，"爲腹心之任"，"以討諸葛誕功，進爵陳侯"，"遷司隸校尉。雖在外司，時政損益，當世與奪，無不綜典。嵇康等見誅，皆會謀也"。此處"皆"字緊承前文而下，將誅嵇康與破壽春、討諸葛之功等列。雖然陳壽身處西晉，不免美化誅嵇康一事，但當時鍾會已經被視爲叛臣，陳壽亦未有貶詞。《世說新語》在"簡傲""文學"篇中，對鍾會與嵇康的直接交往，亦無明顯貶詞。如前所述，雖然在"文學"篇中，已有矮化醜化鍾會而推尊嵇康的趨勢，但畢竟仍然沒有將嵇康之死與鍾會進讒報復直接關聯起來。而《文士傳》，尤其是《魏氏春秋》等東晉以後學者及著述，則進一步渲染，直接將鍾會視爲挾私報復、讒殺嵇康的主謀。《世說新語》並未沿襲《文士傳》《魏氏春秋》等記述，亦爲後世保存了相對更爲豐富的史料。

平心而論，嵇康之死，鍾會當然有不可推脫的責任，但倘若就此將其視爲主謀，或者視爲直接致死者，則不免誇大了鍾會的生殺大權。有學者甚至因此完全否定鍾會，貶損他的一切，這顯然不夠允當。回看歷史，在當時，嵇康雖死，但並不影響鍾會與其托孤好友山濤的交往，這從側面見證了鍾會對於嵇康之死雖然不能免責，但至少不像後世附會的那般嚴重。

三、《世說新語》對"周邊人物"記載的史料分梳

本文此處所謂"周邊人物"，即旁證人物。他們游離在鍾會"讒殺"嵇康的圈子周邊，或親身經歷，或間接聽聞，是當時的見證人，對所謂"讒殺事件"的判定能夠起到直接佐證或參照的作用。周邊人物，本文此處主要談三位：山濤、阮籍、許允妻室。

周邊人物之一，山濤。其言行事跡多見載於《世說新語》。山濤是嵇康摯友，臨刑前托孤，《晉書·嵇康傳》記載："山濤將去選官，舉康自代"，"康後坐事，臨誅，謂子紹曰：'巨源在，汝不孤矣。'"（《晉書·山濤傳》）[1]嵇紹在山濤關照下長大成人，又經山濤推薦，被徵召入朝，出任秘書丞。山濤向

---

[1] 房玄齡等《晉書》卷四十三，第1223頁。

晉武帝奏請,引用《康誥》語"父子罪不相及",使之釋懷。① 但山濤與鍾會"款昵",交情匪淺。《晉書·山濤傳》記載:"(山濤)晚與尚書和逌交,又與鍾會、裴秀並申款昵。以二人居勢爭權,濤平心處中,各得其所,而俱無恨焉。"②款昵,即友好親暱。嵇康被誅,而不影響山濤與鍾會的友好親暱。有學者很難理解這一點,反而感慨魏晋人物的人際關係複雜。其實,這種看法,一方面是受到後世附會者誇大鍾會對嵇康之死的作用,他們誤將鍾會作爲嵇康之死的罪魁禍首,反而遮蔽了掩藏於歷史深處的一些史實,另一方面是受後世附會者的影響,對鍾會的惡行做放大鏡式的誤讀。鍾會對嵇康之死雖然有不可推卸的責任,但不至於像後世學者所渲染的那樣人格卑污至極,所以山濤不排斥與他交好親暱。

周邊人物之二,許允妻室。許允因李豐案牽連被誅,即在鍾會網開一面之下,保全了妻小。《世説新語·賢媛》記載:

> 許允爲晋景王所誅,門生走入告其婦。婦正在機中,神色不變,曰:"蚤知爾耳!"門人欲藏其兒,婦曰:"無豫諸兒事。"後徙居墓所,景王遣鍾會看之,若才流及父,當收。兒以諮母,母曰:"汝等雖佳,才具不多,率胸懷與語,便無所憂。不須極哀,會止便止。又可少問朝事。"兒從之。會反,以狀對,卒免。③

這則史料,固然凸顯許允妻(阮氏)賢惠的個性,但從側面反襯出鍾會並非讒毀、好殺之徒。司馬師(晋景王)讓鍾會監視許允妻小,其一家安危,全系於鍾會之口。但鍾會並未以此邀功,而是"以狀對",使許氏一家幸免於難。余嘉錫先生案語説:"會蓋假弔問之名以來,故必涕泣。會止兒亦止,以示不知其父得禍之酷。又令兒少問及朝廷之事者,陽爲愚不曉事,不知會之偵己,無所疑懼也。"④這固然是小兒懂事、爲母聰穎,但亦可見當時事態緊急。李豐等欲謀劃誅殺司馬師,事洩反遭司馬師所殺。所以,司馬師對此事的窮究、重視程度,絶不亞於嵇康案件,許允、諸葛玄等先後牽連被誅,在這場血雨腥風中,許氏妻小得全,從另一個側面來看,不得不歸因於鍾會没

---

① 房玄齡等《晋書》卷八十九,第 3298 頁。
② 房玄齡等《晋書》卷四十三,第 1224 頁。
③ 《世説新語·賢媛》,余嘉錫撰《世説新語箋疏》,第 677 頁。
④ 《世説新語·賢媛》,余嘉錫撰《世説新語箋疏》,第 677 頁。

有因此而爲虎作倀，行小人之舉。否則，若按此前貶損鍾會爲人者的那番推理，許氏家小定然不保。事實上，並非如此。

　　周邊人物之三，阮籍。阮籍與嵇康，俱是當時名流，言行事跡亦多見載於《世說新語》。嵇康被誅，而阮籍在鍾會的監視下，亦平安度過。《晉書·阮籍傳》記載：

　　　　文帝初欲爲武帝求婚於籍，籍醉六十日，不得言而止。鍾會數以時事問之，欲因其可否而致之罪，皆以酣醉獲免。①

　　晉文帝司馬昭想與阮籍結爲兒女親家，阮籍以醉酒想推脫，司馬昭委派鍾會監視他，並根據時事對答情況，給他定罪，其結果是不了了之。而司馬昭委派鄭沖來索要"勸進文"，無論阮籍怎麼"沉醉忘作"或"据案醉眠"，都難以逃脱，被迫寫成"勸進表"，不久即抑鬱而終。相較之下，鍾會對阮籍"尺度"則相對較鬆。試想，倘若鍾會真想讒毀阮籍，何愁找不到罪名呢？若按此前貶斥鍾會爲人者的那番推理，此處又該做何解釋呢？

　　綜上，通過山濤、阮籍、許允妻室等"周邊人物"與鍾會交往，以之爲"鏡"，爲對比參照物，我們或許將對鍾會與嵇康交往及其鍾會在嵇康被誅問題上的責任，獲得一些新的思考或啓迪。

四、結　　論

　　總而言之，本文通過對《世說新語》等史料的分梳，意在強調：嵇康之死，鍾會不是直接促成者。他還沒有那麼重的話語分量。鍾會即使進讒言，也不可能憑其一己之力，直接置嵇康於死地，更不可能成爲嵇康之死的主因。以往的研究，誇大了鍾會進讒言的作用，而忽略了晉文帝的作用。這種看法和判斷，顯然是不合乎當時歷史真實的。

　　魯迅先生曾説："嵇康的送命，並非爲了他是傲慢的文人，大半則是因爲他是曹家的女婿。即使鍾會不去搬是非，也總有人去搬是非的，所謂'重

---

① 房玄齡等《晉書》卷四十九，第1360頁。

賞之下,必有勇夫'者是也。"①牟宗三先生也説:"康之被害,是曹爽失敗後之餘波。以其生活之閑居、頹廢、韜光自處,本無可事,然終不免者,固由於會之譖,《與山巨源絶交書》亦是遭忌之重大表露,而主要是在其婚于魏之宗室,對於曹魏不能無情,而對於司馬氏則不能敷衍。"②兩位大家的評判,都從當時魏晉鬥爭的大局入手來看待嵇康之死,公允穩當,值得深思。

晉文帝司馬昭對待嵇康、阮籍,是兩種態度。對待嵇康,晉文帝是必殺的。如上引魯迅、牟宗三所指出的,嵇康之死主要在於他與曹魏的姻親關係。所以,即使有三千太學生上書爲嵇康求情,也無法挽救。而對於阮籍,晉文帝没有必殺之心,而是竭力拉攏。在手段上,晉文帝採用恩威並施。一方面派人監視,以壓阮籍鋭氣,迫使其歸附,另一方面欲與阮籍結爲兒女親家,並"每保護之"。《晉書·阮籍傳》記載:

> (阮)籍本有濟世志,屬魏、晉之際,天下多故,名士少有全者,籍由是不與世事,遂酣飲爲常。……籍又能爲青白眼,見禮俗之士,以白眼對之。及嵇喜來吊,籍作白眼,喜不懌而退。喜弟康聞之,乃齎酒挾琴造焉,籍大悦,乃見青眼。由是禮法之士疾之若仇,而帝每保護之。③

以阮籍作爲旁證,不難看出嵇康、阮籍的生死大權,其實牢牢掌握在晉文帝手中。按《晉書》所載,那些"禮法之士"對阮籍"疾之若仇",欲除之而後快,"而帝每保護之",賴以存活。據此反觀,嵇康之死,亦絶非鍾會幾句讒言所能決定的。

可是,頗爲反諷的是:後世好事者、今之學人,卻一味偏執地將嵇康被誅的主因直接歸罪於鍾會。這是爲什麽呢？倘若細究鍾會一生,其實不難發現,他亦是一位悲劇人物,他的死於非命,與嵇康、阮籍等先後隕落,同樣令人愴悲,"魏、晉之際,天下多故,名士少有全者"。

總之,本文以鍾會讒殺嵇康的記載爲個案,探討《世説新語》獨特的編撰體例、編撰思想及其對歷史人物的獨到品鑒與書寫,體現其不同於《三國志》《晉書》等史籍而自成一家之言的可貴價值。對於《世説新語》的史料

---

① 魯迅《再論"文人相輕"》,《魯迅全集》第6册,北京:人民文學出版社2005年版,第336頁。
② 牟宗三《才性與玄理》,桂林:廣西師範大學出版社2006年版,第276頁。
③ 房玄齡等《晉書》卷四十九,第1360頁。

價值，反而高於唐代官修《晉書》，南宋董弅曾有定論。他將二書作比較説："晉人雅尚清談，唐初史臣修書，率意竄定，多非舊語，尚賴此書以傳後世。"[1]鍾會因爲讒殺嵇康、謀反兵敗等，被後世披以惡名，今以《世説新語》對鍾會的幾則記載爲例，參驗以其他典籍，可知鍾會之惡名實多爲誤解或誤讀。

正如宋人董弅所説："唐初史臣修書，率意竄定，多非舊語，尚賴此書以傳後世。"我們以"了解之同情"，重回歷史現場，以《世説新語》文本記載爲基點，對鍾會生平及行事，細加考索，可以了解到鍾會才學過人，"不是什麼不知義理的武人"（吕思勉語）[2]，其行事舉止、社會聲譽，總體而言，皆有令名，《世説新語》所載大抵契合當時實況。而後世對鍾會所責之惡名，宜有所釐正。

（作者單位：上海師範大學人文學院）

---

[1] 余嘉錫《世説新語箋疏》附録，第933頁。
[2] 吕思勉《三國史話》，北京：北京出版社2012年版，第167頁。

A Reinvestigation of the Case of Zhong Hui Slandering Ji Kang Based on Analyses of Historical Materials in *A New Account of Tales of the World*

Zhong Shulin

This article reinvestigates the case of Zhong Hui slandering Ji Kang and discusses *A New Account of Tales of the World's* unique compilation style and philosophy and its appreciation and representation of historical figures, which illustrate its stand-alone value different from that of *Annals of the Three Kingdoms* and *Book of Jin*. Previous research has argued that Zhong Hui's slander was the direct cause of Ji Kang's death and has drawn critiques to the former. This article reads the records about Zhong Hui in *A New Account of Tales of the World* with references to other classical texts for a better understanding of this historical figure who has been misunderstood and whose notoriety resulted from misreading. This article revisits historical scenes and analyzes Zhong Hui's biographical details as recorded in *A New Account of Tales of the World*. As Lü Simian pointed out, Zhong Hui was "not a warrior who knows no reasons." Zhong Hui's fame drew on his talent, actions, and social reputation, which are mostly consistent with the records in *A New Account of Tales of the World*.

Keywords: *A New Account of Tales of the World*, *Book of Jin*, Zhong Hui, Ji Kang

徵引書目

1. 牟宗三：《才性與玄理》，桂林：廣西師範大學出版社，2006 年版。Mou Zongsan. *Caixing yu xuanli*（*Talent and Metaphysics*）. Guilin: Guangxi shifan daxue chubanshe, 2006.
2. 吕思勉：《三國史話》，北京：北京出版社，2012 年版。Lu Simian. *Sanguo shihua*（*History of the Three Kingdoms*）. Beijing: Beijing chuban she, 2012.
3. 余嘉錫：《世説新語箋疏》，北京：中華書局，1983 年版。Yu Jiaxi. *Shishuo xinyu jianshu*（*Commentaries on Ancient Texts of Shishuo xinyu*）, Beijing: Zhonghua shuju, 1983.
4. 房玄齡等：《晋書》，北京：中華書局，1974 年版。Fang Xuanlin et al. *Jinshu*（*Book of Jin*）. Beijing: Zhonghua shuju, 1974.
5. 梁啓超：《中國歷史研究法》，北京：東方出版社，1996 年版。Liang Qichao. *Zhongguo lishi yanjiu fa*（*The Research Method of Chinese History*）. Shanghai: Dongfang chubanshe, 1996.
6. 張亞新：《〈世説新語〉嵇康史料摭評》，《北京教育學院學報》第 25 卷第 1 期（2011 年 2 月），頁 48—55。Zhang Yaxin. "Shishuo xinyu Ji Kang shiliao zhiping"（Review of the Historical Records about Ji Kang in *A New Account of Tales of the World*）. *Beijing jiaoyu xueyuan xuebao*（*Journal of Beijing Institute of Education*）25.1（Feb. 2011）: pp.48–55.
7. 張萬起：《世説新語譯注》，北京：中華書局，1998 年版。Zhang Wanqi. *Shishuo xinyu yizhu*（*The Translation and Annotation of Shishuo xinyu*）, Beijing: Zhonghua shuju, 1998.
8. 陳壽撰、裴松之注：《三國志》，北京：中華書局，1959 年版。Chen Shou. *Sanguozhi*（*Records of the Three Kingdoms*）. Annotated by Pei Songzhi. Beijing: Zhonghua shuju, 1959.
9. 魯迅：《魯迅全集》，北京：人民文學出版社，2005 年版。Lu Xun. *Lu Xun quanji*（*The Complete Works of Lu Xun*）. Beijing: Renmin wenxue chubanshe, 2005.
10. 劉知幾撰，浦起龍釋：《史通通釋》，上海：上海古籍出版社，1978 年版。Liu Zhiji. *Shitong tongshi*（*General Interpretation of Shitong*）. Annotated by Pu Qilong. Shanghai: Shanghai guji chuban she, 1978.
11. 顧農：《魏晋文學史料叢考（二題）》，《嘉應大學學報》第 20 卷第 1 期（2002 年 2 月），頁 56—59。Gu Nong. "Weijin wenxue shiliao congkao (er ti)"（*Two Historical Notes on Literature of Wei and Jin Dynasties*）. *Jia ying daxue xuebao*（*Journal of Jiaying University*）20.1（Feb. 2002）: pp.56–59.
12. 龔斌：《世説新語校釋》，上海：上海古籍出版社，2011 年版。Gong Bin. *Shishuo xinyu jiaoshi*（*The Annotation of Shishuo xinyu*）. Shanghai: Shanghai guji chubanshe, 2011.

根據《世說新語》某條疏證晉、齊、楚區域之學術、文化記憶與分歧

汪春泓

【摘　要】文化絕非一成不變的,此在時間和空間之兩端,俱可體會中國文化與時俱進,它在各個時代分別借用不同區域的文化資源,而匯總起來就形成整體的中國文化。中國古代任何時期士人或政治人物都具有兩面性,他既是傳統的,又是現實的,所謂傳統就指他受某種區域或學派的思想學術之熏染,所謂現實乃指其人現實處境中的具體反應,而此種人生際遇下的現實表現又必然與其文化傳承存在著某種關聯,或者說其人所受文化觀念之影響又鮮活地體現在其人生應對之間,尤其面臨巨大挑戰時候,其言行舉止必然與其人知識結構、學術積累及思想意識保持一定程度的契合,而《世說新語·言語》某條所記述王坦之、伏滔和習鑿齒三者之間的對話,恰好牽涉三晉、齊地與荊楚的歷史文化之歧異和衝突,而此三者又與秦、漢、魏晉三個時代依稀有著對應關係,所以既是時間的流轉,又屬空間理念之此消彼長,由此入手,揭示此三地文化歷史之記憶與分歧,亦涉獵中國文化版圖之犖犖大端,或藉以呈現朝代更替間的必然性邏輯,而此種分析和研究也既屬歷史的推流溯源,又可一窺接受文化路徑依賴的王、伏、習三者之不同的現實處境和內心世界。

【關鍵詞】三晉法家　齊學　楚地《莊》《老》道家　歷史文化　東晉門閥政治

劉義慶《世說新語·言語》第72條記載王坦之令伏滔、習鑿齒比較青、

楚人物，其間劉孝標的注保留重要信息，對於此三者作個案考索，三地分屬晉、齊、楚，各是古代中國重要的歷史文化板塊，亦分別大致對應著秦、漢、魏晉三個大時段的主流理念。首先孔子身後，在西河魏文侯處，孔門"文學"科代表人物子夏，以至戰國末期趙國人荀卿遊學於齊，三爲祭酒，都爲孔子儒學傳承發揮重要作用，而三晉申韓法家在歷史上也是重要的學派，學界認爲儒表法裏幾乎可視作王權政治的學術本質，所謂百代皆行秦王政，而作爲大一統始創者秦國，其崛起主要由三晉學術文化所形塑而成；其次由董仲舒所創"春秋公羊學"派所衍生出來的天人感應學說，它明顯融入陰陽家思維，倡導敬天畏命，啓迪朝臣藉助災異以進諫，爲搭建君臣互動平台樹立範式，以扭轉速朽的秦政模式，同時《管子》一書即使名之曰道法家，也體現對天道法則的尊重，可一併視作西漢齊學之主幹，曾獨領風騷於漢世；複次作爲南方學術之犖犖大端，楚地道家，尤其是楚地《老》《莊》之學對於北方之儒、法帝王派學術，形成一股對衝的力量，通常起到解構的作用。若從天人之際而言，三晉學術思想傾向於對人類自身力量的自信，其天人觀似乎走到莊周（蔽於天而不知人）之對立面，也常助力於集權政治之建構；齊學講求天人互感與共振，對獨裁政治產生一定的制衡、分權作用，而楚地崇尚"道法自然"，則爲國家主義強權之下個體爭取相對的自由空間，三者各自傾向和特點都代表中國原創思想版圖的重要部分，可劃歸究天人之際的左、中、右三派，董仲舒對所謂"然夏上忠，殷上敬，周上文者，所繼之捄，當用此也"[1]，司馬遷曰："亦欲以究天人之際，通古今之變，成一家之言。"[2]此天人之際，涉及認識論和實踐論的方面，他們大致已經道出中國幾個重要思想板塊互相發生挪移的内在邏輯。從司馬相如《子虚賦》《上林賦》以及劉勰《文心雕龍》篇談及："唯齊、楚兩國，頗有文學：齊開莊衢之第，楚廣蘭台之宮。孟軻賓館，荀卿宰邑；故稷下扇其清風，蘭陵鬱其茂俗，鄒子以談天飛譽，騶奭以雕龍馳響，屈平聯藻於日月，宋玉交彩於風云。"[3]可以略窺三個歷史文化板塊具有相輔相成、此消彼長的關聯，形成對立而統一的平衡關係，所謂牽一髮而動全身，深刻影響古代中國之政治走向和學術嬗變，而研究王、伏、習的言談機鋒，透過其間所帶出的重要訊息，實有

---

[1] 班固撰，王先謙補注，上海師範大學古籍整理研究所整理《漢書補注》，上海：上海古籍出版社2008年版，第4046頁。後引此書，不標頁碼。
[2] 《漢書·司馬遷傳》，王先謙補注《漢書補注》，第4368頁。
[3] 劉勰著、范文瀾注《文心雕龍注》，第671頁。

助於把握自漢代經學到魏兩晉玄學以至玄釋交融思潮轉型之脈絡,甚而深入至對整個中國思想史規律性之把握。近來諸如劉躍進先生《秦漢文學地理與文人分佈》大著乃此一領域的扛鼎之作①,爲學界進一步探討人文和文學地理,提供無數的啓迪,本文寫作對劉著也頗有借鑒。

一、從王坦之處境觀太原王氏之學術特點和現實傾向

關於上述王、伏、習三者交鋒,需要分別梳理其當時處境,並判別其思想文化之歸屬性質,於是思想學術就附麗於古人活生生的言行之中,其救時之弊或人生哲理之功效幾何? 也得到印證。王坦之,太原人,太原屬於晉文化區域,此太原王氏關聯兩晉時期三晉文化之傳承。根據《晉書·劉頌列傳》,在西晉武帝滅吳戰爭中,司徒王渾功績赫赫②。王渾是晉文帝司馬昭之婿,和嶠及裴楷是其女婿,按《晉書·裴楷列傳》叙述,裴氏尤精《老》《易》,鍾會評曰:"裴楷清通,王戎簡要。"③裴楷與山濤、和嶠並居顯位,至楚王瑋既伏誅,與張華、王戎並管機要,觀《晉書·潘岳列傳》記載岳懷才不遇:"乃題閣道爲謠曰:'閣道東,有大牛。王濟鞅,裴楷鞦,和嶠刺促不得休。'"④此輩因得地勢之便利,身居清顯之要路徑,而在動靜出處之間,他們又善於見風使舵,太原王氏家族堪稱兩晉老牌高門士族,其間王氏與裴氏就頗能代表三晉學術、文化之特徵。

在《晉書》中《王渾列傳》與《王湛列傳》分而列之,王湛是王渾之弟,至東晉,其曾孫王坦之崛起於政壇,前者王渾與後者王湛之曾孫王坦之分屬西晉、東晉之功臣、重臣,而在兩晉,前後二王堪稱太原王氏最傑出的人物,據《中興書》曰:"自王渾至坦之,六世盛德。"⑤這體現王坦之明明出自王湛一支,似乎還須借助王渾之大名。王昶是王渾、王湛之父,《魏志·王昶傳》

---

① 劉躍進《秦漢文學地理與文人分佈》,北京:中國社會科學出版社2012年版。
② 房玄齡等撰《晉書》,北京:中華書局1974年版,第1293頁。
③ 房玄齡等撰《晉書》,第1047頁。
④ 房玄齡等撰《晉書》,第1502頁。
⑤ 見《世說新語·德行》第42條之劉孝標注所徵引。劉義慶著,劉孝標注,余嘉錫箋疏《世說新語箋疏》,上海:上海古籍出版社1993年版,第45頁。

記載：“其爲兄子及子作名字，皆依謙實，以見其意，故兄子默字處静，沈字處道，其子渾字玄沖，深字道沖。遂書戒之曰：……欲使汝曹立身行己，遵儒者之教，履道家之言……若夫山林之士，夷、叔之倫，甘長飢於首陽，安赴火於綿山，雖可以激貪勵俗，然聖人不可爲，吾亦不願也。”①王昶教誨子侄輩須立身慎謹，無須偏激，要保全生命，故不能視魏晋玄學爲單純學術，有時就是自保之心術。

　　永嘉之亂，衣冠南渡，建立“王與馬，共天下”政治格局②。《世說新語・言語》第36條記述温嶠過江，拜會丞相王導後讚歎：“江左自有管夷吾，此復何憂？”③反映王導居於政治中樞地位，凌駕太原王氏之上！當時琅邪王氏與太原王氏曾暗中較量，王坦之父王述，字懷祖，承襲其父王承之爵爲藍田侯。《世說新語・賞譽》第62條云：“王藍田爲人晚成……王丞相以其東海子，辟爲掾。”④王導起用王述，太原王氏和琅邪王氏時作比較，宋人汪藻撰《世說敘録》上卷首列《琅邪臨沂王氏譜》，次列《太原晋陽王氏譜》⑤，反映二王當時影響力之實情。《世說新語・品藻》第47條云：“王修齡問王長史：‘我家臨川，何如卿家宛陵？’長史未答，修齡曰：‘臨川譽貴。’長史曰：‘宛陵未爲不貴。’”⑥王羲之和王述分別擔任臨川太守、宛陵令，王修齡和王長史各爲王羲之、王述辯護，認爲二王聲譽在伯仲之間耳；《世說新語・仇隙》第5條也述及王羲之、王述二者之互不相能⑦。而王述之本質，用簡文帝話來看，可謂入木三分，《世說新語・賞譽》第91條云：“簡文道王懷祖：‘才既不長，於榮利又不淡；直以真率少許，便足對人多多許。’”⑧以真率爲其長處，换言之，即世人謂王述“癡”，其言行顯出幾分獸氣，實質上與王湛“門資台鉉，地處膏腴”一樣⑨，倚仗出身，便不顧禮謙，才不驚人，卻名利之心盛熾，這幾乎正是士族之通病！劉孝標爲此條作注引

---

① 陳壽撰，陳乃乾校點《三國志》卷二十七，北京：中華書局1959年版，第744頁。
② 《晋書・王敦列傳》，房玄齡等撰《晋書》，第2554頁。
③ 余嘉錫箋疏《世說新語箋疏》，第97頁。
④ 余嘉錫箋疏《世說新語箋疏》，第456頁。
⑤ 見影印宋紹興八年廣川董弅據晏殊校定本所刻之《世說新語》，北京：中華書局1999年版，第647頁，第685頁。
⑥ 余嘉錫箋疏《世說新語箋疏》，第525頁。
⑦ 余嘉錫箋疏《世說新語箋疏》，第928頁。
⑧ 余嘉錫箋疏《世說新語箋疏》，第471頁。
⑨ 房玄齡等撰《晋書》卷四十五之“史臣曰”，《晋書》，第1995頁。

《晉陽秋》曰："述少貧約,簞瓢陋巷。"南渡之際已然落魄,然依舊自視甚高,《世説新語·方正》第 46 條:"王中郎年少時,江虨爲僕射領選,欲擬之爲尚書郎。有語王者,王曰:'自過江來,尚書郎正用第二人,何得擬我?'江聞而止。"①此説明王坦之以爲自家屬於第一等人;《世説新語·方正》第 58 條記載權臣桓温爲兒求王文度女,王文度向父王述轉達桓温之意,王述聞之勃然大怒,呵斥:"兵,那可嫁女與之!"②按《晉書·桓彝列傳》稱:"彝少孤貧,雖簞瓢,處之晏如。"③所以余嘉錫分析曰:"蓋温雖爲桓榮之後,桓彝之子,而彝之先世名位不昌,不在名門貴族之列。故温雖位極人臣,而當時士大夫猶鄙其地寒,不以士流處之。於此可見門户之嚴。"④《世説新語·方正》第 66 條叙述王坦之第四子王忱對吳士之特出者張玄極度傲慢⑤,也折射士族對於南方士人更懷有無端之歧視。

　　王述去世之後,王坦之被徵拜侍中,襲父爵,王坦之代表太原王氏活躍於政壇。當桓温勢大之時,觀《世説新語·雅量》第 27 條,郗超、王坦之和謝安皆參與密勿,進入核心幕僚圈子,故時人爲之語曰:"盛德絶倫郗嘉賓,江東獨步王文度。"⑥王坦之與郗超齊名。至於人情世故,王坦之比乃父稍顯圓融,王述爲官偏於獨善其身,而王坦之則展現兼濟天下之胸襟。按《晉書·傅玄列傳》中,傅玄上疏説:"……近者魏武好法術,而天下貴刑名。"⑦裴松之注《魏志·武帝紀》引《魏武故事》曹操自表:"又性不信天命之事。"⑧自魏至晉,政治有其慣性,所謂亂世用重典,晉武帝即位,刑名法術依然是政治主軸。《晉書·裴秀列傳》記載:"魏咸熙初,釐革憲司。時荀顗定禮儀,賈充正法律,而秀改官制焉。"⑨荀顗,潁川人,魏太尉彧之第六子也,其政治舉措爲"綜核名實"⑩,此乃曹操重才輕德、績效掛帥政策之延續;賈充,平陽襄陵人也;而裴氏則爲河東聞喜人,均屬三晉區域人氏。《漢書·

---

① 余嘉錫箋疏《世説新語箋疏》,第 323 頁。
② 余嘉錫箋疏《世説新語箋疏》,第 332 頁。
③ 余嘉錫箋疏《世説新語箋疏》,第 456 頁。
④ 余嘉錫箋疏《世説新語箋疏》,第 333 頁。
⑤ 余嘉錫箋疏《世説新語箋疏》,第 341 頁。
⑥ 《晉書·王坦之列傳》,房玄齡等撰《晉書》,第 1964 頁。
⑦ 房玄齡等撰《晉書》,第 1317 頁。
⑧ 陳壽撰《三國志》,第 33 頁。
⑨ 房玄齡等撰《晉書》,第 1038 頁。
⑩ 房玄齡等撰《晉書·荀顗列傳》,第 1150 頁。

地理志》云:"潁川,韓都。士有申子、韓非,刻害餘烈。"①關於王坦之刑名學傾向,大致由其太原郡望所受三晉法家影響所鑄定。上已述及裴楷是王渾之婿,從裴氏一門之學術,可以參詳三晉法家在魏晉之流風餘韻,他們大概祖述《荀子》儒法結合之學術路徑(荀卿趙國人,也屬於三晉所産)。按《晋書·裴秀列傳》,其子頠、其從弟楷附傳,裴秀致力於作《禹貢地域圖》十八篇,反映其"混一六合,以清宇宙",欲改造世界之宏圖大志,其理念與道家之隨順因循迥然不同,從根本上顯露其刑名法家之特質②;《晋書·裴頠列傳》記述:"惠帝即位……時天下暫寧,頠奏修國學,刻石寫經。皇太子既講,釋奠祀孔子,飲饗射侯,甚有儀序。"③可以體察其重建社會人倫秩序之用心。對於何晏、阮籍輩借浮虛之談,不遵禮法,而王衍之徒躲避責任,裴頠深惡痛絶。《晋書·王衍列傳》云:"魏正始中,何晏、王弼等祖述《老》《莊》,立論以爲:'天地萬物皆以無爲本。無也者,開物成務,無往不存者也……'衍甚重之。惟裴頠以爲非,著論以譏之,而衍處之自若。"④王弼認爲:"聖人體無,無又不可以訓,故不説也;老子是有者也,故恒言無所不足。"⑤當時《易》《老》之學興起,卻誤導世人不嬰世務,王弼雖崇信天道自然法則,卻也憂患"崇無"會加劇世風頹靡,他平衡有、無兩邊,故有斯論⑥。裴頠著《崇有之論》以駁斥貴無説之荒謬:"遂闡貴無之議,而建賤有之論。賤有則必外形,外形則必遺制,遺制則必忽防,忽防則必忘禮。禮制弗存,則無以爲政矣。"⑦大致以《荀子》禮制爲建立有序政治之前提條件,而貴無則摧毀此種政治基礎;裴頠《崇有之論》又云:"老子既著五千之文,表撽穢雜之弊,甄舉静一之義,有以令人釋然自夷,合於《易》之《損》《謙》《艮》《節》之旨。而静一守本,無虛無之謂也。《損》《艮》之屬,蓋君子之一道,非《易》之所以爲體守本無也。觀老子之書雖博有所經,而云'有生於無',

---

① 王先謙補注《漢書補注》,第 2837 頁。
② 房玄齡等撰《晋書》,第 1039 頁。
③ 房玄齡等撰《晋書》,第 1041 頁。
④ 房玄齡等撰《晋書》,第 1236 頁。
⑤ 見裴松之注《魏志·鍾會傳》所引《王弼傳》,見陳壽撰《三國志》,第 795 頁。
⑥ 王弼注《老子》第三十七章"道常無爲,而無不爲"曰:"順自然也,萬物無不由爲以治以成之也。"説明王弼並不否定順乎天道之有爲。見王弼著,樓宇烈校釋《王弼集校釋》,北京:中華書局 1980 年版,第 91 頁。
⑦ 房玄齡等撰《晋書》,第 1044 頁。

以虛爲主,偏立一家之辭,豈有以而然哉。"①《易》《老》互證,乃以《漢書·藝文志》諸子略道家類之評語爲參照,以說明《老子》"靜一守本,無虛無之謂也"。然而,對於儒家繁瑣經學,《老子》所產生淨化作用,裴頠表彰其"表摭穢雜之弊"功效,亦體悟到儒道消長之內在邏輯,故在玄學盛煽之際,他發揮分庭抗禮之作用;再觀《晉書·裴楷列傳》記述:"楷字叔則……楷明悟有識量,弱冠知名,尤精《老》《易》,少與王戎齊名。"②其長子輿先娶汝南王亮之女,另一子瓚娶楊駿女,其女適衛瓘之子,他通過聯姻權貴來編織關係網,其爲學亦精《老》《易》,尤其"特精理義",而王述之父王承"言理辯物,但明其指要而不飾文辭,有識者服其約而能通"③,此乃魏晉玄學風氣下,有擔當朝臣、士人之有別於兩漢經生之處,他們較少旁徵博引微言大義,也不依傍陰陽災異,而是直面現實危機,張揚人本、理性精神,謀求解決危機之策,河東聞喜之裴氏和太原王氏正是捍衛禮法、人倫秩序之代表。至於王坦之其人,在《晉書》中委實可稱此學風之典型人物。

《世說新語·雅量》第 27 條記述桓溫與郗超商量裁減朝臣事宜,謝尚未開口,而王坦之卻將名單徑直扔還,說:"多!"④據此可見王氏性格坦蕩直率,他並非謹小慎微之人。《世說新語·言語》第 79 條云:"謝胡兒語庾道季:'諸人莫當就卿談,可堅城壘。'庾曰:'若文度來,我以偏師待之;康伯來,濟河焚舟。'"⑤估計王文度並不迎合時尚與時俱進,其思想、學術路數較爲單一,便與玄學主流相脫節;《世說新語·文學》第 35 條云:"支道林造《即色論》,論成,示王中郎。中郎都無言。支曰:'默而識之乎?'王曰:'既無文殊,誰能見賞?'"⑥顯示對於支遁釋、玄融合之新學,王坦之不感興趣;《世說新語·排調》第 52 條云:"王文度在西州,與林法師講,韓、孫諸人並在坐。林公理每欲小屈,孫興公曰:'法師今日如著弊絮在荊棘中,觸地掛閡。'"⑦孫綽洞若觀火,他並非表揚王坦之清談高妙,而是看清由於分持不同話語系統,造成支、王對談之艱澀;在《世說新語·文學》諸條中,有意凸

---

① 房玄齡等撰《晉書》,第 1045 頁。
② 房玄齡等撰《晉書》,第 1047 頁。
③ 《晉書·王承列傳》,房玄齡等撰《晉書》,第 1960 頁。
④ 余嘉錫箋疏《世說新語箋疏》,第 368 頁。
⑤ 余嘉錫箋疏《世說新語箋疏》,第 137 頁。
⑥ 余嘉錫箋疏《世說新語箋疏》,第 222 頁。
⑦ 余嘉錫箋疏《世說新語箋疏》,第 815 頁。

顯太原晉陽王氏于玄談似並不入流，可見王氏尚滯守於經學，所以與時代玄風相脫節。清丁國鈞撰子辰注《補晉書藝文志》卷四載錄《尚書僕射王坦之集》七卷①，當反映其人學術之風貌。按《世說新語·輕詆》第25條劉孝標注引《裴子》曰："林公云：'文度箸膩顔，挾《左傳》，逐鄭康成，自爲高足弟子。篤而論之，不離塵垢囊也。'"②故王坦之被時人目爲"獨步"，實於當時學風、世風，其人尚有幾分滯後，甚或扞格不入。

《世說新語·賞譽》第128條記録謝安評論王坦之曰："見之乃不使人厭，然出戶去，不復使人思。"劉孝標注："按謝公蓋以王坦之好直言，故不思爾。"③此涉及其中之原委，《晉書·王坦之列傳》云："初，謝安愛好聲律，期功之慘，不廢妓樂，頗以成俗。坦之非而苦諫之。安遺坦之書曰：'知君思相愛惜之至。僕所求者聲，謂稱情義，無所不可爲，卿復以自娱耳。若絜軌跡，崇世教，非所擬議，亦非所屑……'坦之答曰：'具君雅旨，此是誠心而行，獨往之美，然恐非大雅中庸之謂……'"④《莊子》提出"適性"之說，《漢書·張敞傳》存張氏名言："臣聞閨房之内，夫婦之私，有過於畫眉者。"⑤無論貴賤，人之生活本有公、私之分，即使當代大儒，前漢之張禹和後漢之馬融，卻都有輕鬆享樂之生活情趣，由於身爲顯赫人物，其逸樂之一面就不便公諸於衆，需遮掩嚴實。至謝安則不然，他喜好妓樂，宣之於外，且公然揚言："復以自娱耳。"王坦之則表示，即使私人之癖好，朝廷重臣也不可違犯"大雅中庸"，實際上就是荀卿儒學"禮法"之謂，公衆人物必須依此拿捏適可而止之分寸，其理路正植根於荀卿"聖人化性而起偽"之說⑥，故而《晉書》本傳記載："坦之有風格，尤非時俗放蕩，不敦儒教，頗尚刑名學，著《廢莊論》曰：'荀卿稱莊子"蔽於天而不知人"，揚雄亦曰"莊周放蕩而不法"，何晏云"鬻莊軀，放玄虚，而不周乎時變"。三賢之言，遠有當乎……吹萬不同，孰知正是！雖首陽之情，三黜之智，摩頂之甘，落毛之愛，枯槁之生，負石之死，格諸中庸，未入乎道，而況下斯者乎……且即濠以尋魚，想彼之我同；推顯以求隱，理得而情昧。若夫莊生者，望大庭而撫契，仰彌高於不足，

---

① 二十五史刊行委員會《二十五史補編》，第3688頁。
② 余嘉錫箋疏《世說新語箋疏》，第841頁。
③ 余嘉錫箋疏《世說新語箋疏》，第485頁。
④ 房玄齡等撰《晉書》，第1968頁。
⑤ 王先謙補注《漢書補注》，第4961頁。
⑥ 出自《荀子·性惡論》，見王先謙撰，沈嘯寰等點校《荀子集解》，北京：中華書局1988年版，第438頁。

寄積想於三篇,恨我懷之未盡,其言詭譎,其義恢誕……莊子之利天下也少,害天下也多。故曰魯酒薄而邯鄲圍,莊生作而風俗頽。禮與浮雲俱征,僞與利蕩並肆,人以克己爲恥,士以無措爲通,時無履德之譽,俗有蹈義之愆……羣方所資而莫知誰氏,在儒而非儒,非道而有道。彌貫九流,玄同彼我,萬物用之而不既,亹亹日新而不朽,昔吾孔老固已言之矣。'"①《漢志》諸子略儒家類評儒家者流爲"於道最爲高"②,而王坦之所秉持觀念"彌貫九流",孔子曾問禮於老子,孔、老並不相牴牾,在根本上,王氏顯然深受《荀子·解蔽》和《禮記·中庸》之影響,三晉人士則偏向《莊子》對立面,呈現"蔽於人而不知天"的取向,也潛藏矯枉過正之弊。當時謝安寓居會稽,與王羲之、許詢、支遁往來,高自位置,似"無處世意",徜徉臨安山水間,歎曰:"此去伯夷何遠?"③此正是王坦之"雖首陽之情"云云議論之緣起,王坦之鄙夷古今標新立異之學派、人物,"格諸中庸,未入乎道"④,此輩真誠不足,虛假有餘,猶如飄風、驟雨之不可持久,足見現實主義、理性主義佔據王坦之之胸懷,他要雜糅九流十家,在殊途同歸、百慮一致之際,尋找走出困境最佳路徑,而《莊子》則於事無補。

體察《晉書·王坦之列傳》謂簡文帝臨崩,詔大司馬溫依周公居攝故事,值此簡文帝混沌軟弱之時,由王坦之力諫,帝乃使坦之改詔焉,介入此事,風險巨大;至桓溫去世,坦之與謝安共輔幼主,他上表曰:"今僕射臣安、中軍臣沖,人望具瞻,社稷之臣。"⑤王坦之進諫幼主周旋舉動,皆應諮詢於謝安、桓沖,反映王坦之忍讓爲國,求同存異;《晉書》本傳記述,至晉孝武帝太元八年"肥水"之戰後,"安以父子皆著大勳,恐爲朝廷所疑",當時政局微妙複雜,"性好音樂,自弟萬喪,十年不聽音樂。及登臺輔,期喪不廢樂。王坦之書喻之,不從,衣冠效之,遂以成俗"⑥。謝安堂而皇之地"不廢妓樂",其意在宣示絕無覬覦權力之野心,以杜悠悠之口。至於謝安和王坦之人格之高卑,劉孝標注所徵引《中興書》等凸顯謝安具有鎮定自若之雅量,然反觀《資治通鑑》卷一百三《晉紀》二十五"簡文帝咸安元年"記載:"(桓)溫既

---

① 房玄齡等撰《晉書》,第1965頁。
② 王先謙補注《漢書補注》,第2966頁。
③ 《晉書·謝安列傳》,見房玄齡等撰《晉書》,第2072頁。
④ 《文心雕龍·諸子》篇云:"《諸子》者,入道見志之書。"見劉勰著,范文瀾注《文心雕龍注》,第307頁。
⑤ 房玄齡等撰《晉書》,第1967頁。
⑥ 房玄齡等撰《晉書》,第2075頁。

誅殷、庾,威勢翕赫,侍中謝安見温遥拜。温驚曰:'安石,卿何事乃爾?'安曰:'未有君拜於前,臣揖於後。'"①人在屋簷下不得不低頭,王與謝實在屬"五十步笑百步"耳。

觀受養於從叔司空王昶之王沈,也是魏晉歷史轉折之際一位重要人物,在其身後,武帝表彰王沈"蹈禮居正"②,亦佐證崇儒、敦學、舉賢及尚法正體現太原王氏之家學淵源。《世説新語‧排調》第6條云:"孫子荆年少時欲隱,語王武子'當枕石漱流',誤曰'漱石枕流'。王曰:'流可枕,石可漱乎?'孫曰:'所以枕流,欲洗其耳;所以漱石,欲礪其齒。'"③透過孫、王對話,折射出在文學想象力及幽默感方面,王濟較籍貫爲太原中都之孫楚略遜一籌,孫楚之孫統、綽均擅長屬文,尤其孫綽佔據東晉玄談和文章兩端前排座次,所作《游天台山賦》被收入於梁昭明太子蕭統編《文選》内,流傳千古;由此聯想到在文學藝術領域,譬如書法、詩賦等方面,爲何太原王氏終不及琅邪王氏、陳郡謝氏子弟那般人才輩出?莫非太原王氏入世務實基因强大以至偏枯之緣故?以致在文義、文藝方面乏善可陳?而同出於太原之孫氏卻一騎絶塵,堪與王謝相匹敵。

相較於謝安之所不同,王坦之與殷康子書論公、謙之義以及二者之關係,正凸顯王氏立身原則與"言爲士則,行爲世範"相近④,他不忍視士氣、世風被謝安等引入淫靡一途。《世説新語‧品藻》第63條云:"庾道季云:'思理倫和,吾愧康伯;志力彊正,吾愧文度。自此以還,吾皆百之。'"⑤庾龢"志力彊正"四字揭示王坦之才幹品德,王氏洵爲知行相須之士!處在漢代經學向魏晉玄學轉型過程中,經學尤其三晉學術傳統之浸淫,令王坦之養成入世人格和務實作風;而當時玄風也使他在儒玄之間有所熏染,印證其人以儒攝玄之學術特徵。《世説新語‧品藻》第10條云:"王夷甫以王東海比樂令,故王中郎作《碑》云:'當時標榜,爲樂廣之儷。'"⑥可見作爲高密鄭玄經學之崇拜者,也以家祖父能與南陽樂廣並列爲榮,而從人物品評所折射出由"青"向"楚"轉移的時代趨勢。即使欣然接受,卻因學術之慣性,此

---

① 司馬光編著《資治通鑑》,北京:中華書局1956年版,第3252頁。
② 《晋書‧王沈列傳》,見房玄齡等撰《晋書》,第1145頁。
③ 余嘉錫箋疏《世説新語箋疏》,第781頁。
④ 《世説新語‧德行》第1條對於陳蕃之讚語,見余嘉錫箋疏《世説新語箋疏》,第1頁。
⑤ 余嘉錫箋疏《世説新語箋疏》,第532頁。
⑥ 余嘉錫箋疏《世説新語箋疏》,第509頁。

種比擬還略嫌隔膜,故而《世說新語·品藻》第 83 條云:"王珣疾,臨困,問王武岡曰:'世論以我家領軍比誰?'武岡曰:'世以比王北中郎。'東亭轉臥向壁,歎曰:'人固不可以無年!'"①劉孝標注曰:"領軍王洽,珣之父也。年二十六卒。珣意以其父名德過坦之而無年,故致此論。"此"名德"主要指由門第所附帶的社會地位和影響力,亦側重於談玄水準之高低。而在學術、思想方面,太原王氏與琅邪王氏幾乎"道不同,不相爲謀",二者存在歧異,琅邪王氏更是玄學預流者,所以王珣聞乃父與王坦之同流,心中似乎尚有遺憾。而按《世說新語·品藻》第 64 條②,甚至連王述自己也承認兒子坦之談玄非支遁對手,緣此也正可以進一步看清作爲三晉文化繼承者王坦之、裴頠等逡巡於儒玄之間的爲學特點。

王坦之令伏、習論青、楚人物,此種對談似乎游離於玄談氛圍之外,而在魏晉時期,若要躋身一流名士,似乎須完成從經學向玄學、佛學、才藝的轉型,否則被摒棄於學術主流之外,自然也難以在門閥政治中分一杯羹。像琅邪王氏、陳郡謝氏等自南渡前後均努力達成此種轉型,力爭成爲時代弄潮兒,此與他們迅速在東晉盤踞要津起到關鍵作用。相對而言,太原王氏似乎沒有趕上此種學術轉型的步伐。

二、伏滔所論青土人物學術、
功業與其壓抑之心聲

在天地面前,若缺乏敬畏之心,就會淪爲小人之無忌憚者,而發軔於"虎狼之國",秦建一統,然秦始皇至二世,僅存世十四年就被反秦勢力所消滅,其中思想界之嬗變,蘊含著齊學所代表以天制人觀置換三晉帝王獨斷專行之理念,因而盛談天人共感、天人感應遂上升爲兩漢經生之主流傾向。《漢書·地理志下》謂:"初太公治齊,修道術,尊賢智,賞有功,故至今其土

---

① 余嘉錫箋疏《世說新語箋疏》,第 543 頁。劉孝標注指王北中郎爲王坦之,而余嘉錫箋疏則以爲是王舒,由於劉孝標去晉未遠,故其說當更爲有據;一般而言,人物品評有類比性質,而可與王洽作類比者,其人或高於王洽本人,"國寶自知才出珣下",國寶爲坦之第三子,故以王坦之比王洽並不爲過。王謐所言令王珣感觸良多,由於王洽與王坦之年歲相差不到十歲,而王洽則於二十六歲去世,雖聲譽蓋世,卻未盡其才,因此作爲王洽之子,王珣頓生"人固不可以無年"之喟歎。
② 余嘉錫箋疏《世說新語箋疏》,第 532 頁。

多好經術,矜功名,舒緩闊達而足智。"①春秋、戰國逐漸形成之齊學,按《漢志》六藝略之《春秋公羊學》派及諸子略之道家學派所謂黃老道德之術,它們庶幾反映齊學之要義,並集中呈現於陰陽家和列於道家類之《管子》等書之内,經、子互補,故齊稷下學宫作爲齊學集散地,承先啓後,影響深廣,而伏滔乃熟悉齊學之學者,可以被視作齊學之代言。

按《晉書·王衍列傳》記載王衍:"説東海王越曰:'中國已亂,當賴方伯,宜得文武兼資以任之。'乃以弟澄爲荆州,族弟敦爲青州。因謂澄、敦曰:'荆州有江、漢之固,青州有負海之險,卿二人在外,而吾留此,足以爲三窟矣。'識者鄙之。"據此可見荆州和青州除了具深厚的歷史文化意義之外,它們更是戰略要地,在西晉政局中,兩地居於舉足輕重地位,所以作爲政治家的王坦之令伏、習談論青、楚人物,除了感興趣於其文化積澱,還包含對此二處現實影響力的關注。

從歷史地理看,按《史記·高祖本紀》記載高祖漢六年:"子肥爲齊王,王七十餘城,民能齊言者皆屬齊。"②青州屬齊國範疇之内,它與臨淄一道共爲齊學之淵藪。《世説新語·言語》第 24 條云:"王武子、孫子荆各言其土地人物之美。王云:'其地坦而平,其水淡而清,其人廉且貞。'孫云:'其山崔巍以嵯峨,其水㳌渫而揚波,其人磊砢而英多。'"③由於士人於《漢書·地理志》大抵均耳熟能詳④,王、孫均爲太原人,其對談結合自然地理和人文地理兩個層面,用優美的語言來謳歌家鄉山好水好出英豪,顯然自有其所本。

齊國特點和優勢,可透過與魯國比較呈現出來,此於古代中國之政治、經濟和學術的路徑選擇,都是一個不可或缺的參照。按《論語·雍也》云:"子曰:'齊一變,至於魯;魯一變,至於道。'"⑤由齊、魯至於道,此説估計來源於《魯論語》,在趨近"道"征程中,齊不及魯,魯則爲齊之先進⑥。然而齊、魯優劣之爭,《史記》卻給予不同視角之評判。觀《史記·魯周公世家》

---

① 王先謙補注《漢書補注》,第 2846 頁。
② 司馬遷《史記》,第 384 頁。
③ 余嘉錫箋疏《世説新語箋疏》,第 86 頁。
④ 王先謙補注《漢書補注》,第 2629—2858 頁。
⑤ 皇侃撰《論語義疏》,北京:中華書局 2013 年版,第 145 頁。
⑥ 參見《兩漢三國學案》卷十《論語》就"張侯論"之形成,認爲其間遺存《齊論語》和《魯論語》相矛盾之處。唐晏著,吴東民點校《兩漢三國學案》,北京:中華書局 1986 年版,第 495 頁。

記述周公子伯禽封之魯，爲魯公，而太公望封於齊，他們各自向周公報政，遲疾有別，太公歎曰："嗚呼，魯後世其北面事齊矣！夫政不簡不易，民不有近；平易近民，民必歸之。"①反觀《史記·太史公自序》推崇道家，其所謂"乃合大道，混混冥冥"②，此絕非循著"齊一變，至於魯"演進之方向，卻與周公所言"夫政不簡不易，民不有近；平易近民，民必歸之"十分相似！故此，《史記·齊太公世家》指出："太公至國，修政，因其俗，簡其禮，通商工之業，便魚鹽之利，而人民多歸齊，齊爲大國。"③實質上無爲而治更爲太史公所接受。從根本而言，因地制宜發展工商經濟，助齊國在諸侯競爭中脫穎而出。《史記·平準書》云："齊桓公用管仲之謀，通輕重之權，徼山海之業，以朝諸侯，用區區之齊顯成霸名。"④齊國通商政策促進國家日趨富強；而魯國抱殘守缺，卻並未建成君子國。孔子作《春秋》，記述春秋二百四十二年間，所發生篡弑等血腥事件，魯國可謂罪孽深重。此反映於《漢書·古今人表》，即使周公與上古三代之明君及其父兄周文王、周武王以至孔子，同樣高踞上上之位，然而在《漢書·古今人表》，魯公伯禽卻僅屬於中中之人，而且其魯國子孫後代幾乎每況愈下，皆未能超越此一定位，甚至孔子修《春秋》所列十二公之首魯隱公則被置於九品之末、淪於下下之格⑤。此說明自周公至其後裔，在其理想藍圖和治國實踐之間橫亙著不可逾越之鴻溝。

司馬遷對周公制禮作樂在魯國之績效深表質疑，《史記·魯周公世家》云："太史公曰：余聞孔子稱曰'甚矣魯道之衰也！洙泗之間齗齗如也'……"⑥其所指"甚矣魯道之衰也"，認爲魯國世卿貴族知行不相須，則與"齊一變，至於魯"云云，觀點相悖。

在司馬遷身後昭帝朝所召開鹽鐵會議，亦反映士人關於道德與效率孰輕孰重之爭論。《鹽鐵論·地廣》說："大夫曰：'挾管仲之智者，非爲廝役之使也……儒皆貧羸，衣冠不完，安知國家之政，縣官之事乎？何斗辟造陽也！'"⑦大夫極度鄙視賢良、文學，因此齊、魯之優劣論，司馬遷當屬左袒齊學者也！按整個漢代政治之內核，用漢宣帝話講："漢家自有制度，本以霸

---

① 司馬遷《史記》，第1524頁。
② 司馬遷《史記》，第3292頁。
③ 司馬遷《史記》，第1480頁。
④ 司馬遷《史記》，第1442頁。
⑤ 王先謙補注《漢書補注》，第1039—1056頁。
⑥ 司馬遷《史記》，第1548頁。
⑦ 王利器校注《鹽鐵論校注》，北京：中華書局1992年版，第209頁。

王道雜之,奈何純任德教,用周政乎!"①歷史上齊桓公霸業就是霸道之典型,此所謂"以霸王道雜之"蓋以霸道爲内核而王道爲緣飾,也可視爲齊學之經學和諸子學的結合體,足證齊學所佔重要地位。

齊國稷下學宫和霸主地位,在春秋戰國時代屬於顯赫的存在,伏滔對此具有鄉邦之自豪。現將《世説新語·言語》第 72 條劉義慶原文加劉孝標注一併抄録:"王中郎令伏玄度、習鑿齒(《王中郎傳》曰:"坦之字文度,太原晉陽人。祖東海太守承,清淡平遠。父述,貞貴簡正。坦之器度淳深,孝友天至,譽輯朝野,標的當時。累遷侍中、中書令,領北中郎將,徐兖二州刺史。"《中興書》曰:"伏滔,字玄度,平昌安丘人。少有才學,舉秀才。大司馬桓温參軍,領大著作,掌國史,游擊將軍,卒。習鑿齒,字彦威,襄陽人。少以文稱,善尺牘。桓温在荆州,辟爲從事。歷治中、別駕,遷滎陽太守。")論青楚人物。(《滔集》載其論,略曰:滔以春秋時鮑叔、管仲、隰朋、召忽、輪扁、甯戚、麥丘人、逢丑父、晏嬰、涓子;戰國時公羊高、孟軻、鄒衍、田單、荀卿、鄒奭、莒大夫、田子方、檀子、魯連、淳于髠、盼子、田光、顔歜、黔子、於陵仲子、王叔、即墨大夫;前漢時伏徵君、終軍、東郭先生、叔孫通、萬石君、東方朔、安期先生;後漢時大司徒伏三老、江革、逢萌、禽慶、承幼子、徐防、薛方、鄭康成、周孟玉、劉祖榮、臨孝存、侍其元矩、孫賓碩、劉仲謀、劉公山、王伯儀、郎宗、禰正平、劉成國;魏時管幼安、邴根矩、華子魚、徐偉長、任昭先、伏高陽。此皆青士有才德者也。鑿齒以神農生於黔中,《邵南》詠其美化,《春秋》稱其多才,《漢廣》之風,不同《雞鳴》之篇,子文、叔敖,羞與管仲比德。接輿之歌《鳳兮》,《漁父》之詠滄浪,漢陰丈人之摺子貢,市南宜僚、屠羊説之不爲利回,魯仲連不及老萊夫妻,田光之於屈原,鄧禹、卓茂無敵於天下,管幼安不勝龐公,龐士元不推華子魚,何、鄧二尚書,獨步於魏朝,樂令無對於晉世。昔伏羲葬南郡,少昊葬長沙,舜葬零陵。比其人,則準的如此;論其土,則群聖之所葬;考其風,則詩人之所歌;尋其事,則未有赤眉、黄巾之賊。此何如青州邪?滔與相往反,鑿齒無以對也。)臨成,以示韓康伯。康伯都無言,王曰:'何故不言?'韓曰:'無可無不可。'(馬融注《論語》曰:"唯義所在。")"②

上述《滔集》所標舉漢代以前青州人物,絶非伏滔興到之談,此或以《漢

―――――――――
① 《漢書·元帝紀》,見王先謙補注《漢書補注》,第 387 頁。
② 余嘉錫箋疏《世説新語箋疏》,第 132 頁。

書・古今人表》等爲參照,幾乎彙集歷代齊士之犖犖大端①。按此名單,其人物之學術派別、思想傾向跨度較大,顯然非儒家一端可限之矣,實際上,於新儒家甚或整個學術之發展,齊人顯然淩駕乎魯國甚至當時天下士大夫之上,發揮無與倫比的作用。觀《漢書·古今人表》,以青州爲代表的齊地人物,即使太公望也須謹守其諸侯之分際,僅得上中之位,所以上述《滔集》臚列之春秋時大政治家管仲、晏嬰也不可逾越太公望,也位居上中,然而齊桓公、管仲之霸業堪稱濃墨重彩之偉績!與之相關,鮑叔牙、召忽、隰朋、甯戚則處於上下之位;而進諫齊桓公之輪扁和麥丘人,二者以睿智之言論與《左傳》鞌之戰表現忠勇之逢丑父一起垂名不朽於中上之位;至於並不列名於《古今人表》之涓子,余嘉錫《箋疏》認爲出自《列仙傳》②,劉向《列仙傳》云:"涓子者,齊人也,好餌術,接食其精,至三百年乃見於齊,著《天人經》四十八篇……其《琴心》三篇有條理焉。"③劉向獲得淮南王劉安著述,遂將此子寫入其《列仙傳》④;劉勰《文心雕龍·序志》篇述及"昔涓子《琴心》"云云⑤,身爲隱逸之仙人,涓子被伏滔視作不可遺漏之一支,而燕齊方士曾活躍於戰國時期,這也是一種淵源有自的區域文化⑥。

  降至戰國,《文心雕龍·時序》篇談齊、楚兩國於文學之獨特貢獻⑦;《文心雕龍·樂府》篇云:"撮齊、楚之氣。"⑧漢晉大賦大多涉及《齊都賦》,除了以《漢書·古今人表》作爲資料庫之外,伏滔戰國齊士名單還參考《史記》之《魏世家》《田敬仲完世家》《孟荀列傳》《田單列傳》《魯仲連列傳》《刺客列傳》《滑稽列傳》等。伏滔所頌揚彼時齊國名士,由於其史家身份,所以呈現尤重學術史上人物之特點,勞榦著《秦漢簡史》第十章《兩漢的學術信仰及物質生活》指出:"兩漢的學術是從戰國時的系統衍變而來的。"⑨

---

① 《晉書·伏滔列傳》指伏滔"專掌國史",見房玄齡等撰《晉書》,第 2402 頁。
② 余嘉錫箋疏《世說新語箋疏》,第 133 頁。
③ 《列仙傳》卷上,舊題劉向撰,上海:上海古籍出版社 1990 年據明《正統道藏》本影印版,第 4 頁。
④ 《漢書》記載武帝朝淮南王獄定讞,劉德在昭帝元鳳元年爲宗正,數月後被免,估計在此數月中,一併歸入淮南王獄卷宗之淮南王枕中《鴻寶苑秘書》亦被他占爲己有,而涓子《天人經》等僅爲其中之一小部分。參看《漢書·百官公卿表》、《漢書·楚元王傳》,見於王先謙補注《漢書補注》,第 959、3257 頁。
⑤ 范文瀾注《文心雕龍注》,第 725 頁。
⑥ 參閱顧頡剛《秦漢方式與儒生》,上海:上海古籍出版社 1998 年版。
⑦ 范文瀾注《文心雕龍注》,第 671 頁。
⑧ 范文瀾注《文心雕龍注》,第 101 頁。
⑨ 勞榦《秦漢簡史》,北京:中華書局 2018 年版,第 113 頁。

前漢《春秋公羊學》一派佔據經學主流，而此派恰由戰國齊人公羊高肇其端，此爲齊學在整個前漢獨佔鰲頭埋下伏筆，緣此，公羊高被伏滔置於戰國齊士之首席，説明伏滔深諳兩漢學術之源流演變，而且前後漢分别以伏徵君、伏三老爲齊士之領銜者，甚至以伏高陽充當曹魏時代齊士之殿軍，此亦充分反映伏滔當仁不讓之氣概，對於先祖伏生在漢初拯救壁中《尚書》不至於澌滅，於儒學起到存亡繼絶的作用，因此特加表彰①！自戰國公羊高至前漢董仲舒，於武帝朝構築起儒學"於道最爲高"《五經》博士學術體系，其借陰陽災異以論政進諫機制有助於君臣間之互動，伏生、叔孫通等具有奠基之功，而盼子、顔歜及黔子，楊勇撰《世説新語校箋》指出盼子應作盼子，與顔歜俱見《戰國策·齊策》；黔子則即慎子，見《渚宫舊事》五②；而至炎漢末年，孔融以不及見臨孝存爲憾；北海高密鄭康成出，作爲以一己之力注説群經之鴻儒，他在經學史上産生里程碑之影響③；而前漢安期先生則呼應前面春秋之涓子，亦爲齊地方仙道承傳張目；伏滔不忘齊士所擁有詼諧幽默之天性，譬如戰國淳于髡至前漢東方朔，其亦莊亦諧卻正義凜然，則將永不泯滅於天壤之間也④！

　　總之，齊士堪稱春秋戰國漢魏之間最具活力、最有影響力之存在。而自前漢至後漢隨時移世易，齊士精神風貌呈現更多元狀態，譬如建安風骨展現於禰正平身上，可謂睥睨孤傲；而曹魏時期，諸如管幼安、邴根矩、華子魚、徐偉長等均在《魏志》中有傳，尤其曹丕《典論·論文》《與吴季重書》贊許徐幹；至於邴根矩、華歆和管寧三者之優劣，在《世説新語·德行》中亦有所討論，身值亂世，華歆善於應對裕如，故時人似乎更接受華歆現實權變的品格；至於任昭先其人，上已述及《魏志·王昶傳》所載王昶《誡子書》云："樂安任昭先，淳粹履道，内敏外恕，推遜恭讓，處不避洿，怯而義勇，在朝忘

---

① 見《史記·儒林列傳》，司馬遷《史記》，第 3124 頁。
② 劉義慶撰，劉孝標注，楊勇校箋《世説新語校箋》（修訂本），北京：中華書局 2006 年版，第 116 頁。
③ 參見《晋書·荀崧列傳》記載："荀崧，字景猷，潁川臨潁人，魏太尉彧之玄孫也……元帝踐阼，徵拜尚書僕射，使崧與協共定中興禮儀……時方修學校，簡省博士，置《周易》王氏、《尚書》鄭氏、《古文尚書》孔氏，《毛詩》鄭氏，《周官禮記》鄭氏、《春秋左傳》杜氏服氏、《論語》《孝經》鄭氏博士各一人，凡九人，其《儀禮》《公羊》《穀梁》及鄭《易》皆省不置。崧以爲不可。"可見《春秋三傳》，唯《春秋左氏傳》尚受尊崇，伏滔屬於與時代主流學術稍稍脱節者。見房玄齡等撰《晋書》，第 1975 頁。
④ 參閲《史記·滑稽列傳》及《文心雕龍·諧隱》篇。

身。"①任氏表現出君子人格,故而,士人爲學之精進與爲道之尚隱並行不悖,以及事親之孝道重於事君之忠心,都在漢魏時期逐漸形成思潮,這也標誌著經學之爲用已告式微,玄風盛行則將代之而起!

田餘慶《東晉門閥政治》談及:"兩晉之際南渡的士族,即江左的僑姓士族。他們南來前夕多數在北方還没有發展到根深柢固枝繁葉茂的地步,可賴以雄據一方的宗族勢力還不强大,可溯的世系還不長久。南來以後,他們纔得以乘時應世,逐漸尊顯起來。"②永嘉南渡,伏氏一支漂泊至江左,新舊家族、團體勢力博弈、沉浮中,伏滔一門勢單力薄,空有滿腹經綸,卻備受欺凌。《世説新語·輕詆》第 12 條云:"袁虎、伏滔同在桓公府。桓公每游燕,輒命袁、伏,袁甚恥之,恒歎曰:'公之厚意,未足以榮國士!與伏滔比肩,亦何辱如之?'"③至東晉,袁氏已不算實權著姓,然而不管袁、伏有無交集,此條記述二者一同侍奉桓温,袁宏著述繁富,但並不僅僅因爲才學,而主要是從門第俯視角度,他依然自覺高出寒門伏滔一頭地,因此刺激伏滔積聚起内心强烈的不平之氣,並且要宣洩出來。

丁國鈞撰子辰注《補晉書藝文志》卷四載録《伏滔集》十一卷④、《光禄大夫伏系之集》十卷、《録》一卷⑤,伏系之乃伏滔之子;《補晉書藝文志》卷二還載録伏滔撰《北征記》、還有《伏滔地記》⑥;伏琛撰《齊記》⑦、晏謨撰《齊地記》二卷⑧。此説明伏氏父子自强不息,即使備受擠壓,還是要努力發出自己聲音,伏氏洵爲齊國歷史文化人物風流之捍衛者!伏滔歷數齊士之傑出者,其意在借古人之酒杯以澆一己之塊壘!遥想前代,只要才學卓著,齊士上可以爲帝王師,下者憑藉著述亦不愁"没世而名不稱焉",這令青土人才輩出。當今唯以門第尊卑譜牒索驥來衡士用人,而德不配位者卻世襲清顯之高位,故此,伏滔謂"此皆青士有才德者也"!伏氏先祖在其中也是佼佼者,其中寄寓伏滔對現實深深的不滿,門閥政治壓制人才之脱穎而出,

---

① 陳壽撰《三國志》,第 747 頁。
② 田餘慶《東晉門閥政治》,北京:北京大學出版社 1989 年版,第 338 頁。
③ 余嘉錫箋疏《世説新語箋疏》,第 836 頁。
④ 二十五史刊行委員會《二十五史補編》,第 3688 頁。
⑤ 二十五史刊行委員會《二十五史補編》,第 3689 頁。
⑥ 二十五史刊行委員會《二十五史補編》,第 3674 頁。
⑦ 二十五史刊行委員會《二十五史補編》,第 3674 頁。伏琛撰《三齊略記》一卷,估計與《齊記》屬同一類書籍,收於清黄奭校《漢學堂知足齋叢書·子史鈎沈》,中國國家圖書館藏。
⑧ 二十五史刊行委員會《二十五史補編》,第 3675 頁。

伏滔感同身受，他要借青土名人一吐飽受欺淩之氣，以反諷作威作福的所謂高門士族，此輩之不可一世純屬虛妄！

三、習鑿齒弘揚楚文化在道、儒互濟機制中的特殊意義

經學之繁瑣化甚至零碎化，循《漢志》所指"辟儒之患"，其積弊可謂由來已久，儒學逐漸偏離孔子正道和本義，故揚雄《法言·寡見》云："或問：'司馬子長有言，曰《五經》不如《老子》之約也，當年不能極其變，終身不能究其業。'曰：'若是則周公惑，孔子賊。古者之學耕且養，三年通一。今之學也，非獨爲之華藻也，又從而繡其聲悅，惡在其《老》不《老》也？'"①在《五經》和《老子》之間尋求交集點，有識之士認爲繁瑣化的經學反不及《老子》五千言，指《老子》睿見堪與《五經》相當，此種觀點提出，與《漢書·藝文志》諸子略批評儒家者末流導致"《五經》乖析"十分接近②，此說明作爲經生謀求利祿敲門磚的經學，它與以孔子爲代表的原始儒家初衷相去甚遠，已經難以發揮正面作用，也業已失去公信力，而與之相反，《老子》五千言簡約明晰，卻依然可以給爲政者提供智慧和靈感，令國家走上穩健的軌道。《文心雕龍·論說》篇云："……魏之初霸，術兼名法；傅嘏、王粲，校練名理。迄至正始，無欲守文；何晏之徒，始盛玄論。於是聃、周當路，與尼父爭途矣。"③據此可知劉勰洞察"魏之初霸，術兼名法"，出於思想史匡謬糾偏之慣性，劉勰也深悉《老》《莊》玄學之興起，它於刑名法術產生對衝作用，然則"於是聃、周當路，與尼父爭途矣"，正折射《老》《莊》之學一貫扮演解構孔子後學流弊的角色。中國古代區域文化之間亦存在著舍短取長、相輔相成關係，在塵埃落定之餘的俯瞰下，若將它們嵌合在一起，便融會貫通成博大精深的中華文明。而關於區域文化之比較，宏觀的有南北異同論④，而微觀

---

① 汪榮寶撰，陳仲夫點校《法言義疏》，北京：中華書局1987年版，第222頁。
② 王先謙補注《漢書補注》，第2966頁。
③ 范文瀾注《文心雕龍注》，第327頁。
④ 近代學者劉師培就文化層面的南北不同論，已多有闡述，見劉氏所撰《南北學派不同論》，其中涉及諸子學、經學、理學、考證學和文學之不同，見劉師培《劉申叔遺書》，南京：江蘇古籍出版社1997年版，第548頁。

者則有比較相鄰區域人物之優劣論,覆按《漢書·地理志》等,此風早就盛行於戰國兩漢時期。

《魏志·王衛二劉傅傳》述及嵇康,裴松之注引《嵇氏譜》記載:"撰錄上古以來聖賢、隱逸、遁心、遺名者,集爲傳贊,自混沌至於管寧,凡百一十有九人。"①然則除了尚友千古,面對存活於現世之人,自《論語》孔子識人,就可知在玄風依然盛熾之時,人物品評也是士林之談助,士人喜談論所見所聞人物之高下優劣,以此爲平淡人生增添樂趣。譬如《魏志·荀彧傳》裴松之注引何劭爲《荀粲傳》記述荀粲"又論父彧不如從兄攸……諸兄怒而不能迴也"②;故後漢汝南俗有"月旦評"焉③;至於士人表現出入世熱情的汝、潁二地,漢末孔融撰《汝潁優劣論》,採取一一比對方式,揚汝南而抑潁川,此文頗見身爲孔子二十世孫孔融之憂患意識④;《晋書·陳頵列傳》云:"陳頵,字延思,陳國苦人也……會解結代楊準爲刺史,韜因河間王顒屬結。結至大會,問主簿史鳳曰:'沛王貴藩,州據何法而擅拘邪?'時頵在坐,對曰:'《甲午詔書》,刺史銜命,國之外臺,其非所部而在境者,刺史並糾。事徵文墨,前後列上,七被詔書。如州所劾,無有違謬。'結曰:'衆人之言不可妄聽,宜依法窮竟。'又問僚佐曰:'河北白壤膏粱,何故少人士,每以三品爲中正?'答曰:'《詩》稱'維嶽降神,生甫及申'。夫英偉大賢多出於山澤,河北土平氣均,蓬蒿裁高三尺,不足成林故也。'結曰:'張彥真以爲汝潁巧辯,恐不及青徐儒雅也。'頵曰:'彥真與元禮不協,故設過言。老子、莊周生陳梁,伏羲、傅說、師曠、大項出陽夏,漢魏二祖起於沛譙,準之衆州,莫之與比。'結甚異之,曰:'豫州人士常半天下,此言非虛。'會結遷尚書,結恨不得盡其

---

① 陳壽撰《三國志》,第 605 頁。
② 陳壽撰《三國志》,第 320 頁。
③ 范曄撰,李賢等注《後漢書·許劭列傳》,北京:中華書局 1965 年版,第 2235 頁。
④ 歐陽詢撰《藝文類聚》卷二十二,上海:上海古籍出版社 1965 年版,第 407 頁。與之相類,《晋書·祖納列傳》云:"時梅陶及鍾雅數說餘事,納輒困之,因曰:'君汝潁之士,利如錐;我幽冀之士,鈍如槌。持我鈍槌,捶君利錐,皆當摧矣。'陶、雅並稱'有神錐,不可得槌'。納曰:'假有神錐,必有神槌。'雅無以對。"房玄齡等撰《晋書》,第 1699 頁。北魏楊衒之著《洛陽伽藍記》卷第三《城南》記錄潘崇和感歎之辭曰:"汝、潁之士利如錐。燕、趙之士鈍如槌。"見范祥雍校注《洛陽伽藍記校注》,上海:上海古籍出版社 1958 年版,第 178 頁。蕭繹《金樓子》卷第五第 13 則云:"祖士言與鍾雅相調,祖語鍾曰:'汝潁之士,利如錐。'鍾答曰:'卿燕代之人,鈍如槌。'……"蕭繹撰,陳志平、熊清元疏證校注《金樓子疏證校注》,上海:上海古籍出版社 2014 年版,第 902 頁。

才用。"①此節文字探討山澤平原自然環境與人才孕育之關係,陳頵作爲老子之鄉人,他自然要維護陳梁、陽夏及沛譙士人之尊嚴,它們均屬《禹貢》九州之一豫州之範圍内,然而以老莊來消解"青徐儒雅",亦體現從兩漢經學向魏晉玄學轉型的時代特徵。按《世説新語·德行》門,所述人物多屬汝南、潁川、陳留之所産,觀劉孝標注可知劉義慶採擇《海内先賢傳》、《汝南先賢傳》、《晉陽秋》、《楚國先賢傳》及《永嘉流人名》等正史、野史材料,故此,《德行》門所述人物亦以出於該三地者爲多。在此歷史背景下,上述"王中郎令伏玄度、習鑿齒論青、楚人物",可視作"汝潁優劣論"等談論之流裔,譬如《晉書·周顗列傳》:"周顗,字伯仁,安東將軍浚之子也。少有重名,神彩秀徹,雖時輩親狎,莫能媟也。司徒掾同郡賁嵩有清操,見顗,歎曰:'汝潁固多奇士。自頃雅道陵遲,今復見周伯仁,將振起舊風,清我邦族矣。'"②而青、楚人物之比較,應屬源遠流長之話題。而伏、習二氏雙方交鋒何以令人興味盎然?首先二者史觀對峙就形成詰難之張力,令聽衆或讀者産生無窮之思考。中國歷來重視正統之歸屬,《晉書》本傳叙述伏滔撰《正淮》篇,懷著"非我族類"之偏見,嘲諷淮楚之地"淮南者,三代揚州之分也……然而仁義之化不漸,刑法之令不及,所以屢多亡國也"③;然而《晉書·地理志下》記載:"後漢獻帝建安十三年,魏武盡得荆州之地,分南郡以北立襄陽郡,又分南陽西界立南鄉郡,分枝江以西立臨江郡。及敗於赤壁,南郡以南屬吴,吴後遂與蜀分荆州。於是南郡、零陵、武陵以西爲蜀,江夏、桂陽、長沙三郡爲吴,南陽、襄陽、南鄉三郡爲魏。"④當兩漢大一統至漢末終結,荆州作爲兵家必争之地,曹操揮師下荆州,肇始蜀、吴、魏三國混戰,而作爲北方勢力之曹魏一度盤踞於襄陽郡,其充滿法家色彩的嚴酷統治必然違背楚地之文化傳統、民俗特性,唤起"楚雖三户,亡秦必楚"的歷史記憶⑤,導致襄陽習氏對此深懷不滿,也刺激襄陽父老鄉親愈發懷念保境安民之劉表;習氏在上述回答末尾誇耀楚地:"尋其事,則未有赤眉、黄巾之賊。"按何焯評《魏志·武帝紀》所云:"追黄巾至濟北。乞降。冬,受降卒三十餘萬,男女百餘萬口,

---

① 房玄齡等撰《晉書》,第 1892 頁。
② 房玄齡等撰《晉書》,第 1850 頁。
③ 房玄齡等撰《晉書》,第 2399 頁。
④ 房玄齡等撰《晉書》,第 454 頁。
⑤ 《史記·項羽本紀》,見司馬遷《史記》,第 300 頁。

收其精鋭者,號爲青州兵。"曰:"魏武之強自此始。"①此暗示曹操接納黄巾之降卒,其中青州兵正是曹魏之主力,換言之,青州兵乃由黄巾搖身一變而來,他們爲奸雄倒行逆施效力,可謂罪不可赦,然則青州無異於匪窟矣;故與伏滔針鋒相對,習鑿齒臨終上疏,提出"皇晋宜越魏繼漢"觀點②,《晋書》本傳稱:"是時温覬覦非望,鑿齒在郡,著《漢晋春秋》以裁正之。"③否定曹魏具備正統合法性,維護永嘉南渡所形成之格局,認爲兩晋一併上繼漢劉,實乃華夏正朔之攸歸,這就爲江左偏安加冕正體之光環,以強化晋室之正當性,並杜絶桓温非分之想。此種意見之矛盾,落到現實層面,東晋穆帝朝,桓温勠力北伐,認爲東晋乃"權幸揚越",力主恢復中原,移都洛陽,同時就滋生取代晋室之野心。對此伏滔與習鑿齒之間就心存歧異,習氏宜其遭桓温之疏遠。譬如西晋左思撰《三都賦》,其中有《魏都賦》,斬截地肯定曹魏居於王朝之正統地位,而伏滔強烈的北人意識則與左思、桓温較爲接近④。然則襄陽正屬司馬氏政權下轄範疇之内,尤其作爲南方政權,處於長江之中游的襄陽乃戰略重鎮,它所代表之荆州郡與處在長江下游之首都建康及揚州郡既構成西、東互爲犄角之勢,同時其重要性、獨立性也凸顯出來,或成爲挑戰朝廷的割據勢力,這一對矛盾一直困擾東晋以及宋齊梁陳各朝代,甚至影響國祚之修短。

《晋書·山簡列傳》云:"永嘉三年,出爲征南將軍、都督荆湘交廣四州諸軍事、假節,鎮襄陽……諸習氏,荆土豪族。"⑤習鑿齒出生於荆州豪族。《隋書·經籍志》卷二記載晋張方撰《楚國先賢傳贊》十二卷、魏周斐撰《汝南先賢傳》五卷、漢議郎圈稱撰《陳留耆舊傳》二卷⑥,而習鑿齒撰《襄陽耆舊記》五卷也列於同卷⑦;《新唐書·藝文志》則除了載録習鑿齒撰《襄陽耆舊傳》五卷之外,還附有習鑿齒所撰《逸人高士傳》八卷⑧。可見至隋唐時期這些書籍尚存世間,其殘篇則流傳至今。舉凡致敬鄉邦文獻,這是生於斯長於斯者永恒話題,而身爲"博學洽聞"、堪典國史之學者,習鑿齒正是弘

---

① 梁章鉅撰,楊耀坤校正《三國志旁證》卷一,福州:福建人民出版社2000年版,第10頁。
② 房玄齡等撰《晋書》,第2154頁。
③ 房玄齡等撰《晋書》,第2154頁。
④ 蕭統編,李善等注《六臣注文選》,上海:上海古籍出版社1993年版,第119頁。
⑤ 房玄齡等撰《晋書》,第1229頁。
⑥ 魏徵等撰《隋書》,北京:中華書局1973年版,第974頁。
⑦ 魏徵等撰《隋書》,第975頁。
⑧ 歐陽修等撰《新唐書》,北京:中華書局1975年版,第1480頁。

揚襄陽偉績不遺餘力之士①。習氏所緬懷人物與其時代相去不遠,其中包括諸葛亮、龐統、鄧攸、羊祜、崔州平、徐庶、司馬德操及龐德公八君子,均屬三國時期與襄陽結緣之名士。尤其以"景升"相期許,劉表字景升,《後漢書・劉表列傳》記述劉表牧守荆州的文治武功,故而對其不忘"遂起立學校,博求儒術"②之德政,尤致表揚!劉表前後約二十年内保護荆楚之功業,習氏心懷欽佩和憧憬之深情。據此可知習鑿齒之鄉邦意識和故土情結,很大程度上出自對這塊土地上英雄豪傑之崇敬,身處三國百戰之地,習氏既發思古之幽情,也激發起其心雄古今之豪氣③。

　　上述習鑿齒答王坦之之問包含兩個不同層面的内涵,一則屬於表面之應對,即使處在王、伏、習三者交談語境之中,然而,桓温權勢更大,"時温有大志",習氏必須兼顧此位不在場的聽者。《晋書・習鑿齒列傳》記述:"習鑿齒,字彦威,襄陽人也……累遷别駕。温出征伐,鑿齒或從或守,所在任職,每處機要,莅事有績,善尺牘論議,温甚器遇之……後使至京師。簡文亦雅重焉。既還,温問:'相王何似?'答曰:'生平所未見。'以此大忤温旨,左遷户曹參軍。"④習氏所事之桓温"自以雄姿風氣是宣帝、劉琨之儔"⑤,自然洋溢著不可一世之神氣,所以王坦之令伏滔、習鑿齒比較青、楚人物,習鑿齒首先須順因桓温尚進取之儒家品格,且與王坦之亦無違和之感。故述

---

① 房玄齡等撰《晋書》本傳記述習鑿齒與桓秘書曰:"吾以去五月三日來達襄陽,觸目悲感,略無歡情,痛惻之事,故非書言之所能具也。每定省家舅,從北門入,西望隆中,想臥龍之吟;東眺白沙,思鳳雛之聲;北臨樊墟,存鄧老之高;南眷城邑,懷羊公之風;縱目檀溪,念崔徐之友;肆睇魚梁,追二德之遠,未嘗不徘徊移日,惆悵極多,撫乘躊躇,慨爾而泣。曰若乃魏武之所置酒,孫堅之所隕斃,裴杜之故居,繁王之舊宅,遺事猶存,星列滿目。瑣瑣常流,碌碌凡士,焉足以感其方寸哉!夫芬芳起於椒蘭,清響生乎琳琅。命世而作佐者,必垂可大之餘風;高尚而邁德者,必有明勝之遺事。若向八君子者,千載猶使義想其爲人,況相去不遠乎!彼一時也,此一時也,焉知今日之才不如曩辰,百年之後,吾與足下不並爲景升乎!"史家評曰:"其風期俊邁如此。"房玄齡等撰《晋書》,第 2153 頁。
② 范曄撰,李賢等注《後漢書》,第 2421 頁。
③ 晚唐陸龜蒙作《讀〈襄陽耆舊傳〉》,因作詩五百言寄皮襲美》云:"漢皋古來雄,山水天下秀……三胡節皆峻,二習名亦茂。"折射習鬱(爲漢侍中,《襄陽耆舊傳》有記載)、習鑿齒二者幾乎成爲襄陽古城歷史文化之代言!皮日休、陸龜蒙等撰,王錫九校注《松陵集校注》,北京:中華書局 2018 年版,第 1 頁。作爲皮陸唱和,皮日休對陸龜蒙上述贈詩亦次韻寄答,見該書之第 25 頁。
④ 見房玄齡等撰《晋書》,第 2152 頁。《世説新語・文學》第 80 條云:"習鑿齒史才不常,宣武甚器之,未三十,便用爲荆州治中。鑿齒謝箋亦云:'不遇明公,荆州老從事耳!'後至都見簡文,返命,宣武問:'見相王何如?'答云:'一生不曾見此人。'從此忤旨,出爲衡陽郡,性理遂錯。於病中猶作《漢晋春秋》,品評卓逸。"此可相互印證,見余嘉錫箋疏《世説新語箋疏》,第 258 頁。
⑤ 見房玄齡等撰《晋書》本傳,第 2571 頁。

及："鑿齒以神農生於黔中，《邵南》詠其美化，《春秋》稱其多才，《漢廣》之風，不同《雞鳴》之篇，子文、叔敖，羞與管仲比德。"此庶幾等同於《文心雕龍·辨騷》篇所謂"《離騷》之文，依經立義"之攀附①。關於文王之化，《論語·先進》云："子曰：'先進於禮樂，野人也；後進於禮樂，君子也。如用之，則吾從先進。'"②楚人之質樸猶同"野人"，而齊士則相近乎"君子"，然而二者相比較，習鑿齒則寧取楚人之純素，而棄齊人之"離本彌甚，將遂訛濫"③；《春秋左氏傳·襄公二十六年》有"雖楚有材，晉實用之"之說④，於是派生出"惟楚有才，於斯爲盛"之說⑤。《世說新語·言語》第9條記述龐統字士元，襄陽人，聆聽司馬德操之教誨，遂改變其固有之人生觀、價值觀，他感歎曰："僕生出邊垂，寡見大義。若不一叩洪鐘，伐雷鼓，則不識其音響也。"⑥此說明在某些襄陽士人心目中，仰慕北方中原，襄陽依然不脫其邊垂之定位。而習氏卻不然，他要扭轉此種古來之偏見，他表彰楚地人傑地靈，其意在從邊緣走向中心。關於《詩經·國風·召南》十四篇如何理解？朱熹《詩集傳》相較於毛《傳》、鄭《箋》及孔《疏》，其最大不同，參照南宋朱熹一以貫之地以"南國被文王之化，女子知以貞信自守"云云⑦，來詮釋其意義；然則濃縮江漢楚地風俗之美的《漢廣》篇相較於代表齊風之《雞鳴》篇，亦高下立判；習氏所論既豔羨"王化"，又戒慎恐懼乎人性之"異化"，以至久假而不歸，故凝結著其矛盾、複雜的心理。最後，上已述及子曰："管仲之器小哉！"《荀子·仲尼》篇云："仲尼之門，五尺之豎子言羞稱乎五伯。是何也？"⑧荀卿有所辨析，對此並不完全認同；而身爲楚士之子文、叔敖所表達對於管仲之藐視，實質上彰顯習鑿齒身爲楚人之孤傲！

　　二則習氏作答，真正寄寓楚人和青士之上升至哲思的思想交鋒，物極必反，標誌著以齊學爲主幹的經學向玄學之轉移，經學尊崇的地位已黯然失色，令齊學頓然陷於《老子》所謂"爲學日益，爲道日損"之窘境，二者道不

---

① 范文瀾注《文心雕龍注》，第46頁。
② 皇侃撰《論語義疏》，第256頁。
③ 見《文心雕龍·序志》篇，范文瀾注《文心雕龍注》，第726頁。
④ 楊伯峻《春秋左傳注》，北京：中華書局1981年版，第1120頁。
⑤ 《文心雕龍·辨騷》篇謂："豈去聖之未遠，而楚人之多才！"范文瀾注《文心雕龍注》，第45頁。
⑥ 余嘉錫箋疏《世說新語箋疏》，第66頁。
⑦ 朱熹解釋《詩經·國風·召南·摽有梅》，見朱熹集撰，趙長征點校《詩集傳》，北京：中華書局2017年版，第17頁。
⑧ 王先謙撰《荀子集解》，第105頁。

同不相爲謀者也！緊接上文，習氏繼續發揮宏論曰：“接輿之歌《鳳兮》，《漁父》之詠滄浪，漢陰丈人之折子貢，市南宜僚、屠羊説之不爲利回，魯仲連不及老萊夫妻，田光之於屈原，鄧禹、卓茂無敵於天下，管幼安不勝龐公，龐士元不推華子魚，何、鄧二尚書，獨步於魏朝，樂令無對於晉世。昔伏羲葬南郡，少昊葬長沙，舜葬零陵。比其人，則準的如此；論其土，則群聖之所葬；考其風，則詩人之所歌；尋其事，則未有赤眉、黃巾之賊。”謹將此節文字裏所涉獵典故縷述如下：

首先接輿楚狂之出現，幾乎動搖了孔子儒家人生觀①；而《楚辭·漁父》透過屈原和漁父之對話，借漁父之口表達與光同塵人生價值觀，其實是對屈子爲國自沉精神的解構②，也正是非帝王派對帝王派思想之挑戰！而漢陰丈人教誨子貢，也表達對“博學以擬聖”之不以爲然③；至於市南宜僚和屠羊説之叙事也分別出自《莊子·山木》篇和《莊子·讓王》篇，前者乃對於《春秋左氏傳·哀公十六年》之改寫④，闡述對擺脱禮樂、歸於自然的人生之嚮往，而後者認爲人惟獨立於權勢之外，方能捍衛個體選擇適性之自由⑤，二者則俱展現莊周學派“剽剥儒墨”之一貫主旨。

關於魯仲連不及老萊夫妻，老萊子爲春秋時代楚國人，晉郭璞《游仙詩》七首之一曰：“漆園有傲吏，萊氏有逸妻。”⑥唐人吳筠《高士詠》有《老萊夫妻》一首，讚揚其人“一遁囂煩趣，永契云壑情”⑦，爲天下事務奔走之魯仲連實難望恬靜度日的老萊夫妻之項背；田光之自刎，相較於屈原之自沉，顯然缺乏文化悲劇之意味！至於鄧禹、卓茂均爲前後漢之際之名臣，具有前瞻性和預見性，可以視作見機行事之智者；至於樂廣，按《晉書·樂廣列傳》記述王衍自言：“與人語甚簡至，及見廣，便覺己之煩。”樂廣崇尚内心之

---

① 見《論語·微子》，《論語義疏》，第 478 頁。劉向《列仙傳》卷上載：“陸通者，云楚狂接輿也。好養生，食橐廬木實及蕪菁子。遊諸名山，在蜀峨嵋山上，世世見之，歷數百年去。接輿樂道，養性潛輝。風諷尼父，諭以鳳衰。納氣以和，存心以微。高步靈嶽，長嘯峨嵋。”劉向《列仙傳》，第 7 頁。
② 王逸撰，黄靈庚點校《楚辭章句》第七卷，上海：上海古籍出版社 2017 年版，第 171 頁。
③ 《莊子·天地》篇，郭慶藩輯，王孝魚整理《莊子集釋》，北京：中華書局 1961 年版，第 433 頁。《晉書·王坦之列傳》記載王坦之著《廢莊論》曰：“昔漢陰丈人修混沌之術，孔子以爲識其一不識其二，莊生之道，無乃類乎！”所見與習鑿齒則不同。第 1966 頁。
④ 楊伯峻《春秋左傳注》，第 1701 頁；郭慶藩輯《莊子集釋》，第 670 頁。
⑤ 郭慶藩輯《莊子集釋》，第 974 頁。
⑥ 蕭統編，李善等注《六臣注文選》，上海：上海古籍出版社 1993 年版，第 400 頁。
⑦ 《全唐詩》卷八百五十三，上海：上海古籍出版社 1986 年版，第 9654 頁。

簡約,脱略形跡,以臻乎名教與自然之和諧。

曹魏後期司馬懿家族與曹爽政治集團勢不兩立,在魏嘉平元年春正月,車駕謁高平陵之際,司馬懿出其不意地發動政變[1]。作爲追隨曹爽的大司農沛國桓範頭腦清醒,進言曹爽車駕幸許昌以圖抵抗,竟不被採納,最終導致曹爽及其心腹人物遭遇"夷三族"之厄運,桓範也未能倖免! 若承認司馬炎逼迫魏室"禪讓"予己之合法性,則豈可讚美司馬懿對手"何、鄧二尚書,獨步於魏朝"? 此乃顛覆本朝根基之言。此論之所以出自習鑿齒之口,蓋緣於一則習鑿齒仇視曹魏,另則桓温爲桓榮之後,是桓彝之子,實與桓範有宗親之誼。桓温允文允武,堪稱東晉最有才幹之能臣,丁國鈞撰子辰注《補晉書藝文志》卷四載録《大司馬桓温集》四十三卷[2]、《桓温要集》二十卷、《録》一卷[3];《補晉書藝文志》卷二云:"《桓玄別傳》,謹按見《世説》:《德行》、《任誕》兩篇注(《舊唐志》有《桓玄傳》二卷,據《宋書》知爲荀伯子撰,不列入)。"[4]桓玄爲桓温之子,亦有《桓玄集》二十卷[5],在强而有力之桓温面前,晉朝司馬氏之後人已顯露其孱弱無能,《晉書》本傳描述桓温和朝廷屬"羈縻"關係[6],爲了感激桓温知遇之恩,並達到博取歡心之目的,習氏因而敢於讚頌與桓範同黨之何晏、鄧颺二尚書實爲魏代最傑出之人物[7]!

楚人哲學理念本諸《老子》第三十七章云:"道常無爲而無不爲,侯王若能守之,萬物將自化。化而欲作,吾將鎮之以無名之樸。無名之樸,夫亦將無欲。"[8]

《老子》第五十六章云:"知者不言,言者不知。塞其兑,閉其門,挫其鋭,解其分,和其光,同其塵,是謂玄同。故不可得而親,不可得而疏;不可得而利,亦不可得而害,不可得而貴,亦不可得而賤。故爲天下貴。"[9]

作爲政治哲學和人生哲學的結合體,《老子》上述理念與習氏所表彰人

---

[1]《魏志·三少帝紀》,見陳壽撰《三國志》,第123頁。
[2] 二十五史刊行委員會《二十五史補編》,第3687頁。
[3] 二十五史刊行委員會《二十五史補編》,第3688頁。
[4] 二十五史刊行委員會《二十五史補編》,第3671頁。
[5] 二十五史刊行委員會《二十五史補編》,第3689頁。
[6] 房玄齡等撰《晉書》,第2569頁。
[7] 清錢大昕《何晏論》評何氏:"予嘗讀其疏,以爲有大儒之風。"見《潛研堂文集》卷二《論》,收於錢大昕撰,吕友仁校點《潛研堂集》,上海:上海古籍出版社1989年版,第29頁。
[8] 高明撰《帛書老子校注》,北京:中華書局1996年版,第421頁。
[9] 高明撰《帛書老子校注》,第98頁。

物的人生觀、政治觀完全相通。湯用彤《魏晉玄學論稿》之《王弼之〈周易〉、〈論語〉新義》指出"荆州學風",尤其宋衷之學在其間的影響。在漢末劉表治下,於荆州學術生長提供保障,宋衷堪稱荆州學術之祭酒,相較當時北方鄭玄經學一枝獨秀,湯用彤認爲:"荆州學風,喜張異議,要無可疑。其學之内容若何,則似難言。然據《劉鎮南碑》(《全三國文》五六)稱表改定五經章句,'删剗浮辭,芟除煩重',其精神實反今學末流之浮華,破碎之章句……故即時至南齊,清談者猶視爲必讀之書也。荆州儒生之最有影響者,當推宋衷。"湯用彤指宋衷之《易》《太玄》之學,是荆州之學的標誌,因此謂:"可見漢末,孔門性道之學,大爲學士所探索。因此而《周易》見重,並及《太玄》,亦當時學風之表現。而王弼之《易》,則繼承荆州之風,而自有樹立者也。"湯先生進一步確定:"則王弼之家學,上溯荆州,出於宋氏。夫宋氏重性與天道,輔嗣好玄理,其中演變應有相當之連繋也。"[1]宋衷所代表"荆州學風",經王弼等繼承和發揚,在玄學、玄理形成學界思潮過程中發揮重要的作用,此亦給習氏平添幾分文化自信之底氣。

　　習鑿齒現實處境,與伏滔等近似,《晉書·陸曄列傳》記載大興元年:"時帝以侍中皆北士,宜兼用南人。"[2]陸玩是陸曄之弟,《晉書·陸玩列傳》述及王導初至江左,請婚於玩,陸玩對曰:"培塿無松柏,薰蕕不同器。玩雖不才,義不能爲亂倫之始。"[3]據此可知在南人眼中,南渡北人及其所建立之政權屬異族之外來者,雙方隔膜十分嚴重;《世説新語·忿狷》第6條叙述王獻之不願與習鑿齒並榻[4],《世説新語·排調》第41條記述太原孫興公固守楚屬"蠻荆"之偏見,而習鑿齒則以《詩經·小雅·六月》相反擊,比喻孫氏爲"獫狁"[5];《晉書》本傳指:"時清談文章之士韓伯、伏滔等並相友善。"[6]在高門士族夾縫中謀生存,習鑿齒與伏滔、韓康伯結爲朋友,三者應面臨相似的現實窘境,所以身負楚人及寒門雙重壓力,其處境比伏滔尤爲惡劣,也更刺激起習鑿齒昂揚鬥志,其不卑不亢的對答展現其秕糠權貴、橫掃權貴之氣魄!

---

[1] 湯用彤《魏晉玄學論稿》,上海:上海古籍出版社2005年版,第69頁。
[2] 房玄齡等撰《晉書》,第2023頁。
[3] 房玄齡等撰《晉書》,第2024頁。
[4] 余嘉錫箋疏《世説新語箋疏》,第888頁。
[5] 余嘉錫箋疏《世説新語箋疏》,第809頁。
[6] 房玄齡等撰《晉書》,第2153頁。

劉師培《國學發微》認爲:"南朝之人尚玄理,東晉之時,王羲之、王珣、許詢、習鑿齒各與緇流相接,而謝安亦降心支遁。大抵名言相永,自標遠致;而孫綽(作《喻道論》)、謝慶緒(作《安般守意經序》)之文亦深洞釋經之理。"[1]在魏晉由經學向玄學,再由玄學向佛學之學術融合、轉型過程中,習鑿齒也兼受佛學之影響,佛學興起,舊有的文化框架也遭打破,此無疑更加增強習氏藐視既有政治、文化格局之勇氣！當寒族知識分子一併發力,腐朽的門閥政治就逐漸被顛覆！此中楚人作用,也是滔滔洪流之間一股重要的力量,今人從習鑿齒聲音之中,能够體會到此種欲爲人文傳統去僞存真、返本立新之訴求！

(作者單位:香港嶺南大學中文系)

---

[1] 劉師培《劉申叔遺書》,南京:江蘇古籍出版社1997年版,第492頁。

On the Scholarship and Cultural Memories and Divergences of Jin, Qi, and Chu Regions: According to Notes in *A New Account of Tales of the World*

Wang Chunhong

  Chinese culture advances by drawing cultural resources from different regions at different times, which come together to constitute its totality. Scholars and officials in ancient times were both traditional and realistic: the former meaning that they were influenced by the scholarship of a certain region or school of thought; the latter referring to their responses to their immediate realities. In life's twists and turns, the choices they made were necessarily linked to cultural lineage or reflected the influence of cultural ideas vividly, and their writings and behaviors were in sync withtheir knowledge structures, intellectual cultivations, and ideologies, especially when they faced huge challenges. A passage that records the dialog between Wang Tanzhi 王坦之, Fu Tao 伏滔, and Xi Zuochi 習鑿齒 in the "Sayings" chapter of *A New Account of Tales of the World*, and Xi Zuochi concerns the divergences and conflicts among the Three Jins, Qi, and Jinchu regions and further loosely correspond with the Qin, Han, Wei Jin periods. The temporal and spatial transformations therein reveal the memories and divergences of the cultural histories of the three regions, present the vast landscape of Chinese culture, and demonstrate the necessity of the dynastic cycle. The analyses and research in this article not only trace the historical sources but also appreciate the outer realities and inner worlds of Wang, Fu, and Xi who accepted the reliance on their respective cultural paths.

  Keywords: legalists of the Three Jins, School of Qi, Daoism of *Zhuangzi* and *Laozi* in the Chu region, history, culture, clan politics of the Eastern Jin dynasty

徵引書目

1. 《世説新語》,影印宋紹興八年廣川董弅據晏殊校定本所刻,北京:中華書局,1999年版。*Xinyu Jianshu*(*A New Account of Tales of the World with Notes and Commentary*). Yingyin song shaoxing banian guangchuan Dong Fen ju Yan Shu jiaodingben suo ke. Beijing:Zhonghua shuju,1999.
2. 《全唐詩》,上海:上海古籍出版社,1986年版。*Quan Tangshi*(*Complete Tang Poems*). Shanghai:Shanghai guji chubanshe,1986.
3. 二十五史刊行委員會:《二十五史補編》,北京:中華書局,1955年版。Ershiwu shi kanxing weiyuanhui. *Ershiwushi bubian*(*Supplemental Compilation for the Twenty-five Histories*). Beijing:Zhonghua shuju,1955.
4. 王先謙撰,沈嘯寰等點校:《荀子集解》,北京:中華書局,1988年版。Wang Xianqian. *Xunzi Jijie*(*Collected Commentaries on the Xunzi*). Collated and punctuated by Shen Xiaohuan et al. Beijing:Zhonghua shuju,1988.
5. 王利器:《鹽鐵論校注》,北京:中華書局,1992年版。Wang Liqi. *Yantie lun jiaozhu*(*Critical Edition of the Discourses on Salt and Iron with Annotations*). Beijing:Zhonghua shuju,1992.
6. 王弼著,樓宇烈校釋:《王弼集校釋》,北京:中華書局,1980年版。Wang Bi. *Wang Bi ji jiaoshi*(*An Annotated Edition of the Collected Works of Wang Bi*). Edited by Lou Yulie. Beijing:Zhonghua shuju,1980.
7. 王逸撰,黃靈庚點校:《楚辭章句》第七卷,上海:上海古籍出版社,2017年版。Wang Yi. *Chuci zhangju*(*Commentary Edition of Chuci*). Collated and punctuated by Huang Linggeng. Shanghai:Shanghai guji chubanshe,2017.
8. 司馬光:《資治通鑑》,北京:中華書局,1956年版。Sima Guang. *Zi Zhi Tong Jian*(*Comprehensive Reflections to Aid in Governance*). Beijing:Zhonghua shuju,1956.
9. 司馬遷:《史記》,北京:中華書局,1959年版。Sima Qian. *Shiji*(*Records of the Grand Historian*). Beijing:Zhonghua shuju,1959.
10. 田餘慶:《東晉門閥政治》,北京:北京大學出版社,1989年版。Tian Yuqing. *Dongjin menfa zhengzhi*(*Eastern Jin Clan Politics*). Beijing:Beijing daxue chubanshe,1989.
11. 皮日休、陸龜蒙等撰,王錫九校注:《松陵集校注》,北京:中華書局,2018年版。Pi Rixiu, Lu Guimeng et al. *Songlingji jiaozhu*(*Songlingji with Commentary*). Collated by Wang Xijiu. Beijing:Zhonghua shuju,2018.
12. 朱熹集撰,趙長征點校:《詩集傳》,北京:中華書局,2017年版。Zhu Xi. *Shiji Zhuan*(*Collected Annotations of Shijing*). Collated and punctuated by Zhao changzheng. Beijing:Zhonghua shuju,2017.
13. 汪榮寶撰,陳仲夫點校:《法言義疏》,北京:中華書局,1987年版。Wang Rongbao. *Fayan yishu*(*Meaning and Subcommentary on Model Sayings*). Collated and punctuated by Chen Zhongfu. Beijing:Zhonghua shuju,1987.
14. 房玄齡等撰:《晋書》,北京:中華書局,1974版。Fang Xuanling et al. *Jinshu*(*Book of*

Jin). Beijing: Zhonghua shuju, 1974.
15. 皇侃撰:《論語義疏》,北京:中華書局,2013 年版。Huang Kan. *Lunyu yishu* (*Elucidation of the Meaning of the Analects*). Beijing: Zhonghua shuju, 2013.
16. 范祥雍校注:《洛陽伽藍記校注》,上海:上海古籍出版社,1958 年版。Fan Xiangyong. *Luoyang qielan ji jiao zhu* (*Record of the Monasteries of Luoyang Collated with Commentary*). Shanghai: Shanghai guji chubanshe, 1958.
17. 范曄撰,李賢等注:《後漢書》,北京:中華書局,1965 年版。Fan Ye. *Hou Hanshu* (*Book of the Later Han*). Annotated by Li Xian et al. Beijing: Zhonghua shuju, 1965.
18. 唐晏著,吳東民點校:《兩漢三國學案》,北京:中華書局,1986 年版。Tang Yan. *Liang Han Sanguo xuean* (*Cases of learning of the two Han dynasties and the Three Kingdoms*). Collated and punctuated by Wu Dongmin. Beijing: Zhonghua shuju, 1986.
19. 班固撰,王先謙補注,上海師範大學古籍整理研究所整理:《漢書補注》,上海:上海古籍出版社,2008 年版。Ban Gu, Wang Xianqian. *Hanshu buzhu* (*Supplementary Commentary on the Book of Han*). Edited by the Institute of Ancient Books Collation of Shanghai Normal University. Shanghai: Shanghai guji chubanshe, 2008.
20. 高明撰:《帛書老子校注》,北京:中華書局,1996 年版。Gao Ming. *Boshu Laozi Jiaozhu* (*The Silk Manuscripts of Laozi, with Collated Annotations*). Beijing: Zhonghua shuju, 1996.
21. 梁章鉅撰,楊耀坤校正:《三國志旁證》,福州:福建人民出版社,2000 年版。Liang Zhangju. *Sanguozhi pangzheng* (*Collateral Evidence on Records of the Three Kingdoms*). Corrected by Yang Yaokun. Fuzhou: Fujian renmin chubanshe, 2000.
22. 郭慶藩:《莊子集釋》,北京:中華書局,1998 年版。Guo Qingfan. *Zhuangzi jishi* (*Collected Explanations on the Zhuangzi*). Beijing: Zhonghua shuju, 1998.
23. 陳壽撰,陳乃乾校點:《三國志》,北京:中華書局,1959 年版。Chen Shou. *Sanguo Zhi* (*Records of the Three Kingdoms*). Punctuated by Chen Naiqian. Beijing: Zhonghua shuju, 1959.
24. 勞榦:《秦漢簡史》,北京:中華書局,2018 年版。Lao Gan. *Qinhan jianzhi* (*A Brief History of Qin and Han Dynasties*). Beijing: Zhonghua shuju, 2018.
25. 湯用彤:《魏晉玄學論稿》,上海:上海古籍出版社,2005 年版。Tang Yongtong. *Weijin xuanxue lungao* (*Preliminary Studies of Wei-Jin Xuanxue*). Shanghai: Shanghai guji chubanshe, 2005.
26. 楊伯峻:《春秋左傳注》,北京:中華書局,1981 年版。Yang Bojun. *Chunqiu Zuozhuan zhu* (*Zuo Tradition of the Spring and Autumn Annals, with Annotations*). Beijing: Zhonghua shuju, 1981.
27. 劉向:《列仙傳》,上海:上海古籍出版社,1990 年據明《正統道藏》本影印版。Liu Xiang. *Liexian Zhuan* (*Biographies of Immortals*). Shanghai: Shanghai guji chubanshe, 1990. Photocopy of Daozang compiled during the Zhengtong reign period of the Ming Dynasty.
28. 劉師培:《劉申叔遺書》,南京:江蘇古籍出版社,1997 年版。Liu Shipei. *Liu Shenshu*

yishu（*Collected Writings of Liu Shenshu*）. Nanjing：Jiangsu guji chubanshe，1997.

29. 劉義慶著，劉孝標注，余嘉錫箋疏：《世說新語箋疏》，修訂本，上海：上海古籍出版社，1993年版。Liu Yiqing. *Shishuo Xinyu Jianshu*（*A New Account of Tales of the World with Notes and Commentary*）. Revised edition. Annotated by Liu Xiaobiao, Commentary by Yu Jiaxi. Shanghai：Shanghai guji chubanshe，1993.

30. 劉勰著，范文瀾注：《文心雕龍注》，北京：人民文學出版社，1958年版。Liu Xie. *Wenxin Diaolong zhu*（*Annotated Edition of "The Literary Mind and the Carving of Dragons"*）. Annotated by Fan Wenlan. Beijing：Beijing renmin chubanshe，1958.

31. 劉躍進：《秦漢文學地理與文人分佈》，北京：中國社會科學出版社，2012年版。Liu Yuejin. *Qinhan wenxue dili yu wenren fenbu*（*Qin and Han Literary Geography and the Distribution of Literati*）. Beijing：Zhongguo shehui kexue chubanshe，2012.

32. 歐陽修等撰：《新唐書》，北京：中華書局，1975年版。Ouyang Xiu et al. *Xin Tang shu*（*New Book of Tang*）. Beijing：Zhonghua shuju，1973.

33. 歐陽詢：《藝文類聚》，上海：上海古籍出版社，1965年版。Ouyang Xun. *Yiwen leiju*（*Classified Collection based on the Classics and other Literature*）. Shanghai：Shanghai guji chubanshe，1965.

34. 蕭統編，李善等注：《六臣注文選》，上海：上海古籍出版社，1993年版。Xiao Tong edited. *Liuchen zhu wenxuan*（*Commentaries by Six Officials to The Selections of Refined Literature*）. Annotated by Li Shan et al. Shanghai：Shanghai guji chubanshe，1993.

35. 蕭繹撰，陳志平、熊清元疏證校注：《金樓子疏證校注》，上海：上海古籍出版社，2014年版。Xiao Yi. *Jinlouzi shuzheng jiaozhu*（*Master of the Golden Chamber with Collated Commentaries*）. Annotated by Chen Zhiping and Xiong Qingyuan. Shanghai：Shanghai guji chubanshe，2014.

36. 錢大昕撰，呂友仁校點：《潛研堂集》，上海：上海古籍出版社，1989年版。Qian Daxin. *Qianyantang ji*（*Collected Works of the Hall of Subtle Research*）. Punctuated by Lu Youren. Shanghai：Shanghai guji chubanshe，1989.

37. 魏徵等撰：《隋書》，北京：中華書局，1973年版。Wei Zheng et al. *Sui shu*（*Book of Sui*）. Beijing：Zhonghua shuju，1973.

《世説新語》中的時代文學圖景*

王允亮

【摘　要】與魏晋時清談盛行的局面相應,文學創作中也出現了口語興盛的現象;因出於公開展演的情境需要,文學創作對於迅捷的要求大爲增加。在文本傳播過程中,名流人士的話語起著不可估量的作用;由於當時以手抄本爲文章物質載體,讀者對作品的接受回饋,往往可以讓作者隨之更定,文本流動也是傳播中的常見現象。魏晋時期的文學接受,讀者更注重閱讀中個性的契合,強調情感的共鳴,當日發達的藝術形式,也爲時人的文學接受提供了多種可能,使他們可以通過繪畫、書法等不同藝術達到對文學的多維解讀。

【關鍵詞】《世説新語》　時代風尚　文學創作　文學傳播　文學接受

魏晋時期是中國歷史上大自由大解放的時代,其時兩漢儒學已趨於衰落,士人脱卸了政教倫理的束縛,開始注重個人情感的自由抒發。除了玄學清談在士人間盛極一時,成爲當日流行的文化活動之外,書法、繪畫、音樂等也得到跨越式的發展,各種藝術門類呈現出百花齊放式的發展態勢。《世説新語》作爲記録魏晋名士生活的百科全書,雖爲劉宋時劉義慶所編纂,但因其多取材於先代雜傳,得以保留了材料上的原初性,故該書不僅是一部韻味雋永的文學佳作,還憑籍其原生態的場景記録,傳達出魏晋文學

---

* 基金項目:本文爲2024年度河南省高等學校哲學社會科學基礎研究重大項目(2024-JCZD-06)階段性成果。

的原初生態，可以讓我們近距離觀覘魏晉文學產生、傳播、接受的場景。這種萌生於時代文學土壤中的原初資料，與後人因特定立場所編纂的典籍相比，最大限度避免了常有的遮蔽和過濾，明顯更具有現場性和鮮活性。通過這些細節化的記載，既能感知到魏晉文學在名士生活中的脈動，也更能把握到它所具有的時代氣息。相對來說，當前學界對魏晉文學的觀察和研究，所用材料多出後人之手，這種做法因受材料所限具有先天的不足。而從《世説》出發去考察當時的文學生態，辨析其藴含的時代氣息，用當時文解當時事，對於認識魏晉文學自然有其無可比擬的優勢，但從這一角度對魏晉文學進行探討的研究尚不多見，故本文擬從《世説》文本出發，探討魏晉文學所獨有的時代氣息[1]。

一、《世説》中的文學創作場景：口語與捷才

作爲魏晉士人生活的原生態記録，《世説》中有很多關於文學創作的場景，其中令人印象深刻的是其口語創作數量之多。如《世説·言語》第 88 則：

> 顧長康從會稽還，人問山川之美，顧云："千岩競秀，萬壑争流，草木蒙籠其上，若雲興霞蔚。"[2]

顧愷之對於會稽山水的叙説極富美感，即使放到書面文學中也是不可多得的美文。又《世説·言語》第 93 則：

> 道壹道人好整飾音辭，從都下還東山，經吴中。已而會雪下，未甚寒。諸道人問在道所經。壹公曰："風霜固所不論，乃先集其慘澹。郊邑正自飄瞥，林岫便已皓然。"[3]

---

[1] 古今對於文學的概念頗多争議，並没有一個統一的認識。本文所謂文學大要同於蕭統《文選序》所言 "事出於沉思，義歸乎翰藻"，指具有一定藝術性或情感性的作品。關於中國文學概念的討論，可參張伯偉《重審中國的 "文學" 概念》，《中山大學學報（社會科學版）》總第 292 期（2021 年 8 月），第 1—16 頁。

[2] 龔斌《世説新語校釋》，上海：上海古籍出版社 2011 年版，第 287 頁。

[3] 龔斌《世説新語校釋》，第 293 頁。

劉孝標注引《沙門題目》曰：

  道壹文鋒富贍，孫綽爲之贊曰："馳騁遊説，言固不虚。唯茲壹公，綽然有餘。譬若春圃，載芬載敷。條柯猗蔚，枝幹扶疏。"①

據劉注可見道壹富有文才，《世説》此條所載其叙述在道所經，不僅語言工飭，而且韻律協暢，與當時的六言賦有同一風致，體現了他整飾音辭的特長。

  口語音辭的修飾，與魏晋清談盛行有直接聯繫。對清談藝術效果的追求，導致士人非常注意在言談中雕琢辭藻，這在《世説》中屢有顯現，如《世説·文學》第 36 則：

  王逸少作會稽，初至，支道林在焉。孫興公謂王曰："支道林拔新領異，胸懷所及乃自佳，卿欲見不？"王本自有一往雋氣，殊自輕之。後孫與支共載往王許，王都領域，不與交言。須臾支退。後正值王當行，車已在門，支語王曰："君未可去，貧道與君小語。"因論《莊子·逍遥遊》。支作數千言，才藻新奇，花爛映發。王遂披襟解帶，留連不能已。②

王羲之本來輕視支道林，結果支道林在論《莊子·逍遥游》時，不僅能作數千言，而且達到了才藻新奇，花爛映發的效果，故而一下子折服了王羲之，使得他披襟解帶，留連不已。

  又《世説新語·文學》第 55 則：

  支道林、許、謝盛德，共集王家，謝顧謂諸人："今日可謂彦會，時既不可留，此集固亦難常，當共言詠，以寫其懷。"許便問主人："有《莊子》不？"正得《漁父》一篇。謝看題，便各使四坐通。支道林先通，作七百許語，叙致精麗，才藻奇拔，衆咸稱善。於是四坐各言懷畢，謝問曰："卿等盡不？"皆曰："今日之言，少不自竭。"謝後粗難，因自叙其意，作

---

① 龔斌《世説新語校釋》，第 293 頁。
② 龔斌《世説新語校釋》，第 434 頁。

萬餘語,才峰秀逸,既自難干,加意氣擬托,蕭然自得,四坐莫不厭心。支謂謝曰:"君一往奔詣,故復自佳耳。"①

在名士會聚的場合,大家共同就《莊子·漁父》發表意見,支道林率先發言,他說了大約七百句話,說得叙致精麗、才藻奇拔,獲得了大家的一致稱讚。等到在座的人全部發言完畢,謝安最後出場發言,誰知他更加推陳出新,一下子說了上萬句話,不僅才峰秀逸,既自難干,而且意氣擬托,蕭然自得,一下子讓所有人都歎服不已。可以看出,在謝安的演說中,才峰秀逸和意氣擬托缺一不可,才藻也是他折服衆人的重要原因。

《世說·文學》第42則又載:

支道林初從東出,住東安寺中。王長史宿構精理,並撰其才藻,往與支語,不大當對。王叙致作數百語,自謂是名理奇藻。支徐徐謂曰:"身與君別多年,君義言了不長進。"王大慚而退。②

王濛爲了追求清談的效果,宿構精理,撰其才藻,在清談時一下子說了幾百句話,自覺無論理論還是辭藻都很難得,没想到卻遭到支道林的嘲諷。雖然此次清談最後的效果未能達到王濛的預期,但也足以說明辭藻乃清談時的重要追求之一。

除了辭藻之外,由於清談的特點,修飾音調以求聲響的動聽,也是爲當日名士所關心者。《晉書·裴秀傳》即載"(裴)綽子遐善言玄理,音辭清暢,泠然若琴瑟。嘗與河南郭象談論,一坐嗟服"③。《文心雕龍·原道》云:"龍鳳以藻繪呈瑞,虎豹以炳蔚凝姿;雲霞雕色,有逾畫工之妙;草木賁華,無待錦匠之奇。夫豈外飾,蓋自然耳。至於林籟結響,調如竽瑟;泉石激韻,和若球鍠:故形立則章成矣,聲發則文生矣。"④據劉勰此文所言,文的含義本就有多重意藴,諸如辭藻華美和聲音動聽均屬於文的範疇。魏晉清談對辭藻音調等形式美的追求,其實正是有意爲文的體現,完全可以視之爲某種文學創作活動。

---

① 龔斌《世説新語校釋》,第471頁。
② 龔斌《世説新語校釋》,第498頁。
③ 房玄齡等《晉書》,北京:中華書局1974年版,第1052頁。
④ 范文瀾《文心雕龍注》,北京:人民文學出版社1958年版,第1頁。

後人對東晉文學的評價,以沈約《宋書·謝靈運傳》中所論爲代表:"有晉中興,玄風獨振,爲學窮於柱下,博物止乎七篇,馳騁文辭,義單乎此。自建武暨乎義熙,歷載將百,雖綴響聯辭,波屬雲委,莫不寄言上德,托意玄珠,遒麗之辭,無聞焉爾。"①當前學界對東晉文學的認識也與此大致相同,認爲當時只有玄言詩興盛,其他方面則乏善可陳,文學成就十分有限。但我們如果將清談看成口頭文學創作的話,這種情況便會大爲改觀。其實,《世説》中的很多清談場景,便是口頭文學創作的記録,如《世説·言語》第71 則:

> 謝太傅寒雪日内集,與兒女講論文義。俄而雪驟,公欣然曰:"白雪紛紛何所似?"兄子胡兒曰:"撒鹽空中差可擬。"兄女曰:"未若柳絮因風起。"公大笑樂。即公大兄無奕女,左將軍王凝之妻也。②

謝安在冬日與家内子弟講論文義,正逢下雪日,不由得問道:"白雪紛紛何所似?"謝朗回答説:"撒鹽空中差可擬。"謝道韞卻説:"未若柳絮因風起。"這表面上看是三個人的隨意交談,但仔細來看似、擬、起三字韻腳相同,其實是三人在進行七言聯句的創作。七言聯句活動由來已久,傳説中漢武帝及群臣的《柏梁台詩》即爲七言聯句,而且該詩七字一句,句句押韻,與《世説》此條所載完全相同。

又《世説·排調》第六十一:

> 桓南郡與殷荆州語次,因共作了語。顧愷之曰:"火燒平原無遺燎。"桓曰:"白布纏棺豎旒旐。"殷曰:"投魚深淵放飛鳥。"次復作危語。桓曰:"矛頭淅米劍頭炊。"殷曰:"百歲老翁攀枯枝。"顧曰:"井上轆轤臥嬰兒。"殷有一參軍在坐,云:"盲人騎瞎馬,夜半臨深池。"殷曰:"咄咄逼人!"仲堪眇目故也。③

桓玄、殷仲堪、顧愷之三人共同作詩競賽,其間也有共韻的現象,如共作了

---

① 沈約《宋書》,北京:中華書局 1974 年版,第 1778 頁。
② 龔斌《世説新語校釋》,第 256 頁。
③ 龔斌《世説新語校釋》,第 1951 頁。

語，三人所作爲"火燒平原無遺燎""白布纏棺豎旒旐""投魚深淵放飛鳥"，了字除了有了結的意思之外，似乎還限定了詩作的韻腳，其詩的燎、旐、鳥與了屬於同一韻腳；而後面的共作危語也與此相似，"矛頭淅米劍頭炊""百歲老翁攀枯枝""井上轆轤臥嬰兒""盲人騎瞎馬，夜半臨深池"也有韻腳協同的規律，充分反映出時人群體創作時自覺協韻的規則意識。這應是魏晉以來群體創作興盛後漸漸形成的共識，在日常遊戲或創作中爲人所遵守。這些記載初看似乎僅是清談雅戲，稍作仔細辨別便不難發現，它們不僅恪守音韻規律，而且注意追求辭藻美感，故而是真正意義上的文學創作。清談作爲一種偶發性的文藝活動，存在著流動性和不確定性，因《世説》往往只言及時人言談可觀，但對於具體的言辭內容卻甚少記錄，那麽像謝安家內聯句、桓玄賓朋競詩一類的活動當有不少。今天能看到的曹植《與吳季重書》是一篇書面文學作品，但其中卻説："適對嘉賓，口授不悉。"①可見此信源自曹植的口語記錄。口頭的語言如果被記錄下來，就會成爲紙面的文字，可以突破時間和空間的限制流傳下來。以此而言，清談對於才藻的追求，其實也是文學創作的體現，故口語文學興盛是當時文學創作中值得注意的現象。

與清談要求現場展演的情境相應，《世説》對文學創作的記叙還凸顯出以迅捷爲美的特質，如《世説·文學》第 66 則：

> 文帝嘗令東阿王七步中作詩，不成者行大法。應聲便爲詩曰："煮豆持作羹，漉菽以爲汁。萁在釜下然，豆在釜中泣。本自同根生，相煎何太急？"帝深有慚色。②

《世説·文學》中有兩種性質的記錄，一種是以傳統文章學術的觀念來記錄名士言行，集中於該門第 1 至第 65 則，另一種是以魏晉以後形成的文學觀念記錄嘉言懿行，主要爲第 66 則以後的相關記載。曹植《七步詩》正是后一種書寫的第一條，把它放在如此特殊的位置，無疑是要突出曹植在文學創作中的敏捷才思，體現出時人對這一特質的重視。

《世説·文學》第 67 則：

---

① 趙幼文《曹植集校注》，北京：中華書局 2016 年版，第 211 頁。
② 龔斌《世説新語校釋》，第 491 頁。

魏朝封晉文王爲公,備禮九錫,文王固讓不受。公卿將校當詣府敦喻。司空鄭沖馳遣信就阮籍求文。籍時在袁孝尼家,宿醉扶起,書札爲之,無所點定,乃寫付使。時人以爲神筆。①

阮籍雖處於酩酊大醉狀態,但在懵懂之間爲朝廷寫就的九錫文,不僅無所點定,還被認爲是神筆,則其才思之敏捷高超不言而喻。《世說·文學》第95則:

　　王東亭到桓公吏,既伏閣下,桓令人竊取其白事。東亭即于閣下更作,無復向一字。②

王珣不僅在倉促之間便撰寫出一篇出色的白事公文,而且跟原來的文章沒有一字重合,其才學之寬裕優饒自不待言。

《世說·文學》第96則:

　　桓宣武北征,袁虎時從,被責免官。會須露布文,喚袁倚馬前令作。手不輟筆,俄得七紙,殊可觀。東亭在側,極歎其才。袁虎云:"當令齒舌間得利。"③

在軍務倥傯的場合,露布檄文有非常強烈的時效性,所以要求作者必須能頃刻完成,而袁虎不僅手不輟筆,俄得七紙,還殊可觀,真稱得上技驚四座了,故而引起王珣的極力讚歎。

《世說·文學》第102則:

　　桓玄嘗登江陵城南樓云:"我今欲爲王孝伯作誄。"因吟嘯良久,隨而下筆。一坐之間,誄以之成。④

《世說·文學》第103則:

---

① 龔斌《世說新語校釋》,第493頁。
② 龔斌《世說新語校釋》,第547頁。
③ 龔斌《世說新語校釋》,第547頁。
④ 龔斌《世說新語校釋》,第555—556頁。

桓玄初並西夏，領荆、江二州，二府一國，于時始雪，五處俱賀，五版併入。玄在聽事上，版至即答。版後皆粲然成章，不相揉雜。①

這兩則都和桓玄相關，上一則是他稍作醖釀，就於坐間寫成王孝伯誄，後一則是他同時應對五處賀版，隨宜應答，毫不錯亂，且粲然成章。在這幾則故事中，體現的均是主人公如曹植、阮籍、王珣、袁虎、桓玄等人應機立斷，才思敏捷的特長。魏晉以後由於現場即興交流的需要，在公衆期待的場合，對於文學創作的時間要求越來越高。在這種情況下，能短時間創作出優秀作品成爲一項備受重視的才能。《世説》之外，相關描述在其他書中也有體現，如《三國志》卷十九《任城陳蕭王傳》即載曹植：

年十歲餘，誦讀《詩》《論》及辭賦數十萬言，善屬文。太祖嘗視其文，謂植曰："汝倩人邪？"植跪曰："言出爲論，下筆成章，顧當面試，奈何倩人？"時鄴銅爵臺新成，太祖悉將諸子登臺，使各爲賦。植援筆立成，可觀，太祖甚異之。②

曹植外，《三國志·魏書·王粲傳》載王粲："善屬文，舉筆便成，無所改定，時人常以爲宿構。"③《後漢書·文苑列傳》載禰衡寫《鸚鵡賦》："攬筆而作，文無加點，辭采甚麗。"④《文心雕龍·神思篇》也專門將才思遲速作爲一個命題進行探討，認爲："人之禀才，遲速異分，文之制體，大小殊功。"⑤但在漢代，這個問題尚未引起大家的重視，比如《漢書·枚乘傳》載漢武帝時的賦家枚皋："爲文疾，受詔輒成，故所賦者多。司馬相如善爲文而遲，故所作少而善於皋。"⑥枚疾馬遲，分屬兩種類型，但因當時對捷才並没有特别的傾向，反而是司馬相如的評價比枚皋更高。到了魏晉時期，由於社會交際情境的改變，清談中强調瞬時反應的展演成爲日常，文學創作上具有競爭色彩的同題共作頻繁出現，反應的快捷與否漸成爲較量優劣時的評價尺

---

① 龔斌《世説新語校釋》，第 557 頁。
② 陳壽《三國志》，北京：中華書局 1959 年版，第 557 頁。
③ 陳壽《三國志》，第 599 頁。
④ 范曄《後漢書》，北京：中華書局 1965 年版，第 2657 頁。
⑤ 范文瀾《文心雕龍注》，第 494 頁。
⑥ 班固《漢書》，北京：中華書局 1960 年版，第 2367 頁。

度,因此能及時展現出來的言説和捷才,便成爲魏晉人强調的特長而被大加關注。創作之外,《世説》中《捷悟》一門的設立,也是這種觀念的體現。

二、《世説》中的文學傳播書寫:
話語權與流動性

對於抄本時代而言,文學作品的傳播有很多特殊的地方,值得引起當代學人的注意。首先,比較明顯的是話語權對於作品傳播的巨大影響,《世説·文學》第 68 則:

> 左太沖作《三都賦》初成,時人互有譏訾,思意不愜。後示張公。張曰:"此二京可三,然君文未重於世,宜以經高名之士。"思乃詢求於皇甫謐。謐見之嗟歎,遂爲作叙。於是先相非貳者,莫不斂衽贊述焉。①

左思《三都賦》剛問世時並未得到大家的認可,經張華指點之後,他求得當時名士皇甫謐作序推介,此舉不僅讓原來持批評意見者,無不認可稱讚,而且據《晉書·左思傳》所載,該賦還取得了洛陽紙貴的效果。皇甫謐雖非當日的政治權貴,卻是在士人圈子有著極高聲譽的名士,他的肯定使《三都賦》傳播命運發生了根本性的轉變,這一事例充分體現出文學傳播中話語權的重要性。

《三都賦》外,另一例子似乎也證明了這一點,《世説·文學》第 79 則:

> 庾仲初作《揚都賦》成,以呈庾亮。亮以親族之懷,大爲其名價云:"可三《二京》,四《三都》。"于此人人競寫,都下紙爲之貴。謝太傅云:"不得爾。此是屋下架屋耳,事事擬學,而不免儉狹。"②

庾闡的《揚都賦》同《三都賦》一樣,是傳統的京都大賦,由於親戚的關係,當

---

① 龔斌《世説新語校釋》,第 496—497 頁。
② 龔斌《世説新語校釋》,第 520 頁。

時名流庾亮對之大加揄揚，認爲其可與文學經典《二京賦》、《三都賦》並駕齊驅，因而引得時人競相傳抄，都下紙爲之貴。此爲所叙事件的第一階段，庾亮憑藉自己的話語權，推動了《揚都賦》的傳播。但當日另一名士謝安則頗不以爲然，認爲該賦屬於對過往作品的模仿，雖然用功甚勤，卻是屋下架屋，不免儉狹。謝安這番話的效果如何不得而知，然《揚都賦》今天已難得見全貌，或許因謝安之一言而受冷遇亦未可知。

就我們今天能看到的資料而言，在庾闡的《揚都賦》之外，當日確有另外一部文學作品，其命運因謝安的貶斥發生了根本性的變化。《世説·文學》第 90 則：

> 裴郎作《語林》，始出，大爲遠近所傳。時流年少，無不傳寫，各有一通。載王東亭作《經王公酒壚下賦》，甚有才情。①

裴啓《語林》甫一問世即受到大家的熱捧，以致當日時流年少，無不傳寫，人手一本。然而，這種局面很快就發生了逆轉，其緣由爲當時名士謝安對此書頗有不滿，並故意在言語間示以不屑，《世説·輕詆》第 24 則：

> 庾道季詫謝公曰：「裴郎云：『謝安謂裴郎乃可不惡，何得爲復飲酒？』裴郎又云：『謝安目支道林，如九方皋之相馬，略其玄黄，取其俊逸。』」謝公云：「都無此二語，裴自爲此辭耳！」庾意甚不以爲好，因陳東亭《經酒壚下賦》。讀畢，都不下賞裁，直云：「君乃復作裴氏學！」于此《語林》遂廢。今時有者，皆是先寫，無復謝語。②

謝安不僅親自出面否定了《語林》所載署名於己的話，而且在庾龢誦該書《經王公酒壚下賦》時，非常不屑地説：「君乃復作裴氏學！」他的這個態度，無疑宣告了《語林》的死刑，謝安憑藉自己强大的影響力，使《語林》由人人追捧一下子變得無人問津，落入了「遂廢」的境地。對於《語林》的這番遭遇，劉孝標也引檀道鸞《續晉陽秋》注曰：

---

① 龔斌《世説新語校釋》，第 538 頁。
② 龔斌《世説新語校釋》，第 1628—1629 頁。

  晉隆和中，河東裴啓撰漢、魏以來迄於今時，言語應對之可稱者，謂之《語林》。時人多好其事，文遂流行。後説太傅事不實，而有人於謝坐叙其黃公酒壚，司徒王珣爲之賦，謝公加以與王不平，乃云："君遂復作裴郎學。"自是衆咸鄙其事矣。安鄉人有罷中宿縣詣安者，安問其歸資。答曰："嶺南凋弊，唯有五萬蒲葵扇，又以非時爲滯貨。"安乃取其中者捉之，於是京師士庶競慕而服焉。價增數倍，旬月無賣。①

檀氏在叙述此事之後忍不住感慨："夫所好生羽毛，所惡成瘡痏。謝相一言，挫成美於千載，及其所與，崇虛價於百金。上之愛憎與奪，可不慎哉！"可見他一方面甚不以此事爲然，另一方面也不得不承認名流評價對作品傳播的決定性作用。
  以上諸事例均充分顯示出當時作品傳播過程中，相關話語權的重要性。同今天作品主要由正規機構刊印，直接面對讀者大衆不同，抄本時代作品需要先得到讀者的認可，纔能有傳抄宣播的可能。而名流人物的話語則會影響到公衆對作品的認知，進而決定作品能否被接受。如果無法得到大衆的認可，在傳播的初始階段就存在著困難。從左思《三都賦》、庾闡《揚都賦》和裴啓《語林》的傳播命運來看，權力話語在其間起到了決定作用。相對於兩漢時期的獻賦得官傳統而言，漢文學價值由政治權力決定，作品傳播往往受到皇權的干預；魏晉由於門閥社會的發展，其價值評定多由士流中的高層人物決定，世家大族在文化上的優勢，使他們可以輕易決定文學作品評價的高低，進而影響到文學作品的傳播。
  其次，由手抄本文化的特點決定，魏晉文學傳播過程中還存在著文本流動的現象，《世説·文學》第77則：

  庾闡始作《揚都賦》，道温、庾云："温挺義之標，庾作民之望。方響則金聲，比德則玉亮。"庾公聞賦成，求看，兼贈貺之。闡更改"望"爲"儁"，以"亮"爲"潤"云。②

在庾闡《揚都賦》傳播過程中，由於庾亮的介入，作者因照顧他的名諱，特意

———————
① 龔斌《世説新語校釋》，第1629頁。
② 龔斌《世説新語校釋》，第517頁。

將原文的"亮"改爲"潤",因爲賦講究聲韻協調,其修改往往牽一髮而動全身,前句原來與"亮"協韻的"望"字也隨之改爲"俊"。

另一則例子更顯示出作者接受讀者的建議,隨機予以更改的現象,《世說·文學》第 92 則:

> 桓宣武命袁彦伯作《北征賦》,既成,公與時賢共看,咸嗟歎之。時王珣在坐云:"恨少一句,得'寫'字足韻,當佳。"袁即於坐攬筆益云:"感不絶于余心,泝流風而獨寫。"公謂王曰:"當今不得不以此事推袁。"①

劉孝標注引《袁宏集》載其賦云:"聞所聞於相傳,云獲麟於此野。誕靈物以瑞德,奚授體於虞者。悲尼父之慟泣,似實慟而非假。豈一物之足傷,實致傷於天下。感不絶於余心,遡流風而獨寫。"其所引孫盛《晋陽秋》更對此事有詳細記載:"宏嘗與王珣、伏滔同侍温坐,温令滔讀其賦,至'致傷於天下',於此改韻。云:'此韻所詠,慨深千載。今於"天下"之後便移韻,於寫送之致,如爲未盡。'滔乃云:'得益"寫"一句,或當小勝。'桓公語宏:'卿試思益之。'宏應聲而益,王、伏稱善。"②袁宏的賦,本來於"實致傷於天下"即行改韻,但伏滔等人認爲這裏應該加上一句,使文氣從容舒緩,不然轉折過於突兀影響文勢,袁宏應聲改定,使得文氣暢達,再無缺憾。此事雖然《世説》和《晋陽秋》所載微有不同,然均突出了袁宏聽取讀者意見,及時進行更定的行爲。也説明在當時的士人階層中,評析文義、商榷高下,讀者與作者間直接互動是相當常見的現象。

除了書寫效果之外,由於現實人事的干預,作品也會隨之調整,這樣的事例同樣發生在袁宏身上,《世説·文學》第 97 則:

> 袁宏始作《東征賦》,都不道陶公。胡奴誘之狹室中,臨以白刃,曰:"先公勳業如是!君作《東征賦》,云何相忽略?"宏窘蹙無計,便答:"我大道公,何以云無?"因誦曰:"精金百煉,在割能斷。功則治人,職思靖亂。長沙之勳,爲史所讚。"③

---

① 龔斌《世説新語校釋》,第 543 頁。
② 龔斌《世説新語校釋》,第 543 頁。
③ 龔斌《世説新語校釋》,第 548—549 頁。

劉孝標注引《續晉陽秋》對此事則有另外一種説法：

  宏爲大司馬記室參軍，後爲《東征賦》，悉稱過江諸名望。時桓温在南州，宏語衆云：“我決不及桓宣城。”時伏滔在温府，與宏善，苦諫之，宏笑而不答。滔密以啓温，温甚忿，以宏一時文宗，又聞此賦有聲，不欲令人顯問之。後游青山，飲酌既歸，公命宏同載，衆爲危懼。行數里，問宏曰：“聞君作《東征賦》，多稱先賢，何故不及家君？”宏答曰：“尊公稱謂，自非下官所敢專，故未呈啓，不敢顯之耳。”温乃云：“君欲爲何辭？”宏即答云：“風鑒散朗，或搜或引。身雖可亡，道不可隕。則宣城之節，信爲允也。”温泫然而止。①

陶範和桓温都特別在意其父在《東征賦》中的形象叙寫，並通過武力威脅來干預作者的創作，而袁宏也通過自己的敏捷才思化解了相應危機。尤其是上引陶範事件中，袁宏説“我大道公，何以云無”，並非常迅捷的吟誦出工穩妥當的句子，化解了陶範的不滿。這至少説明，在當時人看來，文本是可以允許有多種形態存在的，因此陶範並不認爲自己看到的文本是此賦的唯一文本，也很容易就接受了袁宏的説法，認爲另有所謂稱讚陶侃文字的文本存在。以上所舉三則《世説》事例均説明，當時的作品文本常常處於一個並不穩定的狀態，諸如讀者的互動干預、作者的隨機調整等各種因素，都可以影響其文本形態。對於抄本時期的文學來説，文本的不確定性是其一大特點，誠如田曉菲所説：“在文本平滑穩定的表面之下，一個混亂的、變動不居的世界律動著，這就是手抄本文化的世界。”②

三、《世説》中的文學接受景象：
張揚個性與融合諸藝

  魏晋是一個張揚個性的時代，同兩漢受到儒家倫理政教約束，强調“發乎情，止乎禮義”（《詩大序》）的行事規則相比，魏晋士人的行爲無疑自由

---

① 龔斌《世説新語校釋》，第548—549頁。
② 田曉菲《塵几録——陶淵明與手抄本文化》，北京：三聯書店2022年版，第6頁。

大膽了很多,當時的士人作出了很多特立獨行之事。"闡釋與闡釋者本身的價值取向密不可分,在很多時候,與其説闡釋反映了文本與作者的現實,不如説它反映更多的是闡釋者所處的文化歷史背景及其個人的興趣愛好。"①時代風氣也影響著士人的文學接受,使他們不再局限於政教倫理的立場,而是從情感和個性出發去解讀作品,強調個人感受在其中的重要性。如《世説・豪爽》第 12 則:

> 王司州在謝公坐,詠"入不言兮出不辭,乘回風兮載雲旗"。語人云:"當爾時,覺一坐無人。"②

王胡之所詠爲《楚辭・九歌》中之一句,他評價吟詠其辭的感受爲,在那個時刻如置身於無人之境,可見巨大的藝術魅力已經讓他忘記現實了。

再如《世説・豪爽》第 4 則:

> 王處仲每酒後輒詠"老驥伏櫪,志在千里。烈士暮年,壯心不已"。以如意打唾壺,壺口盡缺。③

王敦朗誦曹操《龜雖壽》之時,興之所至,竟然用如意將壺口打缺而不覺,這種極其投入的狀態顯示出他爲詩文傳達的壯志所感染。

又《世説・任誕》第 42 則:

> 桓子野每聞清歌,輒唤:"奈何!"謝公聞之曰:"子野可謂一往有深情。"④

桓伊每聞清歌輒唤"奈何",足見此曲引起了他情感上的強烈共鳴,這種只可意會不可言傳的感覺,讓他每每沉浸於其中而不覺有所流露,故謝安説他"一往有深情"。

由注重個人感受出發,魏晉人在作品接受中往往直抒胸臆,毫不掩飾

---

① 田曉菲《塵几録——陶淵明與手抄本文化》,第 284 頁。
② 龔斌《世説新語校釋》,第 1186 頁。
③ 龔斌《世説新語校釋》,第 1169 頁。
④ 龔斌《世説新語校釋》,第 1471—1472 頁。

自己的個性。《世説·任誕》第 53 則：

  王孝伯言："名士不必須奇才。但使常得無事，痛飲酒，熟讀《離騷》，便可稱名士。"①

王恭是當時名士，在他看來，熟讀《離騷》與飲酒一樣，是張揚個性的行爲，沉酣其中正是名士風度的體現，故而有此驚人之語。在常人的觀念裏，名士應該有德有才，王恭的這段話只強調酒和《離騷》，認爲做名士只要會喝酒和有真性情就足矣，絲毫不顧名士群體的外在形象，可謂非常具有顛覆性。他的話在歷史上也引起了迴響，《北史》卷三十《盧玄附盧元明傳》載：

  元明善自標置，不妄交遊，飲酒賦詩，遇興忘返。性好玄理，作史子雜論數十篇，諸文別有集録。少時，常從鄉還洛，途遇相州刺史、中山王熙。熙，博識之士，見而歎曰："盧郎有如此風神，唯須誦《離騷》，飲美酒，自爲佳器。"②

元熙對盧元明的誇讚"唯須誦《離騷》，飲美酒，自爲佳器"，明顯源自《世説》中王恭之語。

  因在文學接受中以我爲主，魏晋士人在讀到自己不滿意的作品時，也會毫不妥協，直截地表示不屑之情，其最明顯的例子則爲桓温讀《高士傳》，《世説·豪爽》第 9 則：

  桓公讀《高士傳》，至於陵仲子，便擲去曰："誰能作此溪刻自處！"③

桓温這裏的反映顯爲過激，那麽《高士傳》裏的於陵仲子是什麽樣的人呢？劉孝標注云：

---

① 龔斌《世説新語校釋》，第 1486 頁。
② 李延壽《北史》，北京：中華書局 1974 年版，第 1083 頁。
③ 龔斌《世説新語校釋》，第 1179 頁。

皇甫謐《高士傳》曰：陳仲子字子終，齊人。兄戴相齊，食禄萬鐘。仲子以兄禄爲不義，乃適楚，居於陵。曾乏糧三日，匍匐而食井李之實，三咽而後能視。身自織屨，令妻擗纑，以易衣食。嘗歸省母，有饋其兄生鵝者。仲子嚬顣曰："惡用此鶂鶂爲哉？"後母殺鵝，仲子不知而食之。兄自外入曰："鶂鶂肉邪？"仲子出門，哇而吐之。楚王聞其名，聘以爲相，乃夫婦逃去，爲人灌園。①

魏晋時期，由於玄學的興起，老莊之道大行於世，對於高士、隱者的推崇成爲一時風尚。受此風影響，以描寫高士爲主題的著作也隨之出現，嵇康、皇甫謐等人都有《高士傳》一類的著作，其中皇甫謐之作影響尤爲廣泛。本著謳歌高士的立場，他將於陵仲子刻畫的不食人間煙火，但因人物形象的不近人情，卻取得了適得其反的效果。一代梟雄桓温在讀到這一部分時，立即表示鮮明的反對，認爲這是違逆人性的虚無標設。

受時代風氣的影響，魏晋人的文學審美也特點鮮明，《世説·任誕》第43則：

張湛好於齋前種松柏。時袁山松出遊，每好令左右作挽歌。時人謂"張屋下陳屍，袁道上行殯"。②

劉孝標注引《續晋陽秋》曰："袁山松善音樂，北人舊歌有《行路難》曲，辭頗疏質，山松好之，乃爲文其章句，婉其節制，每因酒酣，從而歌之。聽者莫不流涕。初，羊曇善唱樂，桓伊能挽歌，及山松以《行路難》繼之，時人謂之三絶。"③《世説》及《續晋陽秋》所説雖頗有不同，然均體現出同一個特點，即這些人都傾向於欣賞悲戚的作品，無論是《世説》中的"屋下陳屍，道上行殯"，還是《續晋陽秋》中的"聽者莫不流涕"，均體現出他們以悲傷爲美感的欣賞心態。

《世説》中另一段記載也體現出這一風尚，《世説·任誕》第45則：

---

① 龔斌《世説新語校釋》，第1179頁。
② 龔斌《世説新語校釋》，第1472頁。
③ 龔斌《世説新語校釋》，第1472頁。

張驎酒後挽歌甚淒苦,桓車騎曰:"卿非田横門人,何乃頓爾至致?"①

張驎酒酣興盡之後,也是以歌唱挽歌來抒發情志。其實欣賞挽歌、創作挽歌是當時的一種新興風氣,前者在現存的文獻記載中頗爲多見,如《宋書·范曄傳》即載范曄有開窗聽挽歌爲娛的行爲;後者在現存的文學作品中,如陸機、陶淵明等人都有挽歌詩的留存,有些甚至是爲自己預作挽歌②。這些做法體現出時人以悲爲美的審美風尚,這種風尚在南北朝時期和異域胡樂的輸入相應和,形成時代文藝中引人注目的現象③。

魏晉是一個藝術十分發達的時代,對文學作品的接受,也有著和其他藝術形式相結合的特點。魏晉繪畫藝術的進步,促使時人試圖用圖像來表現文學,將抽象的文字轉換爲具象化的圖像,達到文圖的相互融合。《世説·巧藝》第6則:

戴安道就范宣學,視范所爲:范讀書亦讀書,范抄書亦抄書。唯獨好畫,范以爲無用,不宜勞思於此。戴乃畫《南都賦圖》;范看畢咨嗟,甚以爲有益,始重畫。④

又《世説·巧藝》第14則:

顧長康道畫:"手揮五弦易,目送歸鴻難。"⑤

前則顯示,戴逵出於畫家的天性,在其師范宣以爲無用的領域,依然執著作畫,最後通過《南都賦圖》打動了范宣。《南都賦》是張衡的代表賦作,曾被《文選》收録。顧名思義,《南都賦圖》是以張衡此賦爲依據而畫的。後則顧愷之的話,更顯示出文學與繪畫的緊密結合,他通過對嵇康《送秀才入軍

---

① 龔斌《世説新語校釋》,第1475—1476頁。
② 六朝人喜愛挽歌爲一時特異現象,其詳可參吳承學《中國古代文體形態研究》第四章《漢魏六朝挽歌考論》,北京:北京大學出版社2013年版。
③ 詳參拙文《胡樂興盛與以悲爲美》,載《文藝評論》2011年第2期。
④ 龔斌《世説新語校釋》,第1390頁。
⑤ 龔斌《世説新語校釋》,第1398頁。

詩》意境的體悟，認爲想要畫出手揮五弦的動作很容易，但是要畫出目送歸鴻的意趣最爲難得。這兩則材料顯示出當時以文爲圖的流行風氣。除了《世說》中提到的這兩條材料之外，據史書記載顧愷之據曹植《洛神賦》畫過《洛神賦圖》，據張華《女史箴》創作《女史箴圖》①，也都是以文學作品作爲主題的畫作。這説明隨著繪畫藝術的發達，人們嘗試用新的手法來表現自己的文學意趣，這種行爲自然會促進文學和繪畫兩個藝術門類的融合。

《世說·文學》第 100 則：

> 羊孚作《雪贊》云："資清以化，乘氣以霏。遇象能鮮，即潔成輝。"桓胤遂以書扇。②

桓胤由於欣賞羊孚《雪贊》而將其書扇，顯然屬於文學和書法的結合。魏晉是書法興盛的時期，很多文學作品成爲書寫的内容，除《世說》此條所載外，比較著名的還有王羲之書《樂毅論》《太師箴》等作品。南朝梁武帝《答陶弘景論書書》曰："逸少書無甚極細書，《樂毅論》乃微粗健，恐非真跡。《太師箴》小復方媚，筆力過嫩，書體乖異。"③陶弘景《與武帝論書啓》曰："第二十三卷，按此卷是右軍書者，惟有八條。前《樂毅論》書，乃極勁利而非甚用意，故頗有壞字。《太師箴》《大雅吟》，用意甚至，而更成小拘束，乃是書扇題屏風好體。"④二人書信圍繞《太師箴》《樂毅論》等作品的書寫技藝展開討論。《太師箴》爲嵇康所作，《樂毅論》爲夏侯玄所作。從以上事例中可以看出，隨著書法藝術的發展，時人在文學作品的接受中，經常將其通過書法藝術呈現出來，達到文學與書法的融合。

結　語

通過對《世說》文學場景的考察，我們可以感受到其中蘊含的時代氣

---

① 關於顧愷之《女史箴圖》的探討，可參考巫鴻《重訪〈女史箴圖〉：圖像、叙事、風格、時代》，文載巫鴻著，梅玫等譯《時空中的美術》，北京：三聯書店 2016 年版。
② 龔斌《世說新語校釋》，第 554 頁。
③ 欒保群《書論彙要》，北京：故宫出版社 2014 年版，第 55 頁。
④ 欒保群《書論彙要》，第 57 頁。

息。首先,與清談風行的局面相應,由於偶發性藝術行爲的推動,當時的文學創作領域也出現了口語興盛的現象;同時,出於公開展演的情境需要,文學創作對於迅捷的要求大爲增加,捷才成爲一種特殊才能被突出褒揚。其次,在文本傳播過程中,名流話語往往決定著其命運,起著不可估量的作用;因處於手抄本文化時期,文本的流動性也不可避免,讀者對作品的接受反饋,往往可以讓文本隨之改動。再次,就接受的維度來説,魏晉士人更注重閱讀過程中個性的契合,强調情感的共鳴,故其審美精神常顯現出特立獨行的時代色彩;當日發達的藝術形式,也爲時人的文學接受提供了多種可能,使他們可以通過繪畫、書法等不同藝術門類,實現對文學的多重接受。就作爲一種意識形態上層建築的文學活動來説,其産生、傳播、接受是一個完整的生態鏈條。先有作者的創作生産,再有作品的傳播流佈,繼有讀者的閱讀接受,經此三個環節之後,一個具有社會意義的文學活動纔算最終完成。與此相應,無論是作者的創作,還是作品的傳播,抑或是讀者的接受,作爲一個完整的文學生態過程,魏晉文學的時代氣息都在《世説》中得以充分彰顯。作爲載寫當時名士生活的經典文本,《世説》原生態的文字記録,爲我們提供了觀察文學的微視角,展現出其時文學的别樣風姿,這是魏晉文學研究中不容忽視的一面。

(作者單位:鄭州大學文學院)

Literary Landscapes of Times in *A New Account of Tales of the World*

Wang Yunliang

Literary writing thrived on orality in response to the popularity of pure intellectual conversations in the Wei and Jin dynasties. Its immediacy was prominently emphasized to satisfy the contextual needs of public performance. Famous literary figures' sayings were immeasurably important in the circulation of texts. Because texts were primarily materialized and circulated as handwritten manuscripts, authors often revised readers' feedback as they wished. On the part of literary reception, readers valued whether they felt their personalities matched the authors' and whether they felt sympathetic in reading literary works. The thriving aesthetic format at the time provided readers with possibilities for literary reception as they understood literature from various perspectives through painting, calligraphy, and other art forms.

Keywords: *A New Account of Tales of the World*, customary practice, literary writing, literary circulation, literary reception

徵引書目

1. 王允亮:《胡樂興盛與以悲爲美》,《文藝評論》2011 年第 2 期(2011 年 2 月),頁 60—64。Wang Yunliang. "Huyue xingsheng yu yi bei wei mei"(The Prosperity of Hu Music and Taking Sorrow as Beauty). *Wenyi pinglun*(*Literary Review*)2011. 2(Feb. 2011), pp.60－64.
2. 田曉菲:《塵几録——陶淵明與手抄本文化》,北京:三聯書店,2022 年版。Tian Xiaofei. *Chenjilu: Tao Yuanming yu shaochaoben wenhua*(*Tao Yuanming and Manuscript Culture: The Record of a Dusty Table*). Beijing: Sanlian shudian, 2022.
3. 吴承學:《中國古代文體形態研究》,北京:北京大學出版社,2013 年版。Wu Chengxue. *Zhongguo gudai wenti xingtai yanjiu*(*Research on Ancient Chinese Stylistic Forms*). Beijing: Beijing daxue chubanshe, 2013.
4. 巫鴻著,梅玫等譯:《時空中的美術》,北京:三聯書店,2016 年版。Wu Hong. *Shikong zhong di meishu*(*Art in Time and Space*). Translated by Mei Mei and others. Beijing: Sanlian shudian, 2016.
5. 李延壽:《北史》,北京:中華書局,1974 年版。Li Yanshou. *Beishi*(*History of the Northern Dynasties*). Beijing: Zhonghua shuju, 1974.
6. 沈約:《宋書》,北京:中華書局,1974 年版。Shen Yue. *Songshu*(*Book of Song*). Beijing: Zhonghua shuju, 1974.
7. 房玄齡等:《晋書》,北京:中華書局,1974 年版。Fang Xuanling et al. *Jinshu*(*Book of Jin*). Beijing: Zhonghua shuju, 1974.
8. 范文瀾:《文心雕龍注》,北京:人民文學出版社,1958 年版。Fan Wenlan. *Wenxindiaolong zhu*(*Notes on The Literary Mind and the Carving of Dragons*). Beijing: Renmin wenxue chubanshe, 1958.
9. 范曄:《後漢書》,北京:中華書局,1965 年版。Fan Ye. *Hou Hanshu*(*Book of the Later Han*). Beijing: Zhonghua shuju, 1965.
10. 班固:《漢書》,北京:中華書局,1960 年版。Ban Gu. *Han Shu*(*Book of Han*). Beijing: Zhonghua shuju, 1960.
11. 張伯偉:《重審中國的"文學"概念》,《中山大學學報(社會科學版)》總第 292 期(2021 年 8 月),頁 1—16。Zhang Bowei. "Re-examining the Concept of 'Literature' in China". *Zhongshan daxue xuebao*(*shehui kexue ban*)(*Journal of Sun Yat-sen University — Social Science Edition*)292(Aug. 2021): pp.1－16.
12. 陳壽:《三國志》,北京:中華書局,1959 年版。Chen Shou. *Sanguo Zhi*(*Records of the Three Kingdoms*). Beijing: Zhonghua shuju, 1959.
13. 趙幼文:《曹植集校注》,北京:中華書局,2016 年版。Zhao Youwen. *Cao Zhi ji jiaozhu*(*Annotated Collected Works of Cao Zhi*). Beijing: Zhonghua shuju, 2016.
14. 龔斌:《世説新語校釋》,上海:上海古籍出版社,2011 年版。Gong Bin. *Shishuo Xinyu jiaoshi*(*The Critical Edition of Shishuo Xinyu*). Shanghai: Shanghai guji chubanshe, 2011.
15. 欒保群:《書論彙要》,北京:故宫出版社,2014 年版。Luan Baoqun. *Shulun huiyao*(*The Anthology of Calligraphy Theory*). Beijing: Gugong chubanshe, 2014.

《嶺南學報》徵稿啓事

　　本刊是人文學科綜合類學術刊物,由香港嶺南大學中文系主辦,上海古籍出版社出版,每年出版兩期。徵稿不拘一格,國學文史哲諸科不限。學報嚴格遵循雙向匿名審稿的制度,以確保刊物的質量水準。學報的英文名爲 *Lingnan Journal of Chinese Studies*。

　　《嶺南學報》曾是中外聞名的雜誌,於 1929 年創辦,1952 年因嶺南大學解散而閉刊。在這二十多年間,學報刊載了陳寅恪、吴宓、楊樹達、王力、容庚等 20 世紀最著名學者的許多重要文章,成爲他們叱咤風雲、引領學術潮流的論壇。

　　嶺南大學中文系復辦《嶺南學報》,旨在繼承發揚先輩嶺南學者的優秀學術傳統,爲 21 世紀中國學的發展作出貢獻。本刊不僅秉承原《嶺南學報》"賞奇析疑"、追求學問的辦刊宗旨,而且充分利用香港中西文化交流的地緣優勢,努力把先輩"賞奇析疑"的論壇拓展爲中外學者切磋學問的平臺。爲此,本刊與杜克大學出版社出版、由北京大學袁行霈教授和本系蔡宗齊教授共同創辦的英文期刊《中國文學與文化》(*Journal of Chinese Literature and Culture*,簡稱 JCLC)結爲姐妹雜誌。本刊不僅刊載來自漢語世界的學術論文,還發表 JCLC 所接受英文論文的中文版,力争做到同步或接近同步刊行。經過這些努力,本刊冀求不久能成爲展現全球主流中國學研究成果的知名期刊。

　　徵稿具體事項如下:

　　一、懇切歡迎學界同道來稿。本刊發表中文稿件,通常一萬五千字左右。較長篇幅的稿件亦會考慮發表。

　　二、本刊將開闢"青年學者研究成果"專欄,歡迎青年學者踴躍投稿。

　　三、本刊不接受已經發表的稿件,本刊所發論文,重視原創,若涉及知識產權諸問題,應由作者本人負責。

　　四、來稿請使用繁體字,並提供 Word 和 PDF 兩種文檔。

　　五、本刊採用規範的匿名評審制度,聘請相關領域之資深專家進行評審。來稿是否採用,會在兩個月之內作出答覆。

　　六、來稿請注明作者中英文姓名、工作單位,並附通信和電郵地址。來稿刊出之後,即付予稿酬及樣刊。

　　七、來稿請用電郵附件形式發送至: Ljcs@ ln.edu.hk。

　　編輯部地址: 香港新界屯門　嶺南大學中文系(電話:［852］2616 - 7881)

撰 稿 格 式

一、文稿包括：中英文標題、本文、中文提要、英文提要（限350個單詞之內）及中英文關鍵詞各5個。

二、請提供繁體字文本，自左至右橫排。正文、注釋使用宋體字，獨立引文使用仿宋體字，全文1.5倍行距。

三、獨立引文每行向右移入二格，上下各空一行。

四、請用新式標點。引號用" "，書名、報刊名用《》，論文名及篇名亦用《》。書名與篇（章、卷）名連用時，用間隔號表示分界，例如：《史記·孔子世家》。

五、注釋請一律用腳注，每面重新編號。注號使用帶圈字符格式，如①、②、③等。

六、如引用非排印本古籍，須注明朝代、版本。

七、各章節使用序號，依一、（一）、1.、（1）等順序表示，文中舉例的數字標號統一用（1）、（2）、（3）等。

八、引用專書或論文，請依下列格式：

（一）專書和專書章節

甲、一般圖書

1. 楊伯峻《春秋左傳注》，北京：中華書局1990年修訂版，第60頁。
2. 蔣寅《王夫之詩學的學理依據》，《清代詩學史》第一卷，北京：中國社會科學出版社2012年版，第416—419頁。

乙、非排印本古籍

1.《韓詩外傳》，清乾隆五十六年（1791）金谿王氏刊《增訂漢魏叢書》本,卷八,第四頁下。

2.《玉臺新詠》,明崇禎三年(1630)寒山趙均小宛堂覆宋陳玉父刻本,卷第六,第四頁(總頁12)。

(二) 文集論文

1. 裘錫圭《以郭店〈老子〉爲例談談古文字》,載於《中國哲學》(郭店簡與儒學研究專輯)第二十一輯,瀋陽:遼寧教育出版社2000年版,第180—188頁。

2. 余嘉錫《宋江三十六人考實》,載於《余嘉錫論學雜著》,北京:中華書局1963年版,第386—388頁。

3. Ray Jackendoff, "A Comparison of Rhythmic Structures in Music and Language", in *Rhythm and Meter*, eds. Paul Kiparsky and Gilbert Youmans (San Diego, California: Academic Press, 1998), pp.15–44.

(三) 期刊論文

1. 李方桂《上古音研究》,載於《清華學報》新九卷一、二合刊(1971),第43—48頁。

2. 陳寅恪《梁譯大乘起信論僞智愷序中之真史料》,載於《燕京學報》第三十五期(1948年12月),第95—99頁。

3. Patrick Hanan, "The Chinese Vernacular Story", *The Journal of Asian Studies* 40.4 (Aug. 1981): pp.764–765.

(四) 學位論文

1. 吕亭淵《魏晉南北朝文論之物感說》,北京:北京大學學位論文,2013年,第65頁。

2. Hwang Ming-chorng, "Ming-tang: Cosmology, Political Order and Monument in Early China" (Ph. D. diss., Harvard University, 1996), p. 20.

(五) 再次徵引

再次徵引時可僅列出文獻名稱及相關頁碼信息,如:

　　注① 　楊伯峻譯注《論語譯注》,第13頁。

九、注解名詞,注脚號請置於名詞之後;注解整句,則應置於句末標點符號之前;若獨立引文,則應置於標點符號之後。

十、徵引書目，請依以下中英對照格式附於文末：

(一) 中文書目，按姓氏筆劃順序排列，中英對照

1. 王力：《漢語詩律學》，增訂本，上海：上海教育出版社，1979年版。Wang Li. Hanyu shilü xue (A Study of the Metrical Rules of Chinese Poetry). Revised edition. Shanghai：Shanghai jiaoyu chubanshe, 1979.

2. 胡幼峰：《沈德潛對歷代詩體的批評》，《幼獅學誌》第18卷第4期（1985年10月），頁110—540。Hu Youfeng. "Shen Deqian dui lidai shiti de piping" (Shen Deqian's Criticism of Poetic Forms of Past Dynasties). Youshi xuekan (The Youth Quarterly) 18.4 (Oct. 1985)：pp.110－540.

3. 顧炎武著，黃汝成集釋，秦克誠點校：《日知錄集釋》，長沙：岳麓書社，1994年版。Gu Yanwu. Rizhilu jishi (Collected Commentaries on the Records of Knowledge Accrued Daily). Edited by Huang Rucheng and punctuated and collated by Qin Kecheng. Changsha：Yuelu chubanshe, 1994.

(二) 英文書目，按英文順序排列

1. Chao, Yuen Ren. A Grammar of Spoken Chinese. Berkeley：University of California Press, 1968.

2. Hanan, Patrick. "The Chinese Vernacular Story." The Journal of Asian Studies 40.4 (Aug. 1981)：pp.764－765.

3. Showalter, Elaine, ed. The New Feminist Criticism Essays on Women Literature and Theory. New York：Pantheon Books, 1985.

十一、請提供署名及作者單位（包括服務機構及子機構）。

（2022年11月更新）